日本史研究叢刊 20

中世集落景観と生活文化

阿波からのまなざし

石尾和仁 著

和泉書院

目次

序　章　中世村落の景観とムラの成り立ち

はじめに

中世村落史研究の歩みについては、これまでにもその成果の確認と課題の提示がくりかえしおこなわれてきた(1)。そこで提示されてきたのは荘園の伝領関係や職の権利内容なども含めた内部構造及び名主・下人・間人などの村落内身分の解明と領主制論に主眼を置いたものであった。

本来、中世民衆が生活した村落は、屋敷地・田畠・墓地・道や河川・空閑地などが一体となったもので、これらを総体として捉えることによってはじめて「中世村落」の実相を摑むことができるようになるものと思われるが、旧来はややもすると屋敷地や田畠の増減という数量的分析に関心の中心が置かれてきていたのではないか。しかし、屋敷地・田畠・墓地・道・河川・空閑地などを包含した中世村落の景観を探ることは民衆生活の実態や生業を考える上において必要不可欠のものである。

ところが、前述したように一九八〇年頃までの中世村落史研究は領主制論を基軸とした支配構造論にその主たる関心が集まっていたため、歴史地理学や民俗学などの成果によって築かれてきた景観論や空間認識論(2)を適切に取り込むことができなかった。ただ、こうしたなかにあって一九六〇年代に行われた永原慶二氏による薩摩国入来院や備後国太田荘の現況調査に基づいた谷戸田開発の成果はその後の景観論にも影響を与えている。(3)この永原氏の成果をうけて文献史料の残る現地を歩き、そこから景観復原を考える手法による成果が積み重ねられてもきた。島田次郎編『日本中世村落史の研究』（吉川弘文館　一九六五）や稲垣泰彦編『荘園の世界』（東京大学出版会　一九七三）、そして『荘園の世界』の前提であった『月刊歴史』の「ワタリ歩く荘園」のシリーズなどはこの延長線上に位置付けられるものである。もちろんその背景には高度経済成長にともなって変貌する農村景観や消えゆく伝承・地名などに対する強い危機意識があったのも事実である。

こうした景観復原については地方在住の研究者による緻密な成果も公にされている。信州を素材とする一志茂樹氏の一連の研究や備後国太田荘を素材とした竹本豊重氏の研究である。(4)これに加えて検注帳・土帳の坪付けを検討する方法が文献史料から景観に迫ることのできる方法として、歴史地理学的手法と相俟っていくつかの成果も示されてきた。(5)

また荘園絵図の分析を通した景観研究もテキスト（絵図集）の刊行(6)という追い風をうけて八〇年代以降盛んとなった。小山靖憲『中世村落と荘園絵図』（東京大学出版会　一九八七）や黒田日出男『境界の中世　象徴の中世』（東京大学出版会　一九八六）・同『姿としぐさの中世史』（平凡社　一九八六）などがその到達点の一つであり、鈴木茂男・瀬田勝哉・水田義一・吉田敏弘・服部英雄・高島緑雄氏らの研究も重要な成果となっている。(7)

これに加えて、一九八〇年代半ば以降、広域的な行政開発に伴う埋蔵文化財の発掘調査が増加したこともあり、考古学的方法による中世村落の景観復原も試みられるようになった。その一方で、都市化の波と行政による大規模開発、そして圃場整備事業は旧来の村落景観を根本から変貌させてしまう性質のものでもあった。こうした状況に最初に危機意識を表明したのは信濃史学会である。(8)これをうけて行政を中心とする現況調査が始められた。次節でふれるように大分県田染荘・都甲荘や兵庫県内の大山荘・大部荘・鵤荘などをはじめとする調査がそれであるが、大阪府の日根荘総合調査や北摂の彩都（国際文化公園都市）周辺地域の総合調査[9]は行政開発を前提としたものであるものの、こうした動きが本格化しつつあることを実感させる成果である。

序章ではこのような景観復原に関わる成果にしぼって、研究の現状を確認する。[10]また、本書では阿波地域史の諸史料も多用していることから地域史研究の視点や意義についてもふれておきたい。

一、村落景観復原研究の歩み

歴史地理学的な手法に基づいた条里地割や初期荘園の景観復原研究は谷岡武雄氏や弥永貞三氏を嚆矢とするが、[11]これを中世村落研究に導入したのが須磨千穎氏や稲垣泰彦氏らである。[12]須磨・稲垣氏らがその対象としたのは畿内先進地帯で、比較的条里地割の復原できる地域であり、その研究も名の復原を主とするものであった。また土帳の分析を通じて大和国の均等名を析出した渡辺澄夫氏の成果もこの延長線上に位置付けられよう。[13]これに対し、永原慶二氏は薩摩国入来院や備後国太田荘をその分析対象とし、谷田こそが中世における安定耕地であり、中世村落は小村＝散居型形態をとることを提唱した。[14]永原説に対して、沖積平野も安定耕地が広がっていたとする金田章裕氏の指摘もあり、[15]畿内平野部やその周辺域とその他の地域でかなりの様相差を想定するべきかもしれない。こうした歴史地理学的手法は吉田敏弘氏や金田章裕氏の集落形態や土地利用状況を具現化していく研究に受け継がれている。[16]

ところが七〇年代後半以降、村落構造や村落景観に対する問題設定が、「社会史」の隆盛とともに取り上げられなくなり、村落史研究の停滞期を迎えることになる。この状況を打破していくのが民俗学の成果も視野におさめた水野章二氏や田村憲美氏らの村落領域論であり、[17]荘園絵図や現況調査に基づく景観復原研究、そして行政開発を前提とした考古学的調査の成果に基づいた中世村落論である。

荘園絵図研究の歩みについては、すでに佐藤和彦「荘園絵図研究の軌跡」[18]、小山靖憲「荘園絵図の史料学」[19]などによって整理されている。それによれば、戦前は西岡虎之助氏の先駆的な研究があるものの、この時期は荘園史研究の補助的史料として一部で利用されるにとどまっていた。戦後になって弥永貞三氏の初期荘園研究を契機に分析が本格化するものの、六〇年代は田図系統の絵図が中心的な題材であった。しかし、七〇年代になって西岡虎之助編『日本荘園絵図集成　上・下巻』（東京堂出版　一九七六・一九七七）の刊行もあって絵図テキストが容易に見られるようになったことから、田図系統の絵図に加えていわゆる荘園絵図の分析が質量ともに充実する。先にあげた水田義一・鈴木茂男・瀬田勝哉氏らの成果がそれである。さらに八〇年代になると絵画史料の解読が一層盛んとなり、記号論的解釈もなされるようになった。黒田日出男氏・小山靖憲氏・吉田敏弘氏らの成果が公にされ、荘園絵図研究が一つの到達点に達したように見受けられる。特に桛田荘絵図（宝来山神社本）への加筆・改竄が議論されたことに象徴されるように、絵図の読解が一段と深化する。何より『岩波講座日本通史　別巻3　史料論』（一九九五）や『今日の古文書学　第三巻　中世』（雄山閣　二〇〇〇）で絵画資料論が取り上げられているところからも、この動向の定着を見ることができる[20]。さらには九〇年代になって『絵引　荘園絵図』（東京堂出版　一九九一）や国立歴史民俗博物館『描かれた荘園の世界』（新人物往来社　一九九五）などの出版が相次いだことも、この分野の深化をうながした。

その他、行政団体による現況調査の充実が注目される。前述したように、主な調査例として、その先鞭をつけた一九八〇年代前半の大分県立宇佐風土記の丘歴史民俗資料館による豊後国田染荘や九〇年代初頭にかけての都甲荘の調査、また一九八〇年代後半から九〇年代前半にかけての播磨国鵤荘（兵庫県龍野市・鵤町）や播磨国大部荘（兵庫県小野市）などの調査があり[21]、丹波国大山荘については一九八四〜八九年の行政団体による現況調査に加えて、その後京都大学による学術調査も行われている[22]。

また、行政開発の増加と相俟って考古学的な発掘調査も急増している。中世集落も比較的よく検出され、その集落形態や変遷過程が分析されるようになった。この分野の嚆矢となったのが、大阪府高槻市の宮田遺跡の遺構配置を検討した橋本久和氏の研究である[23]。橋本氏は宮田遺跡で検出された建物間の規模の差異から住人の階層差、主従関係について言及された。さらに原口正三氏・奥野義雄氏・石神怡氏らの研究が公にされ、建物群の復原と分類、階層差を析出するという方法論が定着した[24]。これをうけて広瀬和雄氏が屋敷地の類型化を行い[25]、佐久間貴士氏が集落の類型化を前提として建物群の消長時期にもとづく集落変遷の時期区分を設定した[26]。それによれば、古代から中世にかけての開発・発展の画期は二つあり、第一段階は平安後期の一〇～一一世紀、第二段階は一三世紀にあるとされる。特に前者が重視され、条里地割内部の開発・再開発が広汎に進行したと捉えられている。

しかし、遺構群の類型化だけでは各遺跡のもつ歴史的特性を理解することは困難を要する。なぜならその遺跡の立地・地形環境及び周辺地域の農業生産技術の進展の度合いも遺構群を理解していくうえで重要なカギとなるからである。

その立地する地形環境―沖積地・扇状地か洪積台地か―や都市を含めた拠点集落が近在するか、流通の動脈となるであろう河川との距離など、多様な要素を加味した遺跡論にならなければならない。また、農業技術のあり方の違いによっても当然集落形態も異なるはずである。水田の広がる地域では用水管理の必要から家地と水田の二分化が進展し、家地も集村形態になると考えられる。一方、畠地主体の地域では家地が一カ所に固まる必要はなく、散在的な家地景観であったと考えられる。これを発掘調査すれば、前者が集村型、後者が散居型として類型化されるような遺構配置の遺構群が検出されることになろう。集村及び散村の歴史的位置付けは金田章裕氏の研究に詳しいが[27]、いずれもが同時代におけるそれぞれの地理的条件の中で最善の人為的営みの到達点であったと評価すべきである。したがって、遺構配置のみに限定した遺跡論には慎重でなければならないと考える。

そもそも、村落景観は様々な生業活動の積み重ねのなかで形成されてくるものであり、また生業活動の変質にともなって景観も変容していくものである。かつて、古島敏雄氏が「長年にわたり投下してきた人間労働の累積した結果」が自然景観であると述べられた通りである(28)。また、水野章二氏も村落住人が自然に対して能動的に働きかけ獲得した生産と生活のための諸条件は、客観的には村落領域という形をとると述べられているように(29)、生業が村落景観をも規定するのである。さらに、佐野静代氏は生業と時間軸の関係について、「生業活動が作り出す地表の景観は、時の流れとともに変化していく。つまり景観は時間性を含む資料である。この景観の変化を分析することで、生業研究に時間軸の概念を持ち込み、自然との関わりの時間的変化を取り出すことが可能となる」として、生業と景観の関わりに関する重要な指摘もされている(30)。

そこで私も、八〇年代の成果をうけて本書第一章で中部地方以西の沖積平野に視点を置いて、集村化が進行する時期を、牛馬耕の普及という生業の視点を重視し、またパリア海退期という気象の問題も加味して、その画期を鎌倉後期に設定した。さらに第二章でその沖積平野に形成された集村の変容過程についても検討した。

こうしたなか、地域社会のなかでの「ムラ」や集落の位置付けが試みられるようになっている。具体的には東国における「市」や「宿」の集落構造を分析した飯村均氏の研究(31)、大阪府日置荘遺跡で検出された集落の空間構造を分析した鋤柄俊夫氏の研究(32)などである。さらに中世の「道」に関する考古学上のアプローチも可能な状況となってきており(33)、加えて花粉やプラント・オパール分析などを実施して植生環境の復原が試みられていることも周知の通りである(34)。このように、中世集落の考古学的研究もより広い視点から発掘調査成果を理解していく方法が築かれつつある現状にある。

このようなムラに生きた人たちにとって、ムラはどのような役割を果たしていたのであろうか。もちろん荘園制的秩序の中での闘争の単位にもなったが(35)、日常的には紛失状の保証主体にもなったり(36)、村落祭祀の単位にもなった(37)。

紛失状をムラ社会が保証していくということは農地の秩序維持をはかるものと捉えられるし、祭祀の主体になるのも、これが勧農行為の一つであり、これも再生産維持装置と捉えることができる。すなわち、ムラは農業再生産を果たしていくための単位であったと捉えられる。例えば、山入りの制限解除をも含意していた山口祭をはじめとする様々な年中行事は、自然界から無制限に資源を収奪し、その枯渇を防ぐためのシステムであり、再生産を可能にする仕組みが祭祀のなかに溶け込んでいたと評価できるのである(38)。そうした年中行事を実行していく単位がムラであり、再生産維持システムの単位でもあった。すなわち、生産と生活の共同体、人と人のつながりから捉えられるのがムラであり、「領域」としてのムラが認識されるのはその次の段階ということになろう。まず「空間」「地域」があるということではなく、「生活」があり、その営みの結果として「空間」が意識され始めるのである。ムラの発生は生活共同体から始まると考えられるのである。

そして、こうしたムラの成り立ちを考える上で気候変動は看過し得ない観点である。次にこの点に関わる研究の現状を整理しておく。

二、気候変動論から環境史へ

中世集落のあり様を考察するにあたって、近年は気候変動論の成果を加味していく動きも活発である。気候変動から日本の歴史の動向を捉えようとした初期の成果として山本武夫氏の『気候の語る日本の歴史』（そしえて　一九七六）があげられるが、最近では歴史時代の気候変動に関する自然科学の成果も数が増えてきた。たとえば、尾瀬ヶ原のボーリングコアの花粉分析によって、八世紀前半から一三世紀末までは温暖な気候が、そして一四世紀以降は寒冷な小氷期が見られたとする坂口豊氏の研究(39)。また、三方五湖の一つである水月湖の完新世細粒堆積物を用いて過去二千年間の風成塵・海水準及び降水の変動の分析によって、九世紀から一一世紀末、一二世紀後半から一三世紀前半にかけて湿潤な気候が卓越していたとする福澤仁之・安田喜憲氏の研究[40]。さらに、屋久杉の安定炭素同位体分析によって、七~八世紀と一七~一八世紀に顕著な寒冷期が見られるのに対して、八~一二世紀は平均一~二℃温暖な「中世温暖期」であったという北川浩之氏の研究[41]。その他、サロマ湖周辺の珪藻帯分析による海水準変動に関する調査成果から、一〇世紀末から一一世紀は温暖であり、続く一二世紀から一四世紀末は寒冷期に入り、またその後の一四世紀末から一六世紀末は再び温暖期とするという添田雄二・赤松守雄氏の研究などもあり[42]、さまざまな素材から歴史時代の環境復原が試みられている[43]。こうした自然科学の成果に対して、「自然科学の諸データのタイムスケール・スペーススケールや精度の問題があり、まだ時期確定など多くの点で不安が残る」、「多くの分野では一〇年・五〇年といった単位での議論はまだ困難であり、文献史料の乏しい時代での議論ならば有効性を発揮できても、中世において具体的な政治や経済の動向とリンクさせて議論するには問題が多い」とする水野章二氏の指摘もあるが[44]、それでも今後より一層自然科学の成果を積極的に摂取していく必要性が強まって行くであろう。

一方、地理学においても、微細な地形環境の形成過程が明らかにされてきたことも大きな成果である。高橋学氏によれば、平野形成の画期として弥生時代中期と平安時代後半の二時期があり、特に後者では完新世段丘Ⅱ面の高燥化（地下水位の低下）があるとともに河原の明確化が進行する。そして、河川が固定化することによって河口に土砂が堆積することになり遠浅の海岸を形成し干拓を促すという[45]。中世的開発の一つの特徴に干拓の進展があるが[46]、これも自然環境の変化が追い風になっていたのであろう。

こうした一連の気候学・地理学の成果も視野に入れつつ、農業生産力の問題や災害の発生とそこからの復興を含めた中世社会の動きを捉えていこうとする成果もすでに磯貝富士男氏・峰岸純夫氏・西谷地晴美氏・水野章二氏・井原今朝男氏らによって公にされている。

磯貝富士男氏は、小氷期の進行する中世社会にあっては、農業生産力の発展を示すと考えられてきた水田二毛作の普及や畠作の進展、早稲の品種の導入などは稲作減収分を補塡するためのものであり、早稲への関心も冷害対策という性格をもっていたと評価する。すなわち、鎌倉後期以降の農業生産上の変容は、海退現象を伴う冷涼化に対応するものであり、順調な農業生産力の上昇を示すものではないと指摘する。冷涼化による厳しい農業環境が、下人（奴隷）身分を生み出していたとも述べている。(47)

峰岸純夫氏も中世を小氷期と捉えて、畠作や二毛作の進展、灌漑水利の発達、施肥の改良があったにもかかわらず、冷涼化のために生産力の上昇にはつながらなかったとし、さらに生産条件の悪化が戦乱・略奪を惹起し、村はそれに対応するために集村化が促されたと整理されている。(48)

西谷地晴美氏は、一一世紀に温暖化を原因とする旱魃・凶作が打ち続き、農村の荒廃・人口の減少が引き起こされた時期と捉え、農業危機とよぶべき時代であったのに対して、一二世紀前半も同様の死亡記事をともなう災害が起こっているものの、次第にその数は減少し、再開発（災害復興）が本格化していることを指摘している。この温暖化の時期を「大開墾時代」という見方ではなく、慢性的な農業危機の時代ととらえ、この時期に在地社会に宗教的支配イデオロギーが浸透していくとする。例えば、「志多良米」も慢性的農業危機を救うと期待された何かの新品種であったとする。また、一三世紀の寛喜の飢饉、正嘉の飢饉は短期的な異常気象が原因であり、そのことが借金のかたとして土地取引の盛行をもたらしたのだとされる。したがって、貨幣経済の浸透が土地取引盛行の背景にあると考えるのは「あまりに牧歌的な理解」であると論断する。(49)

水野章二氏は自然環境の変化が中世に生きた人々の生活に与えた影響を、環琵琶湖地域を素材に概括的に整理されるとともに、環境史を組み込んだ地域史を描くためのさまざまな視角を提示されている。(50)

また、飯沼賢司氏は、新しく「環境歴史学」の概念も提唱される。飯沼氏は、「環境歴史学」を「ヒトと自然の関係を歴史的に問うだけではなく、現実に存在する人間が自然と交流してきた歴史的産物としての環境や景観の保存をも視野に入れた実践的学問」と定義し[51]、大分県国東半島での実践例も公にされている[52]。

また自然による生活環境の変化を見ていく視点から、地震や噴火・水害といった自然災害に対する関心も強まっている[53]。そして、井原今朝男氏や水野章二氏らによって災害の発生とその復興過程についても論及されている[54]。

ただし、「環境歴史学」研究に対して、「これらを環境史でなくあえて環境歴史学としなければならない理由が必ずしも説得的ではない」とする峰岸純夫氏の指摘などもある[55]。「環境史が従来の荘園史や開発史とはいかに異なるものか、その意義と方法論の明確化が求められている」[56]と考えられるのである。そして、何よりも中世社会の各時期における気候変動の正確な検証をより一層積み重ねていかなければならない段階であることも認識しておかなければならない。

また、磯貝氏が説くように、中世前期における農業生産の技術革新を、たんに冷害対策の側面のみで評価するのは一面的過ぎるのではないか。さらに、西谷地氏のいう平安期の農業危機は気候の温暖化のみがもたらしたものかどうかも疑問である。この時期には山間部の開発と山林伐採が急速にすすむことが指摘されているが[57]、人為的な山野の荒廃が誘発した農業危機であったのではないのかという疑問も生じる。「西谷地氏は気候学の動向を批判する分析視点を有しており、その意味で歴史学独自の環境史の視点がひとまず確立されたと言えるではないだろうか」とも評価されているが[58]、まだ論証の積み重ねも必要であろう。また、一方で荘園の再開発が進展したこともこれまで言われてきたところであり、この点の整合性も検討の余地があろう。すなわち、自然環境決定論的な歴史認識が広がってしまうことに対する危惧も抱かざるを得ないのである。さらに、あえて「環境史」とよばなければならない積極的な意味付けも不透明であり、「環境歴史学」と冠することでこれまでの歴史学研究の枠組みや目指すべき方向とどのように異なるのか、このような点がより明瞭になるよう努めなければならないであろうし、今後のさらなる議論が求められるところでもある。

三、「土地所有」のとらえ方をめぐって

生活文化を考えていく前提作業として、その生活を維持していくために必要な農業再生産をいかに図るのかという点についても考慮していかなければならない。そこで、ここでは農民の土地所有に関わる問題を見ていくことにする。中世における農民的土地所有をめぐる問題については、本書第七章・第八章でもふれるが、稲垣泰彦氏の「律令制的土地制度の解体」及び「中世の農業経営と収取形態」が一つの画期をなした[59]。それまで、請作地に対する田堵の権利が作手であり、治田・開墾活動によって永代的所有権である永作手が成立すると考えられてきたが、稲垣氏は「本来私地として所有権をもちながら、その上に上級所有権を設定された場合、重層的田主権を認めない律令制、ないしはそれを継受する荘園領主の立場から、所有権は荘園領主（あるいは国）にありとし、下級所有権を作手と称されたのであり、作手という言葉からの類推として、耕作権と考えることは誤りである」と述べられた。これ以降、作手が下級所有権であるとする奥野正己氏や中野栄夫氏、稲葉伸道氏らの研究によって稲垣説が支持されてきた[60]。しかし、その一方で、作手は耕作権であり、得分の所有権にしか過ぎないとする蔵持重裕氏や、耕作権といっても一年限りの権利にしか過ぎなかったとする吉田徳夫氏の研究、さらには開発請負によって成立する開発権（散田権）を意味したとする鈴木哲雄氏の研究が公にされ[61]、農民的土地所有のあり方そのものが未解決の課題だといえる。

ただし、このような旧来の研究史に対して、蔵持重裕氏は次のように問題点を指摘されている。

作手を所有権といいきって、農民的な小経営の存在を主張したとしても、その論拠は得分と処分権でしかなく、

より上級の領主によって多くの得分を収得し、処分権を制限されたとしたら、その農民的所有権は所詮限定的なものとなり、従属度の高い奴隷の存在への批判とはなりえても、所有権の重層性を意味するに過ぎず、所有権の所在を量的な比較の中に置くことになり、所有の質を問うことにはならない(62)。

このように述べるとともに、「労働の成果としての利益＝生産物・果実なくして土地所有は意味がないから、生産物のみの所有でも、労働投下を保護できるのである。結局、前近代の所有とは第一次・第二次所有なくしては成立しない。全体性のもの、あえていえば総体的所有」であると指摘されている(63)。また、長谷川裕子氏は、土地所有史を整理されるなかで、前近代社会では個人による排他的な所有権は確立することはなく、村共同体としての「当知行」が基本的なあり方であったとされる(64)。このようなとらえ方は、すでに中田薫氏が「下地」と「所当」を別の土地あるいは所領とみなす「土地成分の分離」という観点から論じていたものでもある(65)。また、村が百姓の跡職保全を果たしていた事実は(66)、所有論の観点から見ても農民的下級所有権の上に村としての占有権のあったことを示していよう。

こうした議論のあるなか、中世的土地所有のあり方について考えていく場合、社会学で提示されている人と土地との関与のあり方に関する視角が示唆的である。余呉湖畔の川並集落の土地利用をめぐる総有システムについて考察された嘉田由紀子氏は、次のように述べて、三点のシステム成立の原則のあったことを指摘されている(67)。

ひとつは、人の「労働」あるいは「働きかけ」を重視することである。たんに紙きれの上に所有権を主張するのではなく、いかに具体的な働きかけを行ったかという点に資源帰属の正当性を付与する。人手をかけて人工的に栽培した作物は、いずれにしろ私有空間での私的利用を促す。しかし、水田にはいってくる魚や山にはえるマツタケは、人工的に栽培、飼育するものではない。とはいえ完全に自由利用としたときに社会的紛争が起きる。相対的に価値がある資源に対しては、集団的紛争を防ぐためにも、さまざまな約束事（規制）をつくる。

それが「入札」や「口明け」である。「働きかけ」こそが資源利用のための条件である。

利用を重視するシステムにひそむ二点目の原則は、いかに自分たちの領域にある限られた資源を共同体として利用しながら、地域社会として生活をなりたたせていくか、という「弱者救済の原理」である。たとえば、肥料の利用についてみると、春先に藻とりができるのは、舟をもって湖に出られる富裕な農家に限られる。川並では集落全体の半数ほどしか舟をもっていない。それゆえ舟のない階層の人たちには、ムラヤマのタシバの採取が優先的に認められた。

三点目の原理は、「自然の循環的利用」である。魚や山菜のように食物となる生物はもちろん、湖の藻や山の小枝や葉、人間のし尿など、身のまわりにある有効な栄養物の「循環的利用」がつらぬかれていた。このような姿勢が地域内での自給自足を可能にし、結果として水域の汚染や富栄養化を防いできたのである。

このような土地に関与したものが、そこからの収益を得ることができるという考えは、「当知行」として中世社会に広く展開していた観念と共通する。蔵持氏は、荘園領主も在地も井料の下行や神仏への祈禱によって再生産力確保の役割を担っていたのであり、このことから「荘園領主も在地も一体になって総体的に土地の所有を実現していた」とする[68]。ここに上級所有権と下級所有権という複層的な所有観が形成される論理があると思われる。

また、作手にかわって一三世紀後半以降土地売券などに散見されるようになり、一四世紀半ば以降顕著になる作職については、その成立について、まず須磨千穎氏や永原慶二氏によって、農業生産力の上昇にともなって名主職が分解することによって発生するという、いわゆる「職の分化」論が提唱されてきた[69]。これに対し、網野善彦氏は「職の体系」のなかで得分権化しつつも「職」として補任されることによって成立すると指摘され[70]、さらには直接耕作者の耕作権が確立することによって、下から「職」が形成されたとする村田修三氏の説[71]なども出されてきた。笠松宏至氏は、遷代の職から永代の職は生じないと述べられていることもこの問題を考えていく上で示唆に富む見解である。[72]

作職については、売買されるものであるところからも荘園制的な職の体系とは異なるものであるとする安田次郎氏の指摘もある。[73] そうであるならば、なに故作職が「職」という用語で表現されなければならなかったのかという基本的な問題にも立ち返って検討していかなければならないであろう。この点については、近年「職の分化」過程について、所有権の分化ではなく、請負人の権利から分化したととらえられるようになっている。[74] 西谷正浩氏によれば、作職そのものは直接耕作者の耕作権から発生するものではなく、中間請負人＝作人層の有期的な得分権（職務的用益権）が永続的な権利（職務負担付きの不動産物権）に進展したと考えられている。[75] そして、初期の作職売買は、その契約月が冬期に集中すること、売買が近隣住人間で行われていることから地域内の融通行為の延長線上に位置づけられるのだという。

なお、加地子得分権や田地の集積を通して地主層が領主化の道をたどったと理解されてきたことに対し、近年、こうした在地小領主の活動は農業生産の維持を目的とした「融通」であったと捉えられるようになっている。[76] いかにして農業再生産を維持し、自らの生命を保たねばならなかったのかという命題を抱えた中世の人々が、生き抜くために作り出した社会システムについて一つひとつ丁寧に掘り起こしていく必要性のあることを教えてくれる視点であろう。

四、地域から全体史を観る ——阿波からのまなざし——

副題に「阿波からのまなざし」と付したように、本書では阿波地域史に関わる史料を多く用いている。私が徳島に移り住んですでに二〇余年、地元の徳島地方史研究会に参加させていただいて細々とではあるが地域史研究を続けてきたなかで得られたものに基づいて本書の執筆をすすめてきたが、ここで改めて地域の資史料に学びながら研究を重ねていくことの意義についてもふれておくことも地域史を学ぶものとしての務めであろうと考える。そこで阿波に視点を置いて歴史を考える、すなわち、阿波の地域史から全体史を見ると何が見えてくるのか、この点について言及しておきたい。

まず、何を求めて地域社会史を学ぶのか、地域史研究をすすめる意味はどこにあるのかを考えなければならない。これまでにも語られてきたように、それは愛郷心を涵養することでもなければ全体史の法則を地方史の場で検証することでもない。

それぞれの地域にはその地域の風土に根ざした固有の生活文化があるはずであり、しかもそれが周辺諸地域と有機的に結びついているものである。こうした観点に立てば考古資料こそその力を発揮するものと考える。文字史料はややもすると支配関係を示すものの比重が大きく、また阿波については遺された中世史料があまりに少なく、その欠を埋めるうえでも考古資料のもつ意味は大きい。なぜ文献史料が少ないのかも別に考えていくべき検討課題であるが(77)、考古学それ自体は、当該地から出土した遺物や検出された遺構を検討することになることから、本質的に地域史・地方史の視点が要求される学問である(78)。各地域の気候風土が異なるように、検出された考古資料もその相貌は相違する。したがって、本書でも考古学の調査成果を活用した。

地域史・地方史というのは、それ独自のあり方があってしかるべきである。そして、その上で必要なことは三浦圭一氏が「いかに個別の地域社会を正確に客観的に描いたとしても、全体史との関係づけを誤れば、正しい地域史とはならない(79)」と指摘されている通り、地域史の検証の積み重ねの上に全体史を構築していくことである。すなわち、阿波の地域史を積み重ねることで全体史との接点を提示すること、阿波地域史がたんに阿波地域史にとどまらない視野を常にもつこと、それが私自身に課している課題でもある。だから、つねに阿波地域史の史資料を見つつも、より広域の資料群にも目配りをしてこれまで牛歩の歩みを続けてきた。私の力量からその目的は十分には果たし得ていないが、意図だけはお酌み取りいただければと願っている。

五、本書の視角

最後に本書各章の意図を記して序章のむすびとしたい。

第Ⅰ部「中世の集落景観」では、主に低地集落の集村化を考古学調査の成果もふまえて検討している。集落景観の変容はもちろんのこと、これと不可分の関係にある領主居館のあり様についても検討した。

第一章「中世低地集落の形成と展開」は、発掘調査成果から確認できる鎌倉時代後期の沖積低地に立地する集落の変容の要因を探ろうとしたものである。この時期沖積平野に立地する集落は集村化への道を歩むが、その景観は周溝を伴う連続した屋敷地が見られるというものである。本章では集村化の原因を牛馬耕の普及とパリア海退期にともなう低湿地の高燥化に求めた。結果、屋敷地と田畠の二分化が進んだのであり、屋敷地を巡る周溝は利水・治水・区画などの働きがあったことを明示した。

第二章「中世低地集落の変容」は、鎌倉後期に集村化を遂げた沖積低地の集落が比較的短命のものがあることからその背景を考えたものである。その要因として低湿地であるが故の地形的制約（出水に弱い点）や洪積台地の開発の進展にともなう集落移動、そして領主層主導の集落再編（館廻り集落の形成）などがあったと考えられる。洪積台地の開発状況については和泉国日根荘を素材に検討した。

第三章「中世集落の展開と居館」は、中世後半にかけて集落形態や集落移動に大きな影響をもつ在地領主層の居館について、その集落との関わりを検討したものである。領主は中世初頭より居館の周囲に館廻り集落形成の意図をもっており、この指向性は中世後期にかけて一貫していること、そして居館をめぐる周辺住人の動きも視野に入れつつ村落の変容についても検討した。

第Ⅱ部「阿波の中世集落」では、考古学調査の成果を主に用いて徳島県内の中世集落の有り様を探るとともに、墓制と集落の関係も検討した。

第四章「中世阿波における集落の展開」は、徳島県内において発掘調査された中世集落遺跡を形成された時期や立地（沖積平野・洪積台地・谷地形等）などを念頭に入れつつ概観したものである。この作業によって前章までに確認した中世集落の展開が中世阿波においても普遍化できるかどうかを検討した。

第五章「阿波における中世墓の展開」は、集落構造のあり方とも関連する墓制について、中世阿波の事例を集成しつつ、集落との関連を視野に入れながら検討したものである。さまざまな葬法を確認するとともに、それが集落の変容といかに関連していたのかという点について検討した。

補論1「中世社会と「古墳」」は、中世における葬法の一つの事例として確認できる古墳の再利用とその廃棄の状況から当該期の民衆の古墳に対する心性を考える。墓域を継承していく姿勢と、それを破却していく姿勢の二方向があるが、前者は南北朝期を境に見られなくなってしまい、後者も新たな在地秩序が形成されていたことを示すことから、中世後期の村落社会は前代とは異なった秩序のもとに展開していたことを示した。

第六章「阿波国大野荘・大野新荘の伝領と守護細川氏」は、徳島県阿南市の那賀川流域に形成された宝荘厳院領大野荘・大野新荘について、荘域を確定するとともに伝領関係を確認した。特に荘域の確定については旧来の自然地形にも配慮した。

補論2「阿波国竹原荘・隆禅寺・宮ノ本遺跡」は、那賀川下流域に成立した竹原荘の伝領関係を整理するとともに、その開発の一端を立善寺跡遺跡や宮ノ本遺跡の調査成果から検討した。

第Ⅲ部「中世民衆の生活文化」では、中世民衆の最も重要な生活基盤である耕作地に対する農民的土地所有の問題について考えるとともに、出土銭貨から所有観念の問題を探るとともに、「歴史」が語られる意味についても検討した。

第七章「中世村落と作手」は、農民的（下級）土地所有権と捉えられてきた作手を、請作に伴う権利であったことを確認することによって中世農民の実相を探ろうとした。また作手史料が畿内及びその周辺に偏在することから畿内農村の特質も検討した。

第八章「作職の成立」は、一三世紀末にかけて作手が漸次減少していくことをふまえて作職の成立を検討した。それをもとに中世前期村落から後期村落への移行についての理解をふかめるための検討を行った。

第九章「銭を掘り出した人々――出土銭の性格――」は、一括大量出土銭が埋められた背景を探る。本章では「備蓄銭」と捉えられていた一括大量出土銭に対し、地鎮祭祀や津波災害の防止などの祈願を含めた呪術的な埋納であったと主張する。その前提として鎌倉期段階における交換手段に何が用いられていたかを売券から探るとともに、文献史料から掘り出された銭貨が「領主」などに報告されていることを確認する。そして、それらが掘り出した者の私有物になっていない点を通して銭に対する心性を探る。そこに笠松宏至氏が提唱した「仏物」「神物」「人物」の論理が働いていたことを確認した。

補論3「一括埋納銭研究補考」は、第九章に対する批判に対して執筆したものである。大量埋蔵銭貨は呪術的な埋納行為ではなく、いざという時のための「備蓄銭」「隠匿銭」であるとして「埋納銭」説に対する批判が出されたが、蔵の普遍的な存在と「普請」「作事」にみる中世人と近世人の大地に対する意識の違いから私見を変更する必要のないことを確認した。

第十章「中世におけるムラの「記憶」と「語り」」は、近年盛んに論じられている「由緒論」に接して、村人がいわゆる「歴史」を認識し、またそれを語り伝えようとするのは何時の頃からか、契機は何かについて考えようとしたささやかな試論である。

以上のように各章の意図を記してきたが、このうち第Ⅰ部・第Ⅱ部で村落景観の復原をめざし、第Ⅲ部で農民的権利や銭貨に対する観念など民衆生活の文化諸相を探ろうとしている。

そして、終章で中世の開発のあり方や集落構造の変容についてどのように理解するべきかの整理を試みている。

注

（1）中野栄夫『中世荘園史研究のあゆみ』新人物往来社　一九八二、田端泰子「領主制と村落研究の現状と問題点」『中世村落の構造と領主制』法政大学出版局　一九八六、同「荘園研究史」『講座日本荘園史1　荘園入門』吉川弘文館　一九八九

（2）村境の意味を最初に取り上げたのは民俗学である。柳田国男は、道祖神の立てられた場所が村の内外を隔てる地点であり、外部から侵入しようとする邪悪神を阻止するのが道祖神の役割であったと指摘した（『石神問答』聚精堂　一九一〇、『定本柳田国男集　第十二巻』筑摩書房　一九六三　所収）。また、柳田は村の領域について「村なるものの意義は今日とは異なって居りまして、単に民居の一集団即ち宅地の有る部分のみを村と称したのであります。村民が耕作する田畠乃至は其利用する山林原野は則ち単に其村に属する土地でありまして、後世村を一つの行政区画とするやうになってから、其田畑山野までを総括して村と称するに至った」と述べている（『時代ト農政』聚精堂　一九一〇、『定本柳田国男集　第十六巻』筑摩書房　一九六二）。領域形荘園が成立する当初から堺相論がしばしば発生していることから、この当否は検討を要するが、この柳田説を敷衍するかたちで、福田アジオが「ムラ」「ノラ」「ヤマ」の三重の同心円的構成を提示している（「村落領域論」『武蔵大学人文学会雑誌』十二巻二号　一九八〇、後に同氏著『日本村落の民俗的構造』弘文堂　一九八二　所収）。

（3）永原慶二「荘園制支配と中世村落」、同「中世村落の構造と領主制」、ともに同氏著『日本中世社会構造の研究』岩

波書店　一九七三（ともに初出は一九六二）
（4）一志茂樹『地方史の道』信濃史学会　一九七六、竹本豊重「中世村落景観の復元方法」『岡山県史研究』七号　一九八四、同「地頭と中世村落—備中国新見荘—」石井進編『中世の村落と現代』吉川弘文館　一九九一
（5）渡辺澄夫『増訂　畿内庄園の基礎構造　上・下』吉川弘文館　一九七〇
（6）西岡虎之助編『日本荘園絵図集成　上・下巻』東京堂出版　一九七六・七七、京都国立博物館『特別陳列図録　古絵図の世界』一九八四、東京大学史料編纂所編『日本荘園絵図聚影　全五巻』東京大学出版会　一九八八〜一九九九、小山靖憲・下坂守・吉田敏弘編『中世荘園絵図大成』河出書房新社　一九九七
（7）鈴木茂男「紀伊国挊田庄図考」『東京大学史料編纂所報』九号　一九七五、水田義一「紀州の中世庄園絵図」『和歌山大学紀州経済史文化史研究所紀要』四号　一九八四、同「紀伊国井上本荘絵図の歴史地理学的考察」『史林』六九巻三号　一九八六、瀬田勝哉「菅浦絵図考」『武蔵大学人文学会雑誌』七巻二号　一九七六、吉田敏弘「四至牓示絵図考」『歴史地理学』一四四号　一九八九、同「菅浦絵図と『官使注進絵図』」『國學院雑誌』九五巻四号　一九九四、服部英雄『景観にさぐる中世』新人物往来社　一九九五、高島緑雄『関東中世水田の研究』日本経済評論社　一九九七、など
（8）『信濃』三一巻三号（一九七九）に「圃場整備事業に対する宣言」が掲載される（一九七八年一〇月の信濃史学会主催の地方史研究大会で出される）。
（9）大阪府埋蔵文化財協会『日根荘総合調査報告書』一九九四、井藤暁子編『彩都（国際文化公園都市）周辺地域の歴史・文化総合調査報告書』大阪府文化財調査研究センター　一九九九
（10）景観論に視点をおいて研究状況を総括したものに、水野章二「現地調査と中世史研究—景観の歴史学的分析方法をめぐって」（『日本中世の村落と荘園制』校倉書房　二〇〇〇）がある。
（11）谷岡武雄「播磨国揖保郡条坊（里）の復元と二、三の問題」『史学雑誌』六一編一一号　一九五二、弥永貞三『奈良時代の貴族と農民』至文堂　一九五六、同『日本古代社会経済史研究』岩波書店　一九八〇
（12）須磨千頴「山城国紀伊郡における散在所領と村落の地理的考察」『中世の窓』四号　一九六〇、稲垣泰彦「初期名

田の構造」稲垣泰彦・永原慶二編『中世の社会と経済』東京大学出版会　一九六二、同「東大寺領小東庄の構成」宝月圭吾先生還暦記念会編『日本社会経済史研究　古代・中世編』吉川弘文館　一九六七、後にともに同氏著『日本中世社会史論』（東京大学出版会　一九八一）所収

（13）前掲注（5）渡辺著書

（14）前掲注（3）永原論文

（15）金田章裕『条里と村落の歴史地理学的研究』大明堂　一九八五

（16）吉田敏弘「中世村落の構造とその変容過程」『史林』六六巻三号　一九八三、前掲注（15）金田著書、金田章裕『中世村落と微地形』吉川弘文館　一九九三

（17）水野章二「中世村落と領域構成」『日本史研究』二七一号　一九八五、同「結界と領域支配」岸俊男教授退官記念会編『日本政治社会史研究　下』塙書房　一九八五、後に前掲注（10）同氏著書所収、田村憲美「畿内中世村落の「領域」と百姓」『歴史学研究』五四七号　一九八五、後に同氏著『日本中世村落形成史の研究』（校倉書房　一九九四）所収

（18）佐藤和彦「荘園絵図研究の軌跡」竹内理三編『荘園絵図研究』東京堂出版　一九八二

（19）小山靖憲『中世村落と荘園絵図』東京大学出版会　一九八七

（20）『岩波講座日本通史　別巻3　史料論』（岩波書店　一九九五）には金田章裕「絵図・地図と歴史学」、『今日の古文書学第三巻　中世』（雄山閣　二〇〇〇）には吉田敏弘「中世地図史料と絵図」の各論稿が掲載されている。

（21）大分県立宇佐風土記の丘歴史民俗資料館『豊後国田染荘の調査Ⅰ』一九八六、同『豊後国田染荘の調査Ⅱ』一九八七、同『豊後都甲荘の調査　資料編』一九九二、同『豊後国都甲荘の調査　本編』一九九三、同『豊後国香々地荘の調査　資料編』一九九八、大分県立歴史博物館『豊後国香々地荘の調査　本編』一九九九、『播磨国鵤荘現況調査報告』Ⅰ～Ⅳ　太子町教育委員会　一九八八～九一、『播磨国鵤荘現況調査報告』Ⅴ　龍野市教育委員会　一九九三、『播磨国大部荘現況調査報告書』1～7　小野市教育委員会　一九九一～一九九八、など

（22）『丹波国大山荘現況調査報告』Ⅰ・Ⅱ　西紀・丹南町教育委員会　一九八五・八六、大山喬平編『中世荘園の世界

東寺領丹波国大山荘』思文閣　一九九六
(23) 橋本久和「中世村落の考古学的研究」『大阪文化誌』一巻二号　一九七四
(24) 原口正三「古代・中世の集落」『考古学研究』九二号　一九七七、奥野義雄「中世集落と住居形態の前提をめぐって」『大阪文化誌』二巻三号　一九七七、石神怡「各地の古代末から中世に至る遺跡について」『和気』和気遺跡調査会　一九七七
(25) 広瀬和雄「中世への胎動」『岩波講座日本考古学六　変化と画期』岩波書店　一九八六、同「中世村落の形成と展開―畿内を中心とした考古学的研究」『物質文化』五〇号　一九八八
(26) 佐久間貴士「発掘された中世の村と町」『岩波講座日本通史九　中世三』岩波書店　一九九四。他に、同「中世の開発と集落」『歴史科学』九九・一〇〇号　一九八五、同「畿内の中世村落と屋敷地」『ヒストリア』一〇九号　一九八五、なども参照のこと。
(27) 前掲注(15)金田著書
(28) 古島敏雄『土地に刻まれた歴史』岩波書店　一九六七
(29) 前掲注(10)水野著書、水野章二『中世の人と自然の関係史』吉川弘文館　二〇〇九
(30) 佐野静代「日本における環境史研究の展開とその課題―生業研究と景観研究を中心として―」『史林』八九巻五号　二〇〇六、後に同氏著『中近世の村落と水辺の環境史』(吉川弘文館　二〇〇八)所収
(31) 飯村均「中世の「宿」「市」「津」」『中世都市研究』三号　一九九四、同「東国の宿・市・津」藤原良章・村井章介編『中世のみちと物流』山川出版社　一九九九
(32) 鋤柄俊夫「中世地域社会における村落の考古学的研究」『帝京大学山梨文化財研究所研究報告』八集　一九九七、同『中世村落と地域性の考古学的研究』大巧社　一九九九
(33) 前掲注(31)『中世のみちと物流』
(34) 中村純『花粉分析』古今書院　一九六七、藤原宏志「プラント・オパール分析法とその応用」『考古学ジャーナル』二二七号　一九八四、外山秀一「地理学におけるプラント・オパール分析の応用」『立命館地理学』四号　一九九二、

金原正明「花粉分析法による古環境復原」『新版古代の日本10　古代資料研究の方法』角川書店　一九九三、同「中世の環境」『中世総合資料学の提唱』新人物往来社　二〇〇三、辻誠一郎「花粉分析からみた栽培植物」『考古学による日本歴史2　産業—狩猟・漁業・農業』雄山閣　一九九六。その他、多くの埋蔵文化財発掘調査報告書において各遺跡での分析結果が報告されている。

(35)　島田次郎「日本中世共同体試論」『史潮』四号　一九七九、後に同氏著『日本中世の領主制と村落　下巻』（吉川弘文館　一九八六）所収

(36)　「勝尾寺文書」惟宗延末紛失状（『鎌倉遺文』二六巻一九八六八号・一九八六九号）

(37)　小栗栖健治『宮座祭祀の史的研究』岩田書院　二〇〇五

(38)　拙稿「山村の生業と山口祭—資源維持慣行としての「祈り」—」『阿波・歴史と民衆Ⅳ　生業から見る地域社会』徳島地方史研究会　二〇一〇

(39)　坂口豊『尾瀬ヶ原の自然史』中央公論社　一九八九、同「過去八〇〇〇年の気候変化と人間の歴史」『専修大学人文論集』五一号　一九九三

(40)　福澤仁之・安田喜憲「水月湖の細粒堆積物で検出された過去二〇〇〇年間の気候変動」吉野正敏・安田喜憲編『講座文明と環境　第6巻　歴史と気候』朝倉書店　一九九五

(41)　北川浩之「屋久杉に刻まれた歴史時代の気候変動」前掲注（40）『講座文明と環境　第6巻　歴史と気候』

(42)　添田雄二・赤松守雄「北海道東部サロマ湖周辺における10～17世紀の海水準変動」『第四紀研究』四〇巻五号　二〇〇一

(43)　森勇一「昆虫化石による先史～歴史時代における古環境の変遷の復元」『第四紀研究』三三号　一九九四、など

(44)　水野章二「中世荘園・村落研究と環境史」同氏編『中世村落の景観と環境　山門領近江国木津荘』思文閣　二〇〇四、前掲注（29）『中世の人と自然の関係史』

(45)　高橋学「古代末以降における臨海平野の地形環境と土地開発」『歴史地理学』一六七号　一九九四、同「古代末以降における地形環境の変貌と土地開発」『日本史研究』三八〇号　一九九四、同「平野の微地形変化と開発」前掲注

（40）『講座文明と環境　第6巻　歴史と気候』、同「中世絵図の地形環境分析」網野善彦・石井進・谷口一夫編『中世資料論の現在と課題』名著出版　一九九五、同「臨海平野における地形環境の変貌と土地開発」日下雅義編『古代の環境と考古学』古今書院　一九九五、など。

（46）黒田日出男『日本中世開発史の研究』校倉書房　一九八四、鈴木信「防潮堤構築技術からみた中世干拓の起源と系譜について」『考古学と技術』同志社大学　一九八八、山内譲『中世瀬戸内海地域史の研究』法政大学出版局　一九九八

（47）磯貝富士男「日本中世史研究と気候変動論」『日本史研究』三八八号　一九九四、同『中世の農業と気候』吉川弘文館　二〇〇二、同『日本中世奴隷制論』校倉書房　二〇〇七

（48）峰岸純夫「自然環境と生産力からみた中世史の時期区分」『日本史研究』四〇〇号　一九九五、後に同氏著『中世災害・戦乱の社会史』吉川弘文館　二〇〇一　所収

（49）西谷地晴美「中世前期の温暖化と慢性的農業危機」『民衆史研究』五五号　一九九八、同「中世前期の災害と立法」『歴史評論』五八三号　一九九八、同「中世の集団と国制」『日本史研究』四四〇号　一九九九、同「中世の環境変動と地域社会」『粟生間谷遺跡　古代・中世編』大阪府埋蔵文化財センター　二〇〇三、同「環境の歴史と中世」近藤成一他編『中世　日本と西欧―多極と分権の時代―』吉川弘文館　二〇〇九

（50）水野章二「人と自然の関係史素描―中世後期の環琵琶湖地域を中心に―」『民衆史研究』六一号　二〇〇一、同「人と自然の関係史素描―中世前期の環琵琶湖地域を中心に―」西川幸治・村井康彦編『環琵琶湖地域論』思文閣　二〇〇三、後に前掲注（29）『中世の人と自然の関係史』所収

（51）飯沼賢司「環境歴史学の登場」網野善彦・後藤宗俊・飯沼賢司編『ヒトと環境と文化遺産』山川出版社　二〇〇〇、二四〇頁。その他、「環境史」の概念規定に言及するものに、橋本政良「環境歴史学の可能性」同氏編『環境歴史学の視座』岩田書院　二〇〇二、篠原徹「環境史は可能か」『歴史評論』六五〇号　二〇〇四、などもある。

（52）飯沼賢司「中世における「山」の開発と環境」『大分県地方史』一五四号　一九九四、同「荘園村落遺跡調査と開発史―国東半島の荘園の成立と開発―」佐藤信・五味文彦編『土地と在地の世界をさぐる』山川出版社　一九九六、

同「環境歴史学序説—荘園の開発と自然環境—」『民衆史研究』六一号　二〇〇一

(53) 矢田俊文「明応地震と太平洋海運」『民衆史研究』五五号　一九九八、後に同氏著『地震と中世の流通』（高志書院二〇一〇）所収、同「中世の自然と人間」『日本史講座4　中世社会の構造』東京大学出版会　二〇〇四、前掲注(48) 峰岸著書

(54) 井原今朝男「中世善光寺平の災害と開発」『国立歴史民俗博物館研究報告』九六号　二〇〇二、同「公家新制の公田興行令と得宗領の公田開発」『信濃』六二六号　二〇〇二、同「災害と開発の税制史—日本中世における土地利用再生システム論の提起—」『国立歴史民俗博物館研究報告』一一八集　二〇〇四。その他、前掲注(48) 峰岸著書、前掲注(49) 西谷地論文、新井孝重「杣と平野の景観」『東大寺領黒田荘の研究』校倉書房　二〇〇一、小森正明「中世後期東国における借用状の一考察」『社会文化史学』四七号　二〇〇五、水野章二「中世の災害」北原糸子編『日本災害史』吉川弘文館　二〇〇六、同「中世の水害と荘園制」『再考　中世荘園制』岩田書院　二〇〇七、前掲注(29) 水野著書なども中世における災害と民衆生活について論じている。その他、災害史の捉え方については、笹本正治「災害史研究の視点」『災害文化史の研究』高志書院　二〇〇三、考古学の調査成果からは寒川旭『地震考古学』中央公論社　一九九二　を参照のこと。

(55) 峰岸純夫「中世」『史学雑誌』一一一編五号　二〇〇二

(56) 前掲注(30) 佐野論文

(57) 戸田芳実「山野の貴族的領有と中世初期の村落」『ヒストリア』二九号　一九六一、後に同氏著『日本領主制成立史の研究』岩波書店　一九六七、黒田日出男「広義の開発史と『黒山』」『民衆史研究』一八号　一九八〇、後に同氏著『日本中世開発史の研究』校倉書房　一九八四、丸山幸彦「粟凡直若子と古代の名方郡」『阿波一宮城』徳島市立図書館　一九九三、など

(58) 高木徳郎『日本中世地域環境史の研究』校倉書房　二〇〇八

(59) 稲垣泰彦「律令制的土地制度の解体」竹内理三編『土地制度史Ⅰ』山川出版社　一九七三、同「中世の農業経営と収取形態」『岩波講座日本歴史6　中世2』岩波書店　一九七五、ともに、同氏著『日本中世社会史論』（東京大学出

版会　一九八一）所収。この稲垣論文の研究史的位置づけについては、保立道久「稲垣泰彦氏の土地所有論と戦後中世史学」『人民の歴史学』一五二号（二〇〇二）に詳しい。
(60) 奥野正己「作手の特質」『歴史研究』一五号　一九七七、中野栄夫「「名」と「作手」」『中世荘園史研究のあゆみ』新人物往来社　一九八二、稲葉伸道「鎌倉期の伊賀国黒田庄の一考察」『年報中世史研究』七号　一九八二
(61) 蔵持重裕「中世の土地所有観と名田」『史苑』四六巻一・二号　一九八七、後に同氏著『日本中世村落社会史の研究』（校倉書房　一九九六）所収、吉田徳夫「請作と請料」『津田秀夫先生古稀記念　封建社会と近代』同朋社　一九八九、鈴木哲雄「日本中世の百姓と土地所有」『歴史学研究』六一三号　一九九〇、後に同氏著『中世日本の開発と百姓』（岩田書院　二〇〇一）所収
(62) 蔵持重裕「荘園制・中世社会について―所有論の視点から―」『再考中世荘園制』岩田書院　二〇〇七　二八〇頁
(63) 前掲注（62）蔵持論文二九〇頁
(64) 長谷川裕子「中世・近世土地所有史の現在」『中世・近世土地所有史の再構築』青木書店　二〇〇四。村の当知行については、藤木久志「村の当知行」『村と領主の戦国世界』（東京大学出版会　一九九七）参照。
(65) 中田薫『法制史論集　第二集』岩波書店　一九三八
(66) 藤木久志「村の跡職」前掲注（64）同氏著書所収
(67) 嘉田由紀子『水辺ぐらしの環境学―琵琶湖と世界の湖から』昭和堂　二〇〇一　二〇九～二一〇頁
(68) 前掲注（62）蔵持論文三〇一頁
(69) 須磨千頴「山城国紀伊郡における荘園制と農民」稲垣泰彦・永原慶二編『中世の社会と経済』東京大学出版会　一九六二、永原慶二「中世農民的土地所有の性格」『日本中世社会構造の研究』岩波書店　一九七三
(70) 網野善彦「「職」の特質をめぐって」『史学雑誌』七六編二号　一九六七、後同氏著『日本中世土地制度史の研究』（塙書房　一九九一）所収、網野善彦・横井清『日本の中世6　都市と職能民の活動』中央公論新社　二〇〇三
(71) 村田修三「中世後期の階級構成」『日本史研究』七七号　一九六五
(72) 笠松宏至『日本中世法史論』東京大学出版会　一九七九

(73)　安田次郎「百姓名と土地所有」『史学雑誌』九〇編四号　一九八一
(74)　西谷正浩「日本中世の土地売買と土地所有―鎌倉・室町期の京郊地域における在地社会の所有構造―」『史学雑誌』一〇九編一〇号　二〇〇〇、後に同氏著『日本中世の所有構造』塙書房　二〇〇六　所収
(75)　西谷正浩「中世後期における下級土地所有の特質と変遷」『中世・近世土地所有史の再構築』青木書店　二〇〇四、後に前掲注(74)同氏著所収
(76)　長谷川裕子「売買・貸借にみる土豪の融通と土地所有」『中世・近世土地所有史の再構築』青木書店　二〇〇四、後に同氏著『中近世移行期における村の生存と土豪』校倉書房　二〇〇九　所収
(77)　徳島県内では長宗我部元親の軍勢による阿波国侵攻で多くの寺社が焼失したと語り伝えられている。これについては、拙稿「長宗我部元親の阿波国侵攻とその伝承化」『徳島県中世城館跡総合調査報告書』徳島県教育委員会（近刊予定）参照。
(78)　古山学「地方史研究と埋蔵文化財」『地方史研究』二〇〇号　一九八六
(79)　三浦圭一「地域史研究の課題」『中世日本の地域と社会』思文閣　一九九三

第Ⅰ部　中世の集落景観

第一章　中世低地集落の形成と展開

はじめに

鎌倉時代後半から南北朝期にかけて、村落民は「領域」を生活レベルにおいて意識しだすことがすでに指摘されている。田村憲美氏によれば、辻祭（勧請掛）の成立は領域形成の一つの帰結であったし[1]、中世的土地所有体系の枠組の中で村落自体が村落空間の所有主体となるのも南北朝期であると述べられている[2]。この他、殺生禁断イデオロギーを挺子とした排他的領域観が生成したとする伊藤喜良氏の研究や[3]、地下請の成立・惣有地の形成などの視点からもこの期の村落の変容を指摘できる。また、本書第七章で述べるように、請作の権利である作手の減少・消滅という側面からも同様のことが指摘できるであろう。

このような変貌をとげつつある鎌倉末・南北朝期の村落の景観を、近年増加しつつある中世集落遺跡の発掘事例に学びながら検討を加えていくことを本章の目的としたい。

ことに本章では低湿地に展開した集落遺跡を主な考察の対象とするが、これによって、中世後期における低地開発を否定的にみる古島敏雄氏[4]や宝月圭吾氏[5]の旧来の説を克服せんとする黒田日出男氏[6]や高橋昌明氏の研究[7]を考古学の側面から補うことにもつながるであろう。すなわち、大井川河口付近に位置する初倉荘の開発を検討した黒田氏や湿田から乾田への移行を視野にいれて二毛作の普及を説いた高橋氏によって中世後期における低地開発の歴史的位置づけが確かなものになっている。

文献史学が描き出したこのような歴史像を裏付けるのが沖積低地で近年多く検出されている集落遺跡のあり様である。

まず始めにそのような集落遺跡を略述していくことから本章にとりかかりたい。

一、低地集落の発掘成果

近年中世集落遺跡の発掘事例の増加にともない、橋本久和氏[8]・原口正三氏[9]・佐久間貴士氏[10]・広瀬和雄氏[11]らによってその景観的分析が試みられている。こうした一連の研究成果をまとめると次のようになろう。

古代から中世にかけての開発・発展の画期は二つあり、第一段階は平安後期（一〇～一一世紀）、第二段階は一三世紀にあること、前者は条里地割内部の開発・再開発が広範に進行したものであり、後者は条里地割内部の耕地化が一応達成され現在見ることのできる条里地割の原景観が成立した時期と捉えることができる。また、和泉国日根荘の立荘（天福二年・一二三四）に見られるように、洪積段丘上に位置し条里地割の存在しない地域の開発が恒常的になるのもこの時期と把握される。

また、広瀬氏は遺構の状況から集落遺跡を次の四類型に分類している。[12]

①小規模な建物が数棟集まったもの（経営基盤の弱い下層農民層）

②大小の建物が二棟前後で構成されるもの（家族労働力を中心とした上層農民層）

③傑出した大規模建物に中小建物が付随したもの（④の原型）

④堀や塀をともなった広い空間に巨大な屋敷を中心として周囲にいくつかの建物を配したもの（領主の居館）このうち②型が最も広範囲に展開していたとされ、「一〇～一二世紀の村落景観は、単独の屋敷地と二つ程度の屋敷地のまとまりとが一定の距離をおいて分立しており、それらの空間には畠や水田、また荒地などが介在していた」と指摘している。

こうした成果のうち、中世村落の特質を考える場合、特に第二の画期の指摘が重要であると思われる。一三世紀という時期は「はじめに」で述べたように惣の形成がみられだす頃でもあり、こうした村落生活の変化と考古学上の景観分析がいかに融合しあうかをみていくことが可能と判断できるからである。

考古学的な景観分析で取り上げられるのが大阪府の宮田遺跡や長原遺跡、山口県の下右田遺跡などであるが、本章では沖積地に立地する集落遺跡に限定して考察していくことにする。

山口県防府市の下右田遺跡は佐波川を越えた右田市・芝生・沖高井を中心とする沖積台地の中央部に位置しており、整然とした条里区画が残された地域である。下右田遺跡では平安時代後半から室町期にかけての掘立柱建物二五二棟が検出されており、室町時代には集村形態に発展することが確認されている。そして、建物は鎌倉期のものが規模が大きく室町期に小規模化すること、軒数は室町期に増加する傾向にあること、井戸は室町期に最も多く出現することなども説かれている[13]（図1参照）。

田村遺跡は高知平野の東部、物部川流域の沖積扇状地に位置する。中世になって物部川の流路の定着化が始まり多くの屋敷群の形成がみられるようになるが、この地も多数の旧河道が存在しているように低湿地であった。この地には守護代の城館が営まれることになるが、それ以前から屋敷地の形成が確認でき、一四～一六世紀にかけての周溝屋敷地が三一例検出されている[14]（図2参照）。

愛知県清洲市の土田遺跡は、五条川下流域の旧河道や自然堤防上の低湿地帯に立地している。遺構面は弥生時代

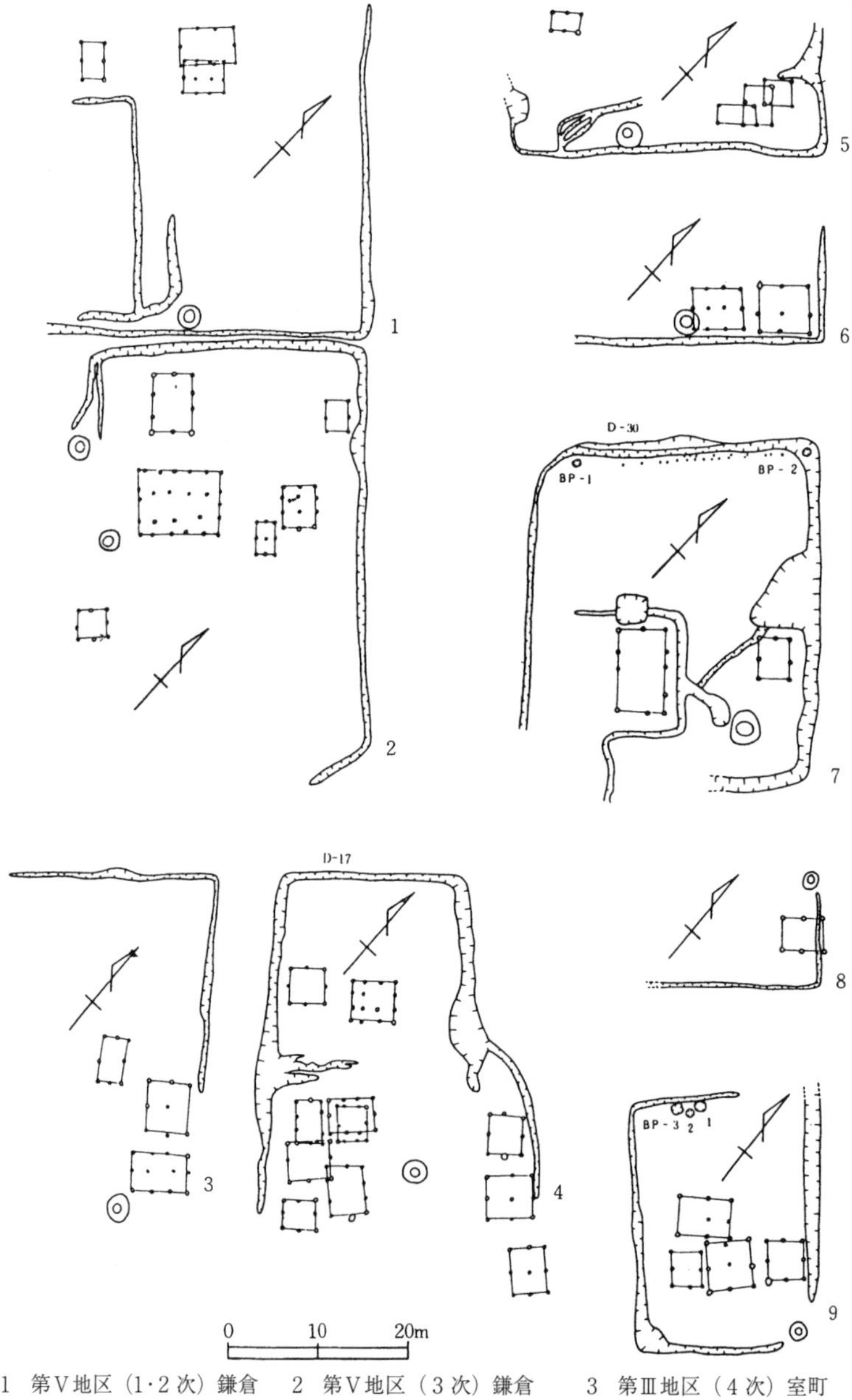

1　第Ⅴ地区（1・2次）鎌倉　2　第Ⅴ地区（3次）鎌倉　3　第Ⅲ地区（4次）室町
4　第Ⅲ地区（4次）室町　5　第Ⅵ地区（1・2次）室町　6　第Ⅴ地区（1・2次）室町
7　第Ⅷ地区（1・2次）鎌倉　8　第Ⅴ地区（1・2次）室町　9　第Ⅵ地区（4次）室町

図1　下右田遺跡周溝屋敷地

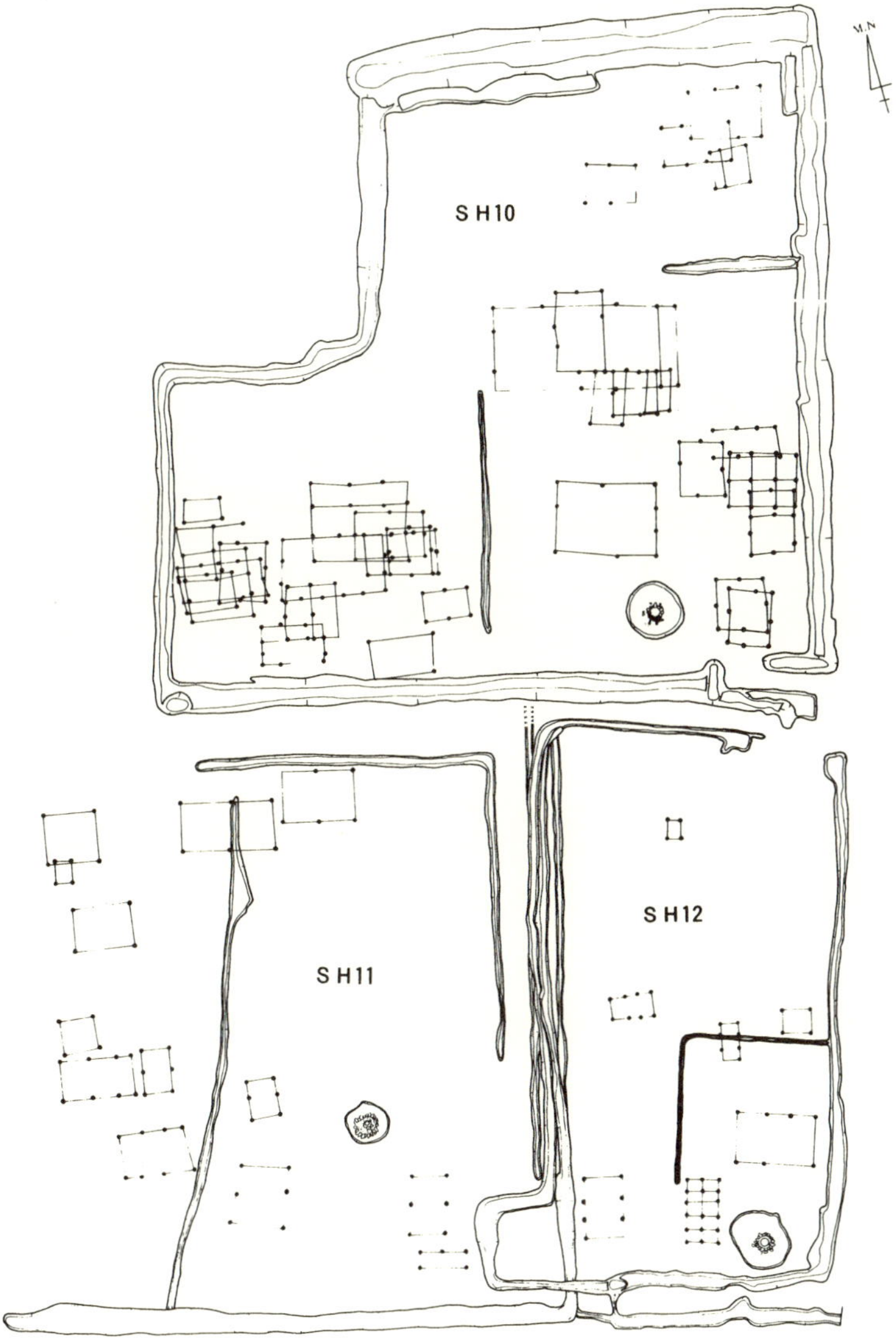

1：500

図2　田村遺跡周溝屋敷地

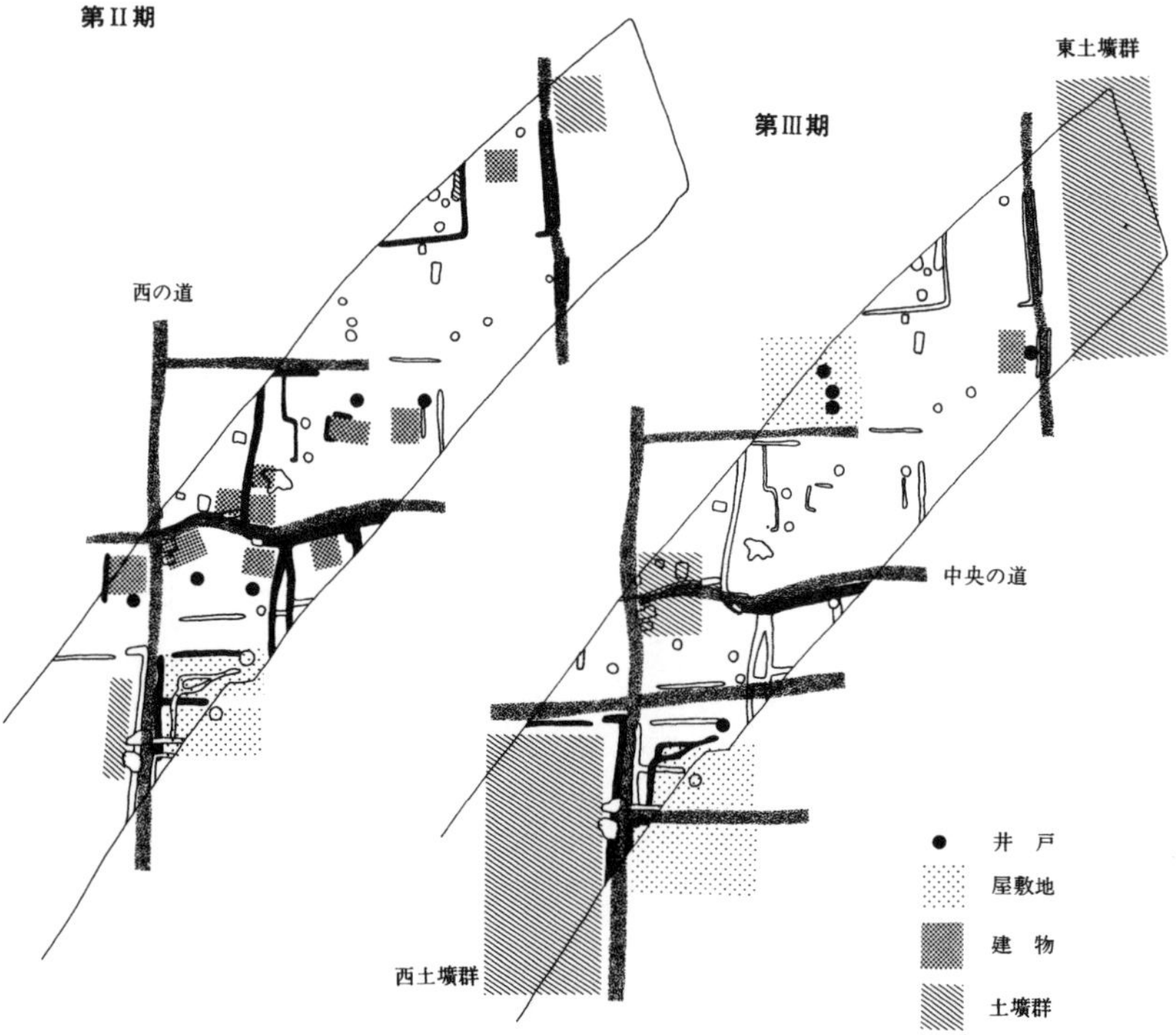

図３　土田遺跡遺構配置図

末期〜古墳時代のものと、平安時代末期〜室町期のものが検出されている。後者は、Ⅰ期（一二世紀末）・Ⅱ期（一二世紀末〜一三世紀）・Ⅲ期（一三世紀末〜一四世紀）・Ⅳ期（一四世紀末〜一五世紀）に時期区分できるという。このうち、図３に示したようにⅡ期からⅢ期にかけての時期に屋敷地・建物及び土壙が特定地域に集中化する。一方、遺物からもⅡ期からⅢ期にかけての段階に変化の画期が見出される。土師器は、皿に胎土変化（輝石・角閃石の量比の増大）が見られ、鍋類も形態変化する。煮沸具全体では粗製から精製への傾向が見られるのである。さらに、灰釉系陶器についても、椀・皿ともに規格化（口縁肥厚志向）へ向かうという。また、Ⅰ・Ⅱ期の製品はその大半が常滑窯であるのに対し、Ⅲ期には瀬戸窯中心に転換するのである。以上のように、土田遺跡においては鎌倉時代末期から南北朝期にかけて、遺物・遺構双方の面から大きな変化があったことが確認できるのである。(15)

なお、報告書では、Ⅱ期までは建物が同一の場所に長期間留まることがない事象について、土地所有権の不安定さという側面から捉えようとされているが、この事実は第七章で、一筆毎の請作権である作手から村請制—惣の形成—へ移行するのが鎌倉末・南北朝期であり、中世農民の土地に対する関わりがこの時期に変貌すると指摘することとも符合すると考えるものである。

また、尾張平野では海部郡甚目寺町の阿弥陀寺遺跡や大渕遺跡でも周溝をともなう屋敷地が検出されている。(16)阿弥陀寺遺跡は福田川右岸の微高地に立地しており、屋敷地（東西約三〇m・南北約五五mと推定）を区画する溝は一四～一五世紀代に比定されている（図4参照）。一方、大渕遺跡でも六棟ずつ二群に分かれる計一二棟の掘立柱建物が検出されたが、これらの建物群は一三世紀代を上限とする溝によって形成される方格地割りの中におさまっており、鎌倉中期以降につくられた周溝屋敷地の一事例とすることができる。

次に図5を見ていただきたい。これは滋賀県守山市の横江遺跡の遺構面を示したものである。横江遺跡も野洲川の支流である境川や海道川にはさまれた三角州状自然堤防上に位置しており、一三世紀後半から一五世紀初頭にかけての集落遺跡である。ここでも溝で区画された約三〇m×五〇mの長方形の屋敷地が検出されており、それぞれの区画溝は全て河川に落し込む形になっているという。(17)そして、蛇行した河川は埋め立てた上で整地を行い遺構を形成しているところがある点から、「ある特定の集団と共通意識による再開発や開拓が新たな土地に対して行われた結果」であろうと報告書では述べられている。

佐賀県佐賀市の古村遺跡では区画溝一条、掘立柱建物五九棟、井戸三三基をはじめ、多数の土壙や小穴が検出されているが、「特に区画溝を伴った景観が明確に捉えられるのは、現段階では、一三世紀（後半か？）から一四世紀

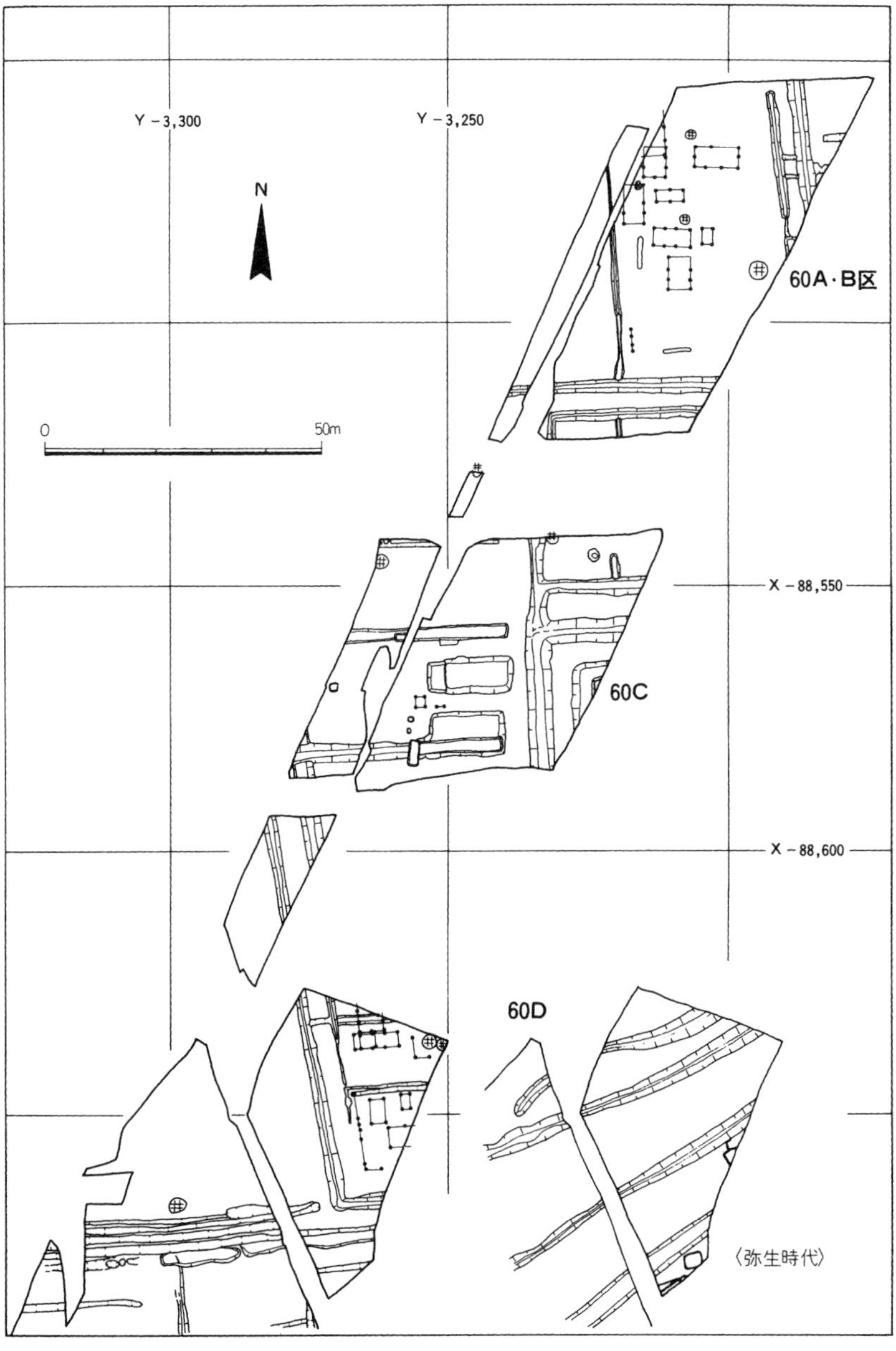

図4　阿弥陀寺遺跡遺構配置図

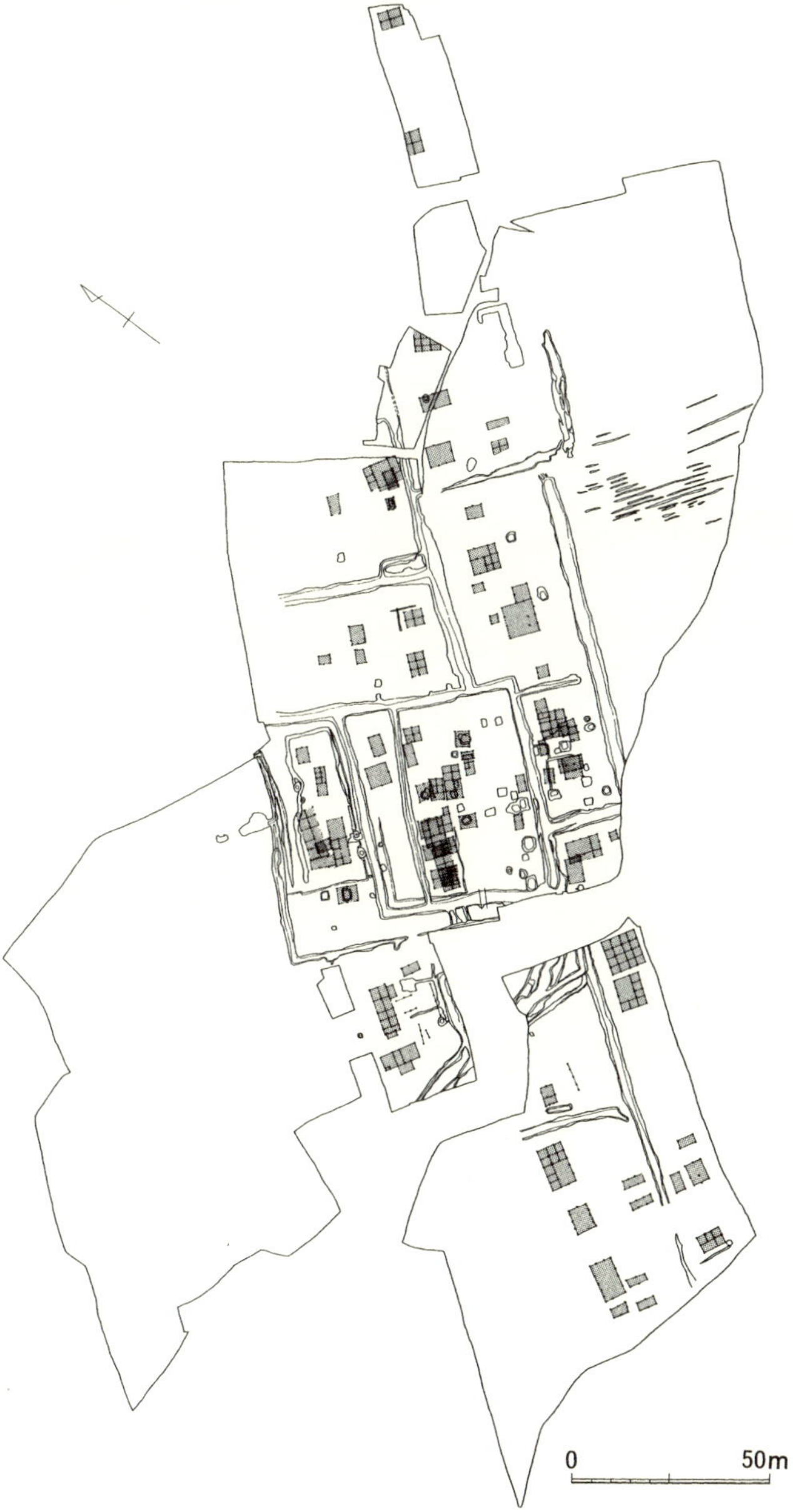

図５　横江遺跡遺構配置図

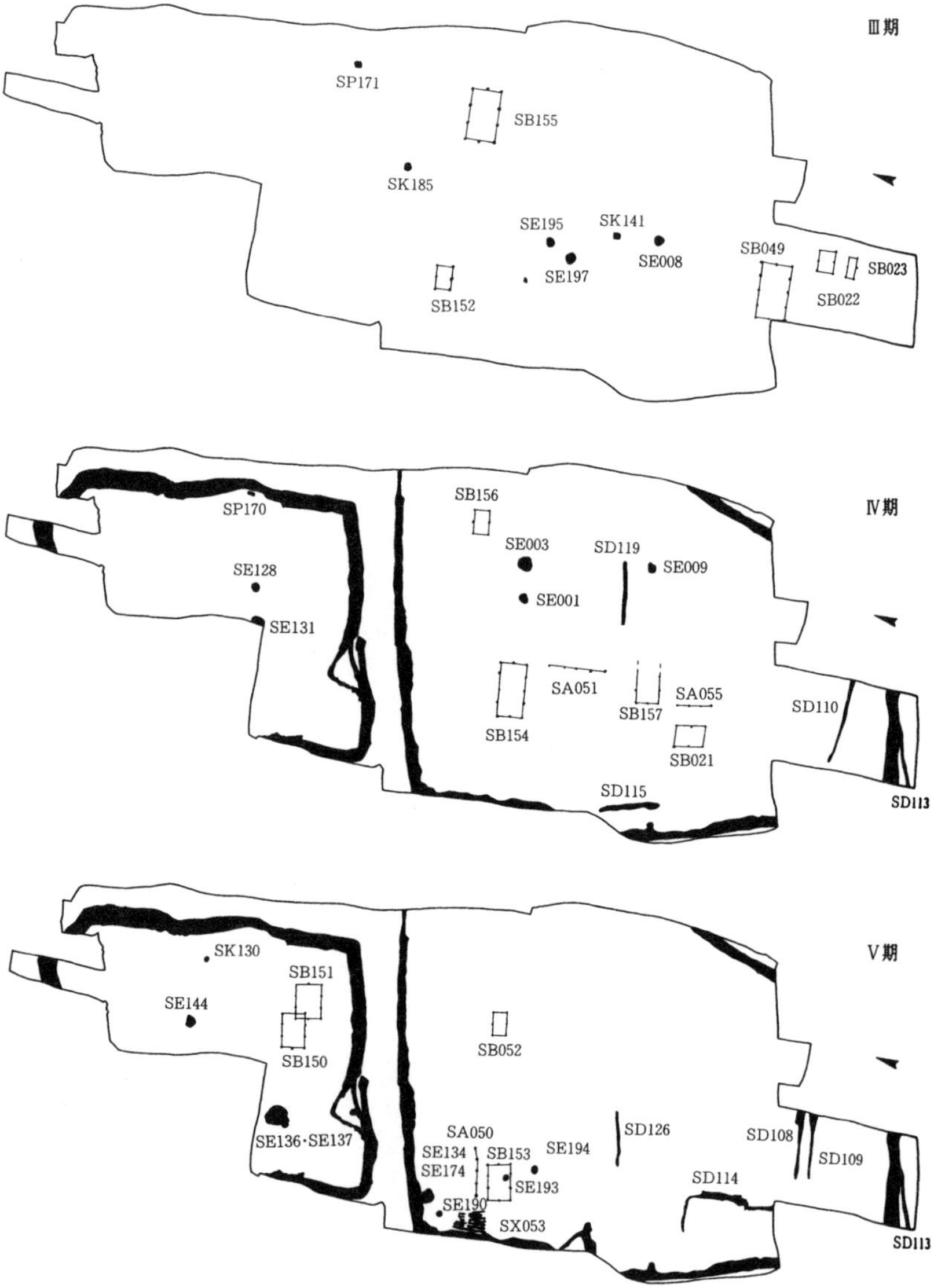

図6　本村遺跡遺構配置図

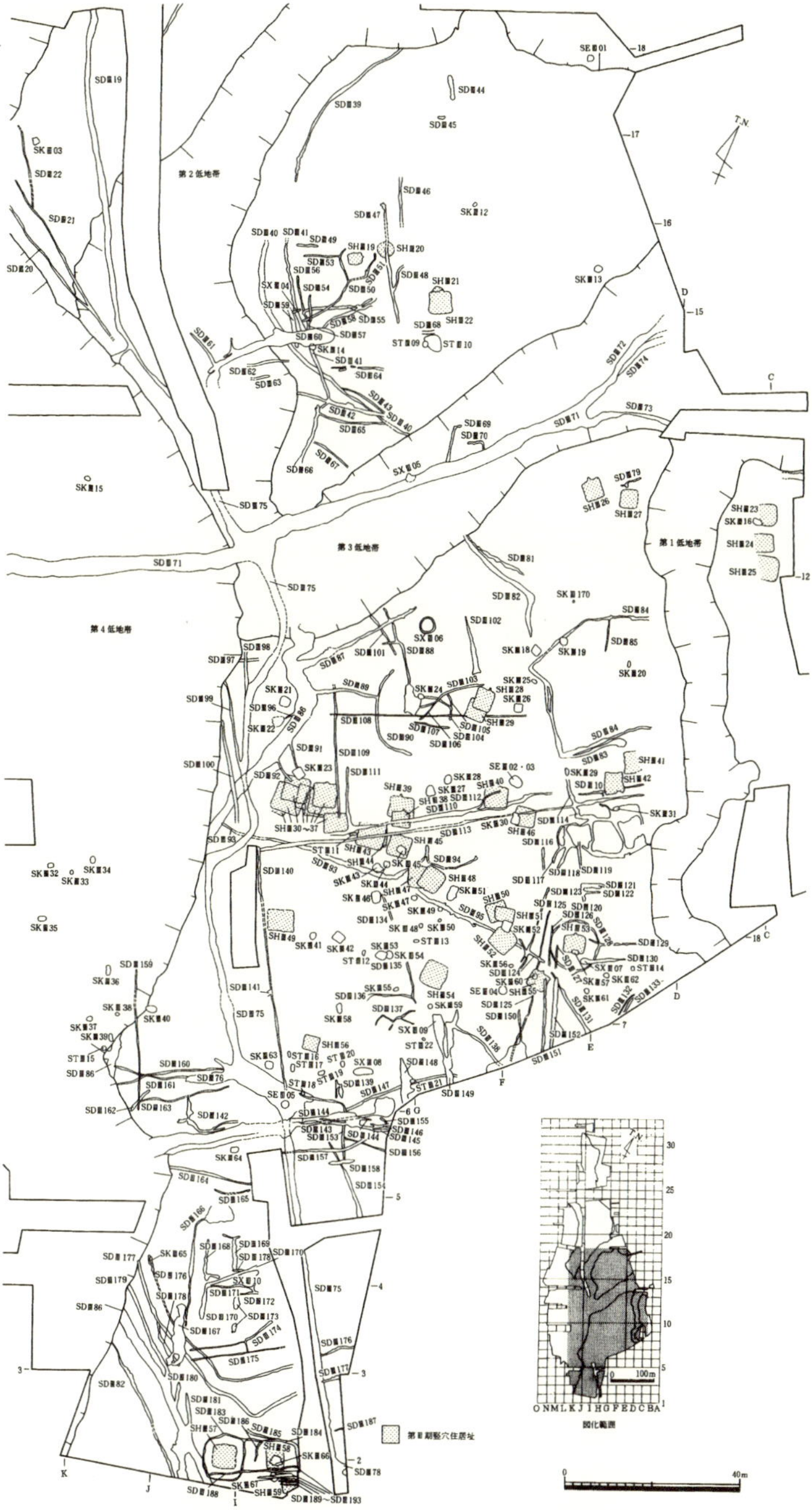

図7　下川津遺跡（Ⅲ期）遺構配置図

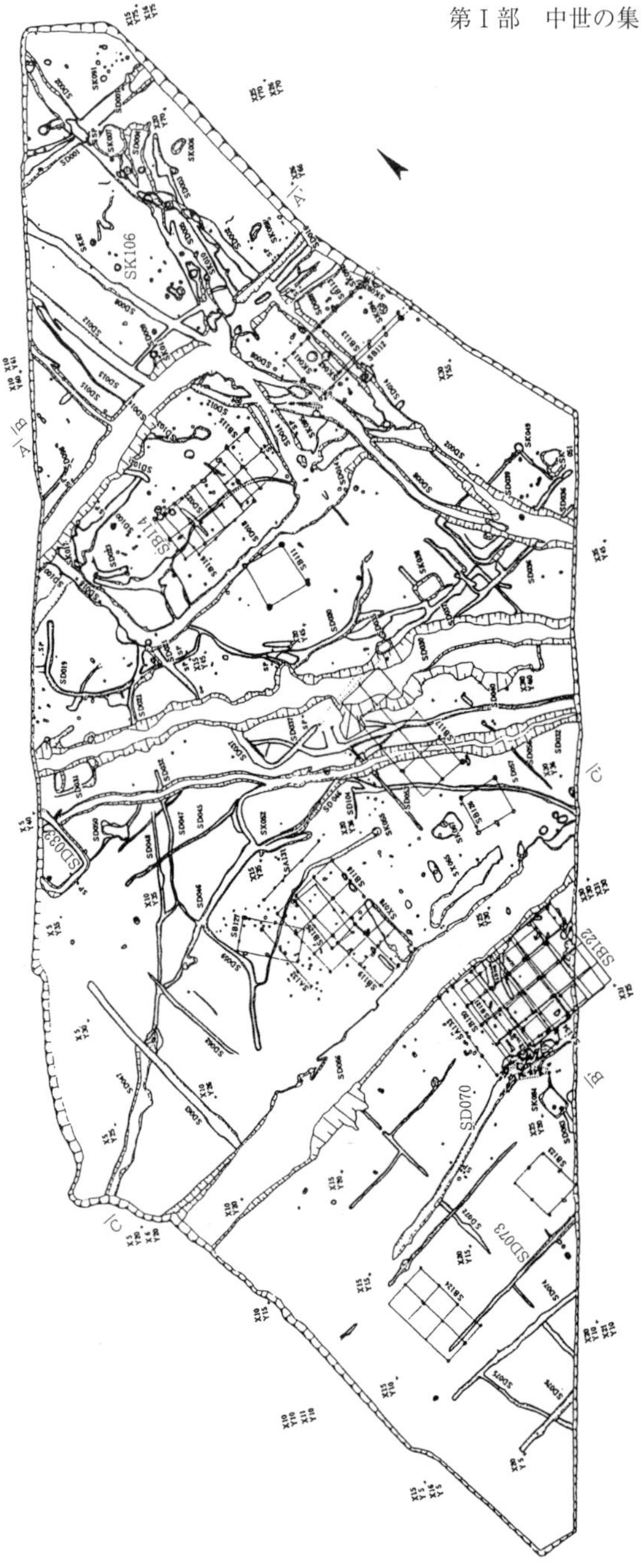

図８　江上Ｂ遺跡遺構配置図

前半にかけての時期と考えている」という評価が与えられている[18]。また、同じ佐賀市の本村遺跡（図6）も一三世紀中葉～後葉にかけて（Ⅳ期）、「この二つの方形区画溝によって囲まれた屋敷地の景観が成立する」と考えられており、「溝に囲まれない屋敷地から溝に囲まれた屋敷地への変遷」が看取されるのである[19]。

その他、香川県下川津遺跡などでも同様の周溝屋敷地が検出されているし（図7）[20]、香川県空港跡地遺跡[21]や富山県江上B遺跡（図8）[22]、同じく富山県の南中田D遺跡[23]などの事例もこれに加えることができよう。

最後に、吉野川が形成した沖積平野をかかえる徳島県の事例を紹介したい。徳島県でも近年中世集落の発掘が相次ぎ、多くの示唆を与えてくれている。具体的には徳島市の中島田遺跡や板野町の黒谷川宮ノ前遺跡・古城遺跡がそれにあたる。

中島田遺跡[24]は鮎喰川が吉野川に注ぎ込む右岸に立地し、近傍では「倉本下市」が立てられていた[25]。報告書ではその地が「マチ」的な様相を強くもっていたと記している。事実この地に「法勝寺」「真仏寺」の所在が確認できるので[26]、その可能性が高いだろうと考えられる。しかし、「一遍聖絵」[27]の備前国の福岡市の様子や越後国奥山荘の高野市が「たかの、いちハのそハのかハのなかれなり」とあるように胎内川のそばに立地していたこと、信濃国伴野荘の伴野市が千曲川の河岸段丘の突端に位置し河川交通の要衝にあった事例などが示すように[28]、市の立地場所の一つの形態として河原があげられるので、「倉本下市」も河原地であった可能性がきわめて高いと思う。なぜなら、近傍の南島田遺跡の第二遺構面を見れば鮎喰川（あるいはその支流）が現在の流路よりは南東寄りであったことを暗示しており、中島田遺跡の東端も流路になっており、中島田遺跡そのものが中州に立地していたと考えられる。これにしたがえば「倉本下市」も河原地に立地したであろうことが十分に推測されるからである。

図9は中島田遺跡の遺構配置図である。これによればSD二〇五・二〇六が東西方向に走り、SD二一九が南北方向に走っている。このSD二〇六と二一九は同一の溝としてつながっており、これに囲まれた方形の区画が屋敷

地と想定される。そして、この周溝屋敷地をともなう中島田遺跡も遺物等の検討から鎌倉時代後半から南北朝期にかけての集落であったとされている。

黒谷川宮ノ前遺跡は吉野川下流域の左岸、支流犬伏谷川が形成する自然堤防上に位置し、図10に示したように周溝によって区画された連続する屋敷地が検出されている。当遺跡では備前焼の擂鉢・壺、瀬戸窯花瓶・天目茶碗、

図９　中島田遺跡遺構配置図

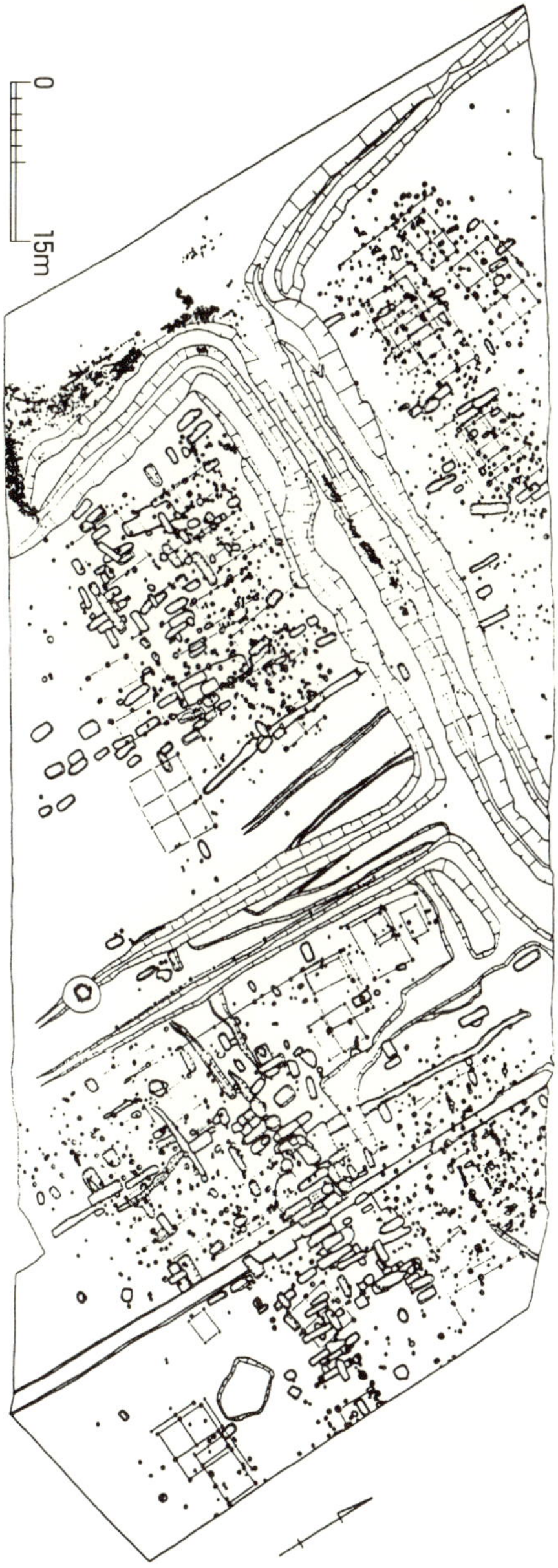

図10　黒谷川宮ノ前遺跡遺構配置図

青磁碗、笄等の他、備前焼甕を転用した甕棺墓も検出されており、一四～一五世紀代の遺跡である。[29]

また、黒谷川宮ノ前遺跡の南東に位置する古城遺跡でもL字状に屈曲した溝から青磁・瀬戸窯底卸目皿・亀山窯壺・古唐津窯の碗が出土しており、この溝も一四～一五世紀代のものと判断される。[30] その他、電力会社の鉄塔立替工事にともなうもので極めて限定された面積しか調査できていないが、徳島市国府町の矢野遺跡でも一四～一五世紀代のものと推定できる屈曲した溝が検出されており、[31] 国府町付近でも周溝屋敷地が展開していた可能性が強いものと思われる。これを裏付けたのが近年調査の進む敷地遺跡や観音寺遺跡の成果である。国府町敷地は標高五m程の沖積地であるが、中世後半の屋敷地を区画する溝（二条が並行）が検出されており、この溝からは青磁碗や備前焼擂鉢などが出土している。また、観音寺遺跡からもL字状にめぐる区画溝が検出されており、その区画内より四〇〇基以上の柱穴が検出されている[32]。

これまで沖積地に位置する集落遺跡を見てきたが、周溝をともなう屋敷地（特に連続した屋敷地）は鎌倉時代末期から南北朝期にかけてのものであり、この事象についてはある程度普遍化できるものと考える。ただし、関東平野での検出事例はなく、中部以西に限られていることは注意しておかなければならない。

これらの成果から、鎌倉末・南北朝期以降における中部以西の沖積低地の集落は、水をたたえた周溝をともなう連続した屋敷地を一つの単位としていたと結論付けられるのである。

二、集村化現象と周溝の役割

前節で中世集落遺跡、殊に沖積低地に立地するものを取り上げ、鎌倉時代後期から南北朝期にかけて集村化していくこと、屋敷地の周りを溝で囲うことなどを確認した。こうした集村化現象は文献史料からも確認し得る。

摂津国榎坂郷・垂水荘は、淀川の支流神崎川に注ぎ込む糸田川・高川・天竺川が形成する低湿地に位置し、平坦な沖積地で条里制が施行されたとされる場所である。この地は一八世紀末の天明・寛政期になっても百姓層は「垂水村榎坂村吹田村悪水抜之儀」で腐心しており、「洪水大変之儀」にも見舞われた低湿地であった[33]。この榎坂郷・垂水荘域で集村化が確認できるのが、やはり鎌倉時代後期から南北朝期であると想定されるのである。島田次郎氏は、文治五年（一一八九）・康永二年（一三四三）・至徳三年（一三八六）・寛正四年（一四六三）の四期にわたる検注帳を分析された結果、文治段階では一坪ごとに一宇の割合で屋敷が存在していたのに対し、康永段階では一坪に五～六宇の屋敷が集中していること、また一三～一四世紀にかけて服部村が穂積村から分出したり、蔵人村が新しく形成されるなどの動きが確認されるところから、少なくとも康永二年段階で散村から集村への景観的変化が認めら

れるとしている。(34)

この鎌倉時代後期から南北朝期にかけての集村化現象の原因を何に求めるかは大きな歴史的課題である。例えば、島田次郎氏は「散村から集村への移行は、同時に百姓名＝均等名体制の解体、農民層の階層分化と平行してすすめられている」と述べられているが、(35)これはあくまで現象面を指摘したにすぎず、必ずしも集村化現象の原因を明確に論じているわけではない。

本節においても仮説の域を出るものではないが、その原因の一、二について論じることにしたい。

貞応三年（一二二三）、東海道を下った『海道記』の作者は、その道筋の風景を描写しているが、なかでも湖東の春の農村風景を記した次の記述は、戸田芳実氏がすでに検討を加えられている有名な箇所である。(36)

田中打過テ民宅打過ギ遥〃トユケバ、農夫双立テ畄ヲウツ声、行雁ノ鳴渡ガ如シ田ヲ打時ハ双立テ、同ク鍬ヲアゲテ歌ヲウタヒテウツナリ(37)

私がここで注目したいのは、田起し（荒田打ち）を二人の農夫が双び立って行っているということである。人間が自らの力でそれを行っているのである。同様のことが、『上代倭絵全史』における、田家の春景を描いた景物画についての「大部分は『あら田うつ所』の題で知られる様に農夫が田をうちかへす処を画いたもの」という家永三郎氏の指摘(38)や、『海道記』を検討した論文中における「中世末に成立した『たはらかさね耕作絵巻』にみる田の耕起の図でも、ならび立って同じ動作で鋤を上下させている農夫の姿がえがかれている」という戸田芳実氏の指摘にも見られるのである。(39)

このように平安末期から鎌倉時代初期の段階においては、牛馬耕は必ずしも小百姓層にまで広く普及してはいなかったのである。例えば、建久五年（一一九四）、紀伊国名草郡直川郷松島の開発を請け負った紀実俊の解文に「抑件島者、為常ゝ荒野地、無人開発、空為牛馬之飼庭、為国無益之際」とあるように、(40)牛馬の飼庭であることは無益であり空しいことであると述べ、田畠として開発することが求められているのである。この一例からも農村における牛馬の普及は一般化していなかったと判断される。

そもそも平安期の馬の価格は『延喜式』の駅馬直法に準拠したものであり、米一二石、絹四七疋が標準であったことを考えれば[41]、馬耕が農民層全体にまで広がっていたとは想定し難い。

また、一年の農事暦のサイクルを見ても、牛馬を必要とする期間は限られたものであり、特定の期間のためだけに牛馬を飼育する余裕が小百姓層にあったとは思えない。ましてや、一三世紀といえども寛喜の大飢饉の際に顕著に見られたように、百姓層の「転落」がめずらしくなかった社会[42]、すなわち自らの身を保持するのが困難であった状況の中で牛馬耕が広く普及したとは思えないのである。

しかし、平安期以前の牛馬耕を否定するものではない。すでに古墳時代から牛馬耕が行われていたことが香川県下川津遺跡などの調査成果から明らかであるし[43]、『新猿楽記』に登場する田中豊益が馬把を所持していることからも牛馬耕の存在は容易に想像がつく。だが、下川津遺跡の場合は在地首長層の居宅遺構を検出しており、こうした首長層の蓄耕用農具であったと報告されている。また田中豊益も大名田堵であり、平安期までは彼らのような大経営主体のみが牛馬の飼育・維持が可能であったと想定したいのである。

このような特定階層に限定されていた牛馬耕が広く普及していくのが鎌倉中期以降のことであると考えられる。

紀伊国荒川荘の悪党問題については、佐藤和彦氏の研究に詳しいが[44]、悪党行動の中で、しばしば百姓の牛馬を押し取る事件が発生している。例えば、正応三年（一二九〇）八月八日付の源義賢起請文の一項に、「一　不可取仕百姓心不行之牛馬、其外大小二事、不可成百姓之煩事」とあったり[45]、八月一〇日付の成妙起請文[46]、蓮順起請文[47]、如願等起請文[48]などにも同様の一項が掲げられている。

また、正応四年（一二九一）九月の高野山衆徒等の申状[49]によれば、住屋四一宇をはじめ、女人・牛馬まで焼き殺されたとあるし、隣荘神野・真国荘の惣追捕使代・公文らの起請文にも「一　称殿牛、不可取仕百姓牛事」とある[50]。

これら断片的な史料ではあるが、鎌倉中期になって牛馬を保持し始めた百姓等の姿が看取できるのではないだろうか。

　そして、牛馬耕を効率よく機能させるためには、耕地が断片的であるよりも集中している方がよい。そのような点も、集村化（屋敷地と田畠の二分化）をうながした一つの要因であると考える。馬は、湿地帯での農作業には必ずしも向いているとは言い難い。にもかかわらず、鎌倉時代中期以降に牛馬耕が普及するのは低湿地の開発が進んだことを物語っているのではないだろうか。その背景にはパリア海退期を迎えたという気象の影響も大きな要因であろう。さらには、「塩堤」開発の高まりが低湿地開発を支えたことは言うまでもない[51]。そして、注目しておかなければならない点は、連続した周溝屋敷地が検出できる中部以西は牛馬耕の広がりと地域的に一致することである。牛馬耕の普及は西高東低で推移しているのであり[52]、このような生業形態が集落景観をも規定したと言えよう。[53]かつて古島敏雄氏が「長年にわたり投下してきた人間労働の累積した結果」が自然景観であると指摘されていたことを想起させる事象である。

　以上のことから、沖積低地における開発・集村化現象は鎌倉時代後期から南北朝期にかけての事実であると判断し得るのであり、しかも、その集村化した段階の村の形態は、前節で取り上げた横江遺跡や田村遺跡・黒谷川宮ノ前遺跡のような周溝屋敷地の連続したものが一般的であったと考えられるのである。そして牛馬耕の普及がそうした景観形成にも大きな意味をもったことも想定されるのである。

　ところで、何故「周溝」をめぐらすのか、その理由を明示しなければ低地開発の特質を検討したことにはならないであろう。もちろん「区画溝」として境界設定の機能もかせられていたであろうが、まず第一に考えなければならないのが水利調節の機能である。

　現在でも福岡県柳川市では縦横に堀割りがめぐらされている。上水道が設置されるまでの間、その堀割りの果たす役割として、大水が出た際に下流域の被害を防ぐため一気に下流に流れないようにする機能や生活用水を取水する機能がかせられていた(54)。

また、先述した天明・寛政期の垂水村などの百姓がいかにして悪水を抜くかに腐心しているように、田地を安定した乾田として維持するためには悪水を抜くための溝の設置も不可欠の問題であった。このことは、次に掲げる東寺領山城国上野荘の代官補任状案(55)によっても明らかである。なお、上野荘は桂川沿いの低湿地に立地した荘園であり、「上野庄水損河成注進状」を見れば「楢原里　五坪　五歩　水損　八郎」「九坪　十歩　水損　行圓」などと記されているところから(56)、条里制が施行された場所であると判断できる。

右彼庄、依正長二年八月十六日洪水、井口幷溝悉埋、田地皆成白河原、既十三ケ年之間、御年貢無一粒成亡所者也。然而彼庄者自往古、為名主役、出井料、掘溝打井手事先規也。依之、去永享七年、雖掘井溝、依大水、埋溝不及一作也。其後名主重而不掘井水之間、為本所懸井料可掘之由、雖相触之、令退屈、捨名主職、不出両度永享十年同十一年之井料者也。然間、自本所一円仁以弐百余貫井料、雖掘付今井口、井口又塞、不通水之間、作毛又無之。依之、彼庄代管職幷捨名主職悉革嶋勘解由左衛門尉貞安永代所宛行也。掘彼井溝、打井手、自正長二年、十三ケ年之荒田、其外、開田畠、令増本所御年貢様令興行、可致忠節也。若捨名主等自今以後、以何証文、雖有訴訟、度々井料不及沙汰之上者、一切不可有許容也。

東寺は、上野荘の開発のため革嶋貞安を代官に補任し、その開発を請け負わせているのであるが、その補任状より、正長二年（一四二九）に洪水の被害を被ったこと、そのため溝がことごとく埋まり田地が荒廃し年貢が全く上納されなくなったこと、また幾度か井溝の掘削を試みたが「大水」や「捨名主職」によって成功しなかったことが理解できる。

屋敷地の周溝と田地開発のための溝に同一の機能を求めることには困難が生じるかも知れないが、沖積地内微高地という限定された場所に屋敷地と田地を形成するのであれば、場合によっては同一の機能の想定が許されるかも知れない。とにかく、中世水田跡の発掘事例が乏しく、「素掘り溝」に関する若干の考察はあるものの[57]、低湿地に限定すれば、いわゆる「遺構」も遺りにくく十分に検討する段階には至っていないと思われる。

この他、周溝の役割として、拙稿「中世村落の変容と周溝屋敷地[58]」の中で、獣害を防ぐための機能も加味しなければならないであろうと指摘しておいた。その後、峰岸純夫氏が同様の可能性を考えておられることを知った[59]。峰岸氏は群馬県伊勢崎市の旧境町にあった牛堀の機能として、①用水堀、②郷境堀、③猪鹿防禦の堀の三つの可能性を提示されている。やはり、「猪垣」としての機能も少なからず想定しなければならないであろう。

以上のように、保水・取水・悪水抜き・「猪垣」・「区画溝」などの機能が考えられるのである。

さらに付け加えれば、滋賀県妙楽寺遺跡[60]で確認されているような「運河」としての機能を持つものも多く存在したことであろう。

むすび

本章で得られた結論をまとめておきたい。

- 周溝をともなう連続した屋敷地は散村から集村へ移行した段階（鎌倉後期から南北朝期）の沖積低地における一般的な村落景観である。また、屋敷地と田畠の二分化が生じる。
- 集村化の原因の一つに、牛馬耕の普及という農業形態の変化が考えられる。
- 周溝は水利調節機能（保水・取水・悪水抜きなど）を果たしていた。

右の点が一応の結論であるが、中世村落の景観を考える場合、その場所が沖積低地であるか洪積台地であるかは決定的な要因となり、文献史料からだけでは必ずしも推測できない部分もある。今まで以上に考古学の成果をくみ取る必要があろう。

なお、洪積台地において安定した居住地・耕地が得られるのは南北朝期頃であるという指摘がある。和泉国日根野地域周辺の諸遺跡を検討された坪之内徹氏の研究(61)や、同じく和泉国の大鳥郡に所在する陶器川右岸の平井遺跡を分析した渋谷高秀氏の研究(62)でこのことが指摘されている。渋谷氏によれば、段丘面の開発は「溜池や大規模な水利施設の建設を伴うため、労働力の投下を大規模・集中的に行わねばならず、組織の編成・集約等、より困難な側面がおおい」としたうえで、一〇世紀後半に成立した平井村の場合短期間で消滅するが、「段丘面の開発がうまくいかず、集落立地を変更するに余儀ない状況が生まれた」のではないかと述べている。

また、条里地割の内外を問わず畦畔と溝によって表示される水田の起源は一四世紀前後であるという指摘もあり(63)、中世村落史において南北朝期に大きな画期を見出すことができるであろう。

最後に次章以下の課題を提示して本章を閉じたい。本章で取り上げてきた周溝屋敷地をもつ集落遺跡は鎌倉後期から南北朝期にかけて形成されてきたものであることは再三述べてきたところであるが、問題はいずれも室町後期にかけて集落が廃絶（溝の埋没など）していることである。考古学的には近世にまで下るような遺構は報告されていない。多くの遺跡で集落が中世末期にかけて消滅していく事実をいかに解釈するかが問題となろう。低湿地に立地した中世村落が戦国期から近世にかけていかなる変容をとげるのかを次章以下で検討していこう。

注

（1）田村憲美「畿内中世村落の「領域」と百姓」『歴史学研究』五四七号　一九八五、後に同氏著『日本中世村落形成史の研究』（校倉書房　一九九四）所収

（2）田村憲美「山林の所有・開発と中世村落の展開」『ヒストリア』一二五号　一九八九、後に前掲注（1）同氏著所収

（3）伊藤喜良「南北朝動乱期の社会と思想」『講座日本史4　中世2』東京大学出版会　一九八五、後に同氏著『日本中世の王権と権威』（思文閣　一九九三）所収
（4）古島敏雄『日本農業史』岩波書店　一九五六、同『土地に刻まれた歴史』岩波書店　一九六七
（5）宝月圭吾「中世の産業と技術」『岩波講座日本歴史8　中世4』岩波書店　一九六三
（6）黒田日出男「中世後期の開発と村落」『歴史学研究』三四六号　一九六九、後に同氏著『日本中世開発史の研究』（校倉書房　一九八四）所収
（7）高橋昌明「日本中世農業生産力再評価の一視点」『新しい歴史学のために』一四八号　一九七七、後に同氏著『中世史の理論と方法』（校倉書房　一九九七）所収
（8）橋本久和「中世村落の考古学的研究―高槻における二・三の遺跡調査から―」『大阪文化誌』一巻二号　一九七四
（9）原口正三「古代・中世の集落」『考古学研究』九二号　一九七七
（10）佐久間貴士「中世の開発と集落―大阪府を中心として―」『歴史科学』九九・一〇〇号　一九八五、同「畿内の中世村落と屋敷地」『ヒストリア』一〇九号　一九八五、同「発掘された中世の村と町」『岩波講座日本通史九　中世三』岩波書店　一九九四
（11）広瀬和雄「中世への胎動」『岩波講座日本考古学6　変化と画期』岩波書店　一九八六、同「中世村落の形成と展開―畿内を中心とした考古学的研究―」『物質文化』五〇号　一九八八、同「中世農村の考古学的研究」シンポジウム「中世集落と灌漑」実行委員会編『中世集落と灌漑』大和古中近研究会　一九九九
（12）前掲注（11）『岩波講座日本考古学6』三三五頁
（13）山口県教育委員会編『下右田遺跡　第一・二次調査概要』一九七八、同『下右田遺跡　第三次調査概要』一九七九、同『上辻・大歳・今宿西』一九八四
（14）高知県教育委員会『田村遺跡群』第一、六～一〇分冊　一九八六
（15）愛知県埋蔵文化財センター『土田遺跡』一九八七
（16）愛知県埋蔵文化財センター『年報　昭和六〇年度』一九八六

(17) 滋賀県教育委員会他『横江遺跡発掘調査報告書Ⅰ』一九八六
(18) 木島慎治「肥前安富荘における中世遺跡群の様相」『日本歴史』五五八号　一九九四
(19) 徳永貞紹・宮武正登『筑後川下流用水事業に係る文化財調査報告書3　本村遺跡』佐賀県教育委員会　一九九一
(20) 藤好史郎・西村尋文・大久保徹也『瀬戸大橋建設に伴う埋蔵文化財調査報告Ⅶ　下川津遺跡』香川県教育委員会・香川県埋蔵文化財調査センター　一九九〇、森格也「瀬戸内地方の中世集落の展開」『香川県埋蔵文化財調査センター研究紀要』一号　一九九三
(21) 西岡達哉他『空港跡地遺跡発掘調査概報　平成3年度』香川県教育委員会・香川県埋蔵文化財調査センター　一九九二、山元素子他『空港跡地遺跡発掘調査概報　平成4年度』同前　一九九三、蔵本晋司他『空港跡地遺跡発掘調査概報　平成6年度』同前　一九九五
(22) 宮田進一「江上B遺跡」『北陸自動車道遺跡調査報告　上市町遺構編』上市町教育委員会　一九八一
(23) 斎藤隆・岡本淳一郎他『南中田D遺跡発掘調査報告書』富山県埋蔵文化財センター　一九九一
(24) 福家清司編『中島田遺跡・南島田遺跡』徳島県教育委員会　一九八九、山下知之・小林一枝・石尾和仁『中島田遺跡Ⅱ』徳島県埋蔵文化財センター　一九九六
(25) 徳島県名西郡神山町宮分勧善寺所蔵大般若経奥書に嘉慶二年（一三八八）二月七日の日付で「於阿州名東庄倉本下市真仏寺書写了」とある（田中善隆「阿波の大般若経」『徳島県博物館紀要』一二号　一九八一）。
(26) 前掲注（25）の記事に「真仏寺」とあったり、同じくその「大般若経奥書」に至徳四年（一三八七）の日付で「於阿州下倉本法勝寺書写了」とある。
(27) 「中条家文書」高井道円時茂譲状（『新潟県史　資料編4　中世二』）
(28) 井原今朝男「信濃国伴野庄の交通と商業」『信濃』三五巻九号　一九八三
(29) 早淵隆人他『黒谷川宮ノ前遺跡』徳島県教育委員会・徳島県埋蔵文化財センター他　一九九五
(30) 原芳伸他『古城遺跡』徳島県教育委員会・徳島県埋蔵文化財センター他　一九九四
(31) 徳島市埋蔵文化財発掘調査委員会『矢野遺跡発掘調査概要』一九九一

（32）藤川智之「観音寺遺跡」『徳島県埋蔵文化財センター年報』九号　一九九八、幸泉満夫他「敷地遺跡」『徳島県埋蔵文化財センター年報』一〇号　一九九九
（33）垂水・榎坂・吹田村三村悪水井路延長方願につき、十八条村一件留書「藻井泰忠家文書」（『吹田の歴史』五号　一九七七）
（34）島田次郎「荘園村落の構造とその展開」、同「中世村落の耕地と集落」、ともに同氏著『日本中世の領主制と村落下巻』（吉川弘文館　一九八六）所収
（35）前掲注（34）島田著書
（36）戸田芳実「十―十三世紀の農業労働と村落」大阪歴史学会編『中世社会の成立と展開』吉川弘文館　一九七六、後に同氏著『初期中世社会史の研究』（東京大学出版会　一九九一）所収
（37）『新日本古典文学大系　中世日記紀行集』岩波書店
（38）家永三郎『上代倭絵全史　改訂版』墨水書房　一九六六
（39）前掲注（36）戸田論文
（40）『鎌倉遺文』二巻七〇八号
（41）鈴木健夫「平安時代における農民の馬」『日本歴史』二三九号　一九六八
（42）磯貝富士男「日本中世奴隷法の基礎的研究」『歴史学研究』四二四号　一九七五、同「百姓身分の特質と奴隷への転落をめぐって」『歴史学研究』一九七七年度大会特集号、後に同氏著『中世の農業と気候』（吉川弘文館　二〇〇二）所収
（43）前掲注（20）『瀬戸大橋建設に伴う埋蔵文化財調査報告Ⅶ　下川津遺跡』
（44）佐藤和彦「悪党発生の社会的要因」『南北朝内乱史論』東京大学出版会　一九七九
（45）『鎌倉遺文』一三巻一七四一一号
（46）『鎌倉遺文』一三巻一七四一二号
（47）『鎌倉遺文』一三巻一七四一四号

(48)『鎌倉遺文』二三巻一七四一五号
(49)『鎌倉遺文』二三巻一七七一一号
(50)『鎌倉遺文』二三巻一七六八三・一七六八四・一七六八六号
(51)黒田日出男『日本中世開発史の研究』校倉書房　一九八四、山内譲『中世瀬戸内海地域史の研究』法政大学出版局　一九九八
(52)河野通明「農耕と牛馬」中澤克昭編『人と動物の日本史2　歴史のなかの動物たち』吉川弘文館　二〇〇九
(53)古島敏雄『土地に刻まれた歴史』岩波書店　一九六七
(54)広松伝『ミミズと河童のよみがえり』河合文化教育研究所　一九八七
(55)「東寺百合文書」や七—一三
(56)『大日本古文書　家わけ第十　東寺文書之六』
(57)今尾文昭「「中世」素掘り小溝についての一解釈」、中井一夫「いわゆる中世素掘溝について」、ともに『青陵』四七号　一九八一。『奈良県史跡名勝天然記念物調査報告第四九冊　矢部遺跡』奈良県立橿原考古学研究所　一九八六
(58)『徳島県埋蔵文化財センター　年報』二号　一九九一
(59)峰岸純夫「上野国淵名荘の牛堀」『季刊　中世の東国』六号　一九八三
(60)滋賀県教育委員会他『妙楽寺遺跡Ⅱ』一九八五、同『妙楽寺遺跡Ⅲ』一九八九、葛野泰樹「滋賀・妙楽寺遺跡」『木簡研究』一〇号　一九八八、同「近江の中世村落について」『日本歴史』五〇九号　一九九〇
(61)坪之内徹「中世における荘園の開発と考古学上の問題点」『日本史研究』三一〇号　一九八八
(62)渋谷高秀「堺・石津川中流域の平安~近世の集落形成」『関西近世考古学研究』一号　一九九一
(63)前掲注(61)坪之内論文。なお、「中世素掘り溝」が多く検出された奈良県の矢部遺跡の報告でも現在の条里地割を古代の班田制に結び付けることはできないとしている(前掲注(57)報告書)。その他、江浦洋「条里制施行の諸段階とその背景」(『大阪文化財研究』創刊号　一九九一)も参照。

第二章　中世低地集落の変容

はじめに

前章において、沖積低地に立地した集落遺跡の事例をふまえながら、①周溝をともなう連続した屋敷地は散村から集村へ移行した段階（鎌倉時代後期から南北朝期）の沖積低地における一般的な村落景観であり、屋敷地と田畠の二分化が生じていることが読み取れること、②集村化の原因の一つに牛馬耕の普及があること、③周溝は水利調節機能（保水・取水・悪水抜きなど）や猪垣・区画溝などの機能があることなどを指摘した。

しかし、これら低地集落遺跡は、多くの場合、室町時代後期にかけて、遺構の確認が困難になる―集落の廃絶（溝の埋没など）―のであり、その後の変容をいかに理解するかが課題であると述べておいた。例えば『横江遺跡発掘調査報告書Ⅱ』のなかでも、宮下睦夫氏は「横江タイプの集落も一五世紀代には衰退・消滅するようである。不思議なことに市内（注―滋賀県守山市）では、発掘調査によって一五世紀以後の集落遺跡を発見していない」と述べている(1)し、土田遺跡でも一四世紀末～一五世紀になると「ほとんどの遺構が、その使用を停止し」て、「その後当地は畑地荒地に変貌していったものと思われる」と報告書には記されている(2)。

さらに、田村遺跡でも長宗我部氏地検帳によれば一六世紀代には畠地になっているし、室町時代の集村形態の遺構を検出している下右田遺跡でも、近世になると住居跡等は検出されず、水田化したと考えられている。(3)そこで、本章では一五世紀代以降における沖積低地の集落のあり方・変容（連続した周溝屋敷地の衰退など）について考えてみることにしたい。そして近世村落への見通しを探りたい。

一、集落形態の変容

a、洪水による集落の廃棄

沖積低地の集落が変容した原因として、既にいくつかの要因が指摘されている。その一つが洪水である。元来、沖積低地の微高地に集落が営まれていたために、きわめて出水には弱かったものと考えられる。滋賀県の西田井遺跡（図11）では、鎌倉時代の集落が洪水によってそのまま砂層に覆われた状態で検出されている。(4)また山梨県大師東丹保遺跡でも同様の状態で遺構面が検出されている。(5)

b、在地領主が集住化を促進

第二に、台頭する在地領主層による館周辺への集住化政策が指摘できる。葛野泰樹氏は、在地領主層のみならず、守護や国人領主クラスも「半強制的に農村の編成を行い、商人・職人を城下町に移住させたことも集落消滅の要因」であったと指摘されている。(6)

また、宮武正登氏は、一四世紀初頭までに形成されてきた周溝屋敷地をともなう村落景観が、一五世紀以降いかに変容していくかを、佐賀平野の集落遺跡を検証しながら具体的に検討している。(7)その中で、宮武氏は次のように述べられている。佐賀平野でも、一三世紀中葉から後葉になると佐賀市の本村遺跡のように、一辺約四〇ｍ～七〇

図11　西田井遺跡遺構配置図

mの周溝によって区画された屋敷地が形成されるようになるが、一五世紀になると、それらが領主館を核に再編成されることが跡づけられる。すなわち、「在住農民に対する勧農権等に代表される一定支配」に立脚した「領主館の持つ求心力」によって館中心型の集落が形成したとされる。そして、この集落（いわゆる「館廻り」集落）は「城下町」の原型にあたると考えられているが、その特徴として「農耕開発との密接な関係を保ち、しかも重要なのは城下域内に職工層の定住や「市」に類する経済空間の存在を示す形跡が薄いといったような、都市機能上の成熟度の低さ」を指摘されている。また、この「館廻り」集落が現在に残る佐賀地方の環濠集落の祖型の一つに該当するとも考えられている。

このように、在地領主が集住化を促進していくと考えられた葛野氏は滋賀県妙楽寺遺跡の成果から、そして宮武氏は佐賀県本告牟田遺跡や姉川城の事例から具体像を導き出されたのであるが、この他にも大阪府日根野・机場遺跡なども同様の視点を導き出せる。同遺跡は和泉山脈から延びる低位段丘面に立地する平安～室町期にかけての集落遺跡であるが、一五世紀代に溝で囲われた五つの屋敷地が検出された。このうち、四〇〇〇㎡ある屋敷地には入口部に陸橋があり、敷地内に柱穴はなく、礎石立の建物があったと考えられている。その他の屋敷地は二〇〇〇㎡弱程であり、ここは掘立柱建物が想定されている。また、これらの屋敷地の外側にも区画を伴わない掘立柱建物が散在しているのである。こうした事実は領主館とそれを核とした屋敷群が展開していたことを示す好例であろう(8)。

また、高知県の田村遺跡では三二の周溝屋敷地が検出されたが、次の六期に時期区分される(9)。

一、一四世紀～一五世紀初頭
二、一五世紀
三、一五世紀～一六世紀
四、一五世紀～一七世紀初頭

五、一六世紀
六、一六世紀〜一七世紀初頭

以上の六期に区分できるとのことであるが、一五世紀になるといずれも一〇〇〇㎡以上を誇るようになり、さらに一六世紀になると一一〇〇㎡以上が六区画、六〇〇㎡台が三区画、三〇〇㎡台が六区画というように格差が生じてくるとのことである。田村遺跡では、この画期である一四世紀後半に守護代細川氏が田村館に入部してくる点に注目したい。すなわち図12にドットで示したのが細川氏入部以前の屋敷地跡、図13にドットで示したのが入部後の屋敷地跡であるが、この両図を比較すると、細川氏入部後になって屋敷地が田村館近傍に集中していくことが推察されよう。このように田村遺跡からも在地領主層（ここでは守護代）による集住化の視点が確認できる。

また、新庄遺跡は図14に示したように茨木城下の南に位置する遺跡であり、図15〜図17に各期の遺構配置図を示したが、これを見れば、鎌倉時代前半には南北方向の大溝とそれに直行する区画溝、掘立柱建物群が検出されたのに対し、室町時代前半には畑作を伺わせる畝状遺構が広がり、近世初頭には崩れた条里地割と水田面と思われる耕作地を示すようになる(10)。これも北接する茨木城下の都市形成に伴う集落移動の結果であると思われる。管領細川氏の家臣として茨木氏が一定の地位を占めるようになるのが一六世紀前半であり、その後中川清秀が茨木城に入城するのが天正五年（一五七七）であることから(11)、茨木城下の形成と新庄遺跡の動向は連動しているものと考えられる。

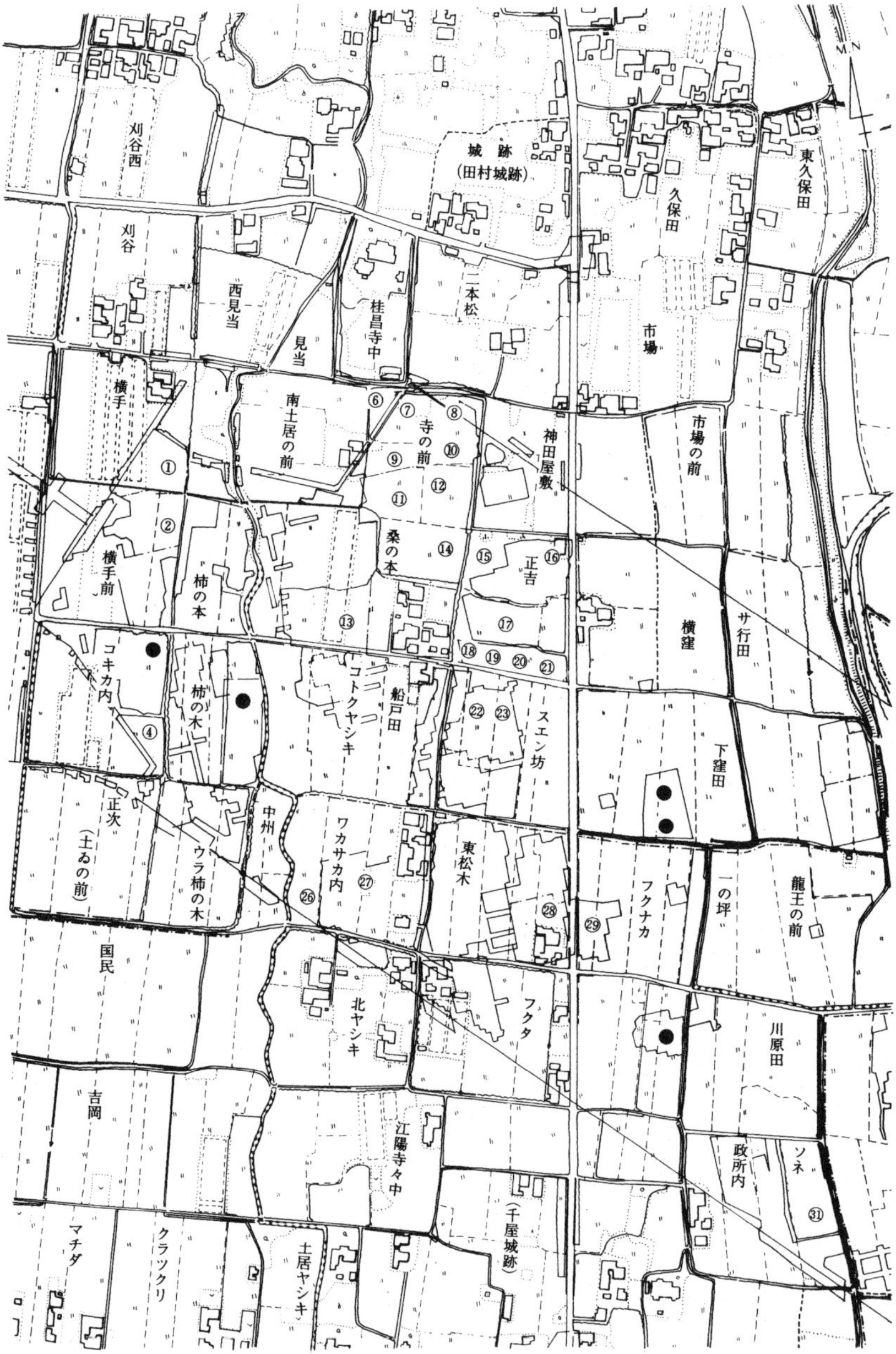

図12　田村遺跡（細川氏入部以前）

図13　田村遺跡（細川氏入部以降）

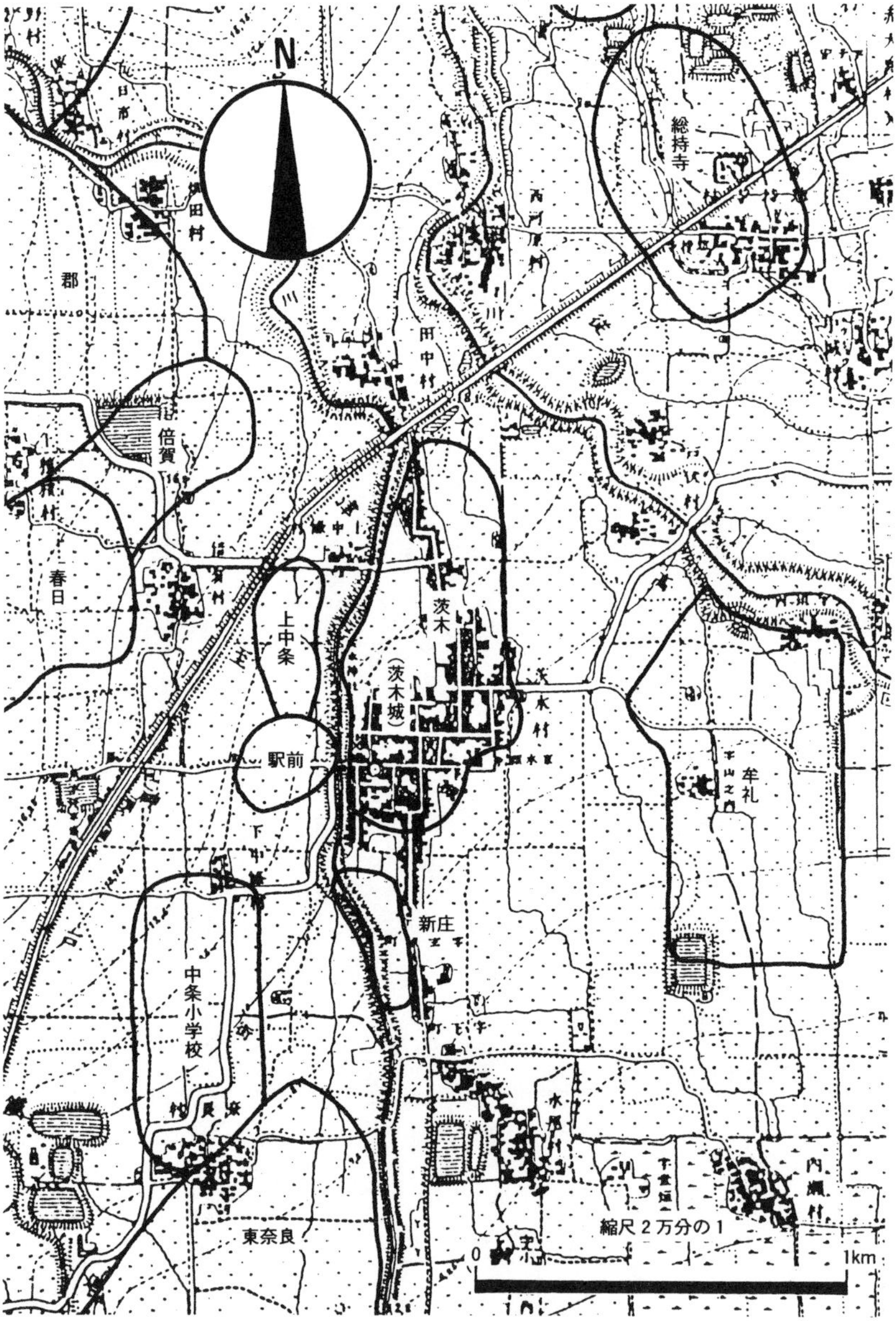

図14　新庄遺跡位置図

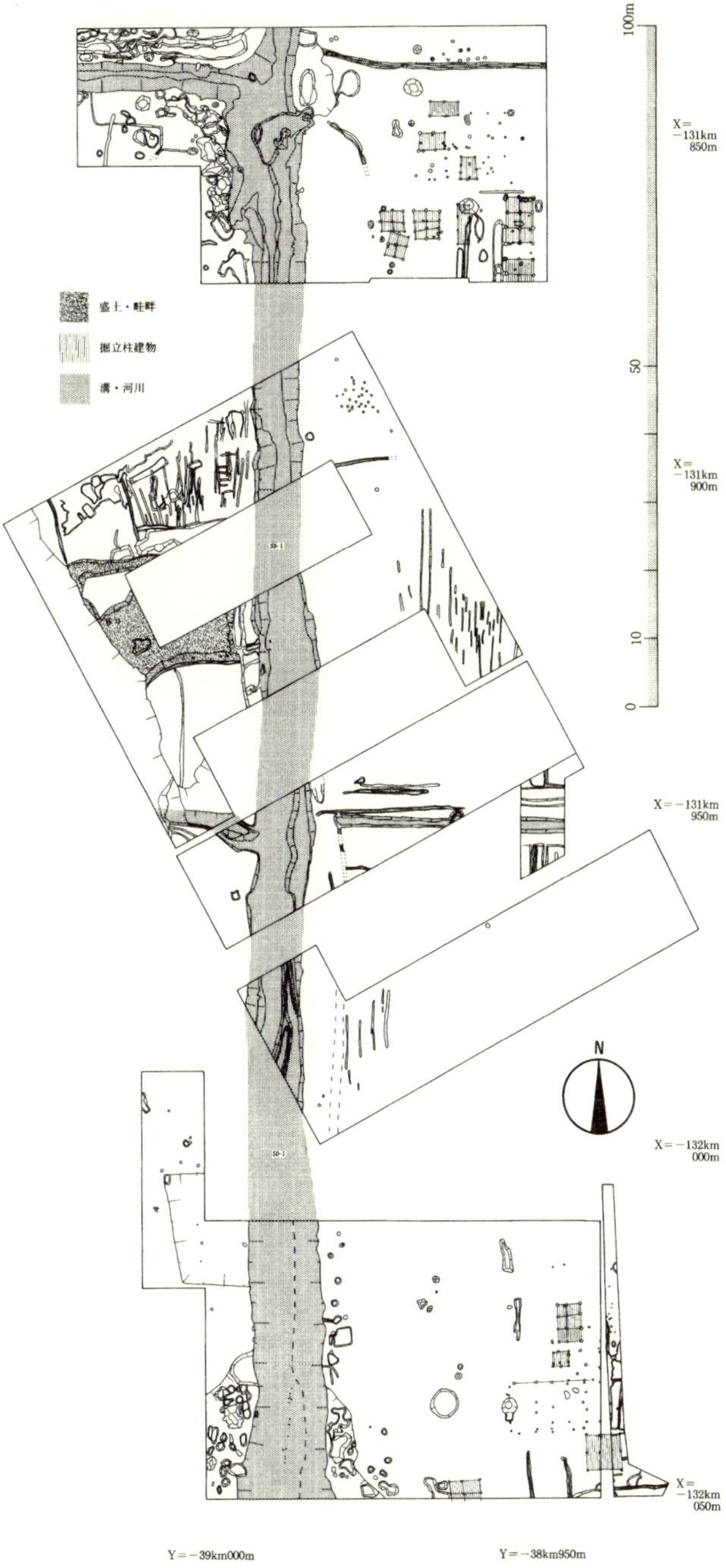

図15　新庄遺跡遺構配置図（鎌倉期）

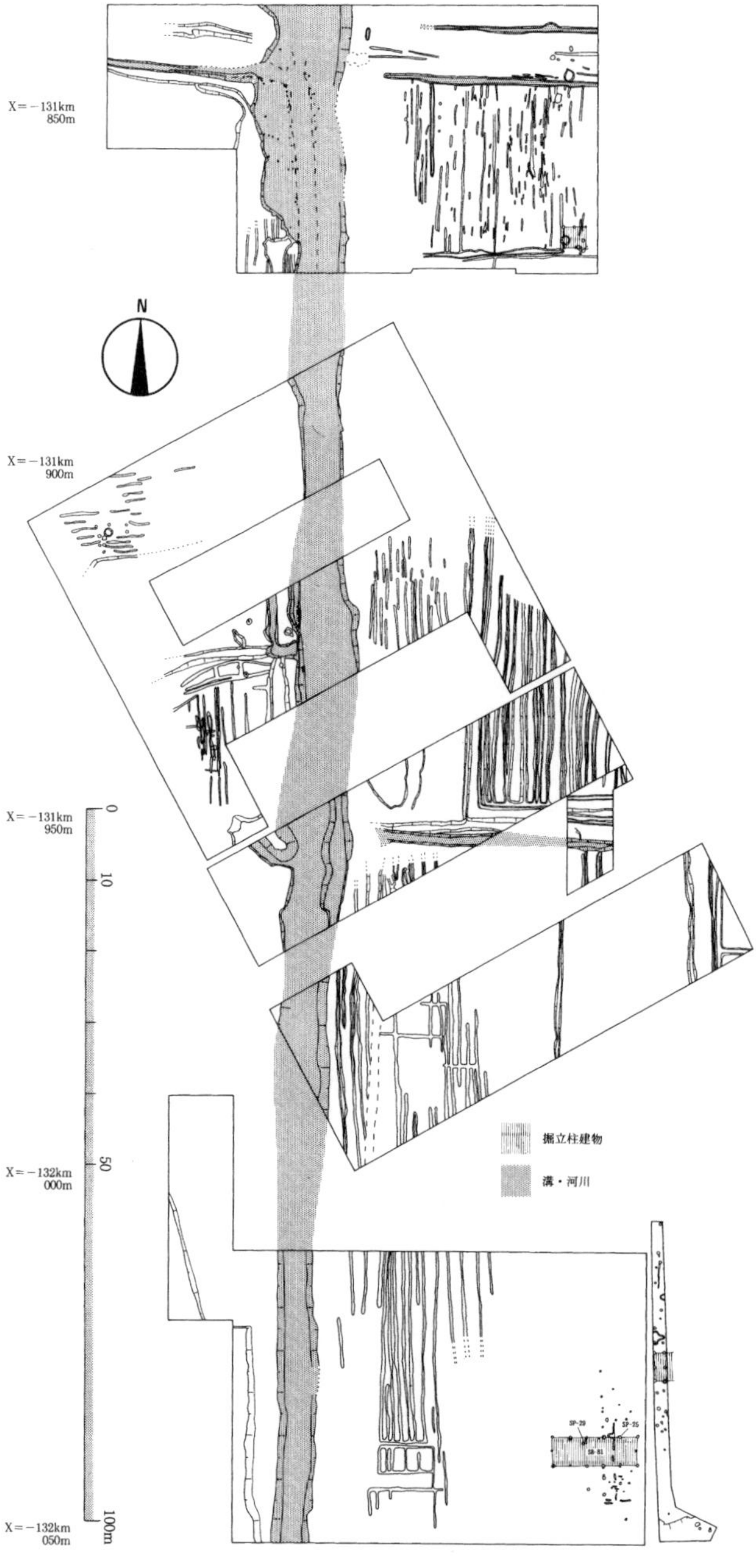

図16　新庄遺跡遺構配置図（室町期）

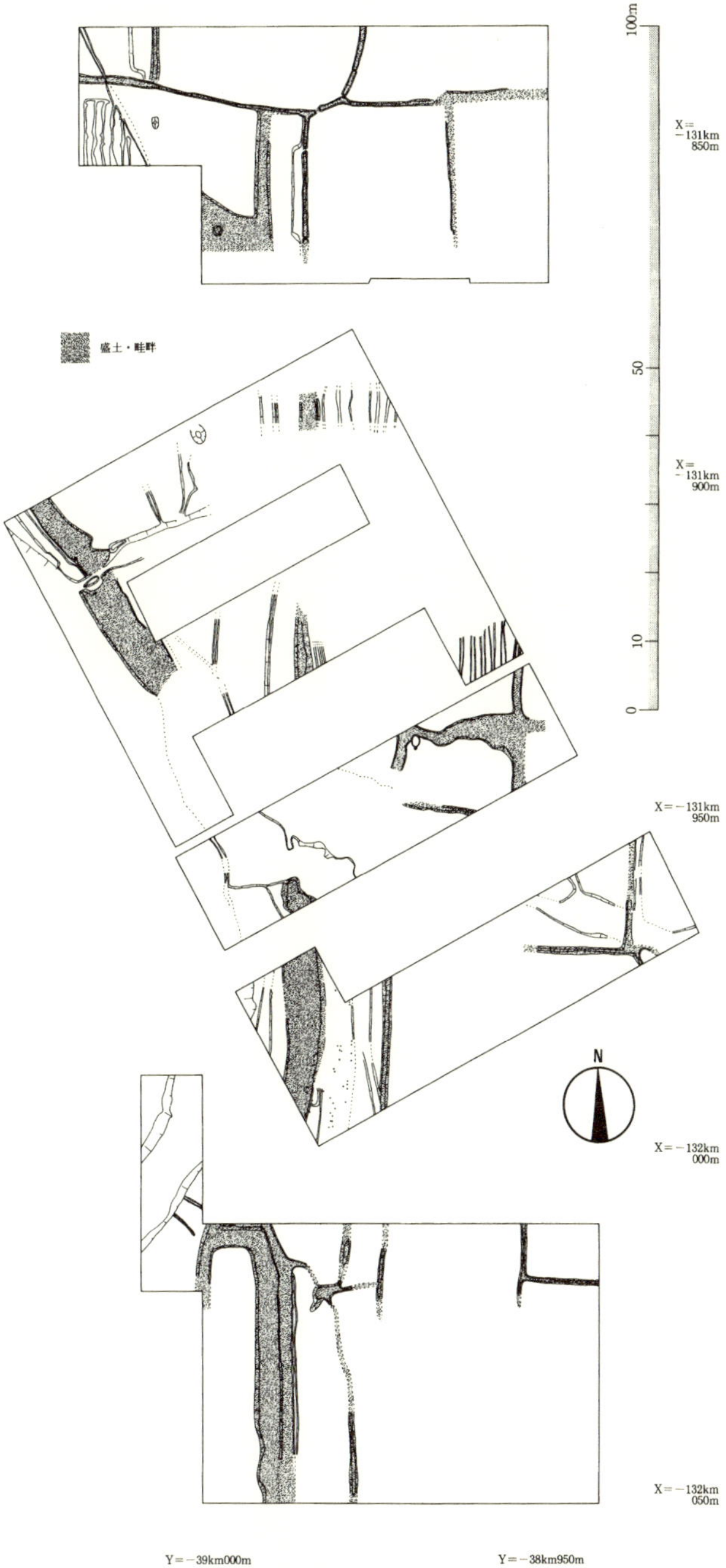

図17　新庄遺跡遺構配置図（近世初頭）

c、洪積台地の開発

前章でも若干ふれたが、段丘面に立地する大阪府平井遺跡では、一〇世紀後半に二棟一単位の散村が存在するものの短期間で消滅するのに対し、一五世紀になると溝・淵・溜池が出現し水田化がすすむ。また、水利施設の溝を利用した「城・館」も出現する[12]。このことは、段丘面の開発の安定化が一五世紀以降まで待たなければならないことを物語っていよう。

また、同じ大阪府の堺市東部の中位段丘面から高位段丘面に立地する日置荘遺跡でも掘立柱建物跡やそれを囲む周溝・井戸等が検出されたが、それら遺構群の年代として中世後期が想定されている[13]。さらに、奈良県箸尾遺跡を検討された寺沢薫氏や山川均氏の指摘も示唆深い。すなわち、一〇世紀段階に耕地（条里制）は拡大したが、洪積層からなる埋没丘陵等の微高地の開発は未だ行われていないというものである[14]。

さらに、徳島県でも阿讃山脈南縁の丘陵地帯に展開する上喜来蛭子～中佐古遺跡や日吉～金清遺跡でも掘立柱建物を中心とする室町期の遺構・遺物が検出されており、同様のことが指摘できる[15]。

そして、京都府向日丘陵に位置する鶏冠井御屋敷遺跡とその東方七〇〇ｍの低地に立地する鶏冠井遺跡の関係も興味深い事例である。鶏冠井御屋敷遺跡では一四世紀代の遺物・遺構が検出されているのに加え、小字に「御屋敷」「堀ノ内」などとあり、国人鶏冠井氏の城館跡と推定されている。一方、鶏冠井遺跡からは一二～一三世紀の遺物が出土しており、低地から段丘面へ、しかも在地領主の館を核とした集落へ移行していくという方向性が読み取れるのである[16]。

d、一五世紀以降の集落は現行集落に重なる

一五世紀以降の集落が現在の集落の祖型であるという指摘も多い。現行集落内を調査するには自ずから限界があ

り、調査例は少ないのだが、このような指摘はこれまでにも幾度となくなされてきた。例えば、越後の事例を検討された坂井秀弥氏によれば、一六世紀を境に中世集落は衰退し、近世には継続せず、現在の集落部分での調査では近世集落の遺構が検出されているとのことである(17)。

以上のような成果・視点が考古学の発掘調査を通して学ぶことができるが、次節では文献史料に基づいて、その諸事実を検討してみたい。

二、垂水荘と日根荘

前節では考古学の成果を通して鎌倉時代後期から南北朝期にかけて形成された周溝屋敷地をともなう集落が消滅していく要因を探ったが、本節では文献史料よりこの点を確認してみたい。ここでは、沖積低地に立地した摂津国垂水荘及び洪積台地に立地した和泉国日根荘を素材としたい。

淀川の支流神崎川に注ぎ込む糸田川・高川・天竺川が形成する低湿地に立地する摂津国榎坂郷・垂水荘は、文献史料を通して鎌倉時代後期から南北朝期にかけて集村化の進行が見られる事例として前章でも取り上げた。この集村化の過程の中で榎坂村の中に新たに創出された蔵人村については、南北朝期以後三期にわたる検注帳によって、その衰退が確認できる。永享九年(一四三七)から嘉吉三年(一四四三)にかけて代官排撃事件をおこすなど、住民結合の一つの頂点を見せた蔵人村ではあったが、検注帳を通して名数を見る限り、康永二年(一三四三)二三名、至徳三年(一三八六)一一名、寛正四年(一四六三)二名と激減ぶりが窺える。この蔵人村衰退の要因として、島田次郎氏は、永享年間(一三八一〜八四)に守護細川頼之の被官であった奈良弾正らが半済などと称して乱入して屋敷や寺庵を破却したこと、そして応永三三年(一四二六)にも守護方の乱入があったことなど、外部からの侵入

にあわせて、神崎川・高川などの氾濫も指摘されている。(18)

当御庄事、建武元年目録分見作田四十町二段六十歩、雖然同三季八月日大洪水之時、十尋河水出、円隆寺前提（堤）切候畢、仍莫太（大）之公田浜成候、不修治者、公田之荒浜弥以可増候、企比堤築之処、為百姓之力難及候之間、此由於御寺歎申候之時、則被下行新井析一石於百姓等、築之候畢、又暦応元季七月八日洪水之時、此堤切候、従旨重歎申之処、従御寺新井析二石如前被下行之、築候処也、二ケ度切之時、田畠数丁荒浜成失候畢、件十尋河云者千重（里）山之山河候也、而洪水之時山崩砂流下、若于公田荒浜成候、是皆季雑掌御存知事候也、

これは、康永二年（一三四三）の「預所代助正陳状案(19)」の一項であるが、ここにも「大洪水之時、十尋河水出、円隆寺前提（堤）切候畢、仍莫太（大）之公田浜成候」とあるように洪水に苦しむ沖積低地集落の民衆の姿が浮かんでこよう。また、同じく年未詳ながら、垂水荘に関係するものとして「厳瑜書状(20)」からも洪水に苦しむ姿が推察できる。

御影供饗膳事、近年垂水庄土貢有名無実最少分析米之間不支配申之条歎入候、凡連年之洪水地下之式定無其隠候所詮於年ゝ未進分者、仰公文令散用遂勘定之後、可支配申候也、先且当年分可致其沙汰候、其子細預御披露候者恐悦候、恐ゝ謹言、

八月十四日　　厳瑜

宝厳院御坊

ここでも「凡連年之洪水地下之式定無其隠候」と記されており、南北朝期以降沖積低地集落が直面する「現実」を伝えてくれている。

さらに「春日社領榎坂郷名主百姓等申状案(21)」には「近比垂水庄号蔵人村成荒庄、土民百姓等寂少也」とあるが、その前段で「防洪水条□隠者哉」と記してあり、洪水と闘う荘民の姿が見て取れる。

このように沖積低地に立地した垂水荘が中世後期にかけて洪水等に苦しむ様相を見せるのに対して、日根荘は異

なった状況を教えてくれる。

和泉国日根荘は、現在の大阪府泉佐野市の南部丘陵地帯の洪積台地に広がっており、天福二年（一二三四）に九条家領として立荘化された。この日根荘は一四世紀初頭の正和五年（一三一六）の年紀（裏書）をもつ「日根野村絵図」[22]（図18参照）と、戦国期に前関白九条政基の下向による直務支配の経過の中で記された、いわゆる『政基公旅引付』[23]によって、我々に多大の情報をもたらしてくれている。また、それと同時に中世の景観を色濃く残す地域として現況調査も盛んに行われている[24]。それに加えて、関西新空港建設に伴う開発事業の嵐から、景観保存に多くの人たちを立ち向かわせたことでも注目を集めた[25]。

日根荘は、先述のように、「日根野村絵図」から鎌倉時代後期の開発のあり様を、『政基公旅引付』からは戦国期の村落自治・民衆生活の実相を探る恰好の素材として、数多くの研究が積み重ねられてきた。これらについては、藤田達生「和泉国日根荘について」[26]などで適切に整理されているので、本章では当面の問題関心である洪積台地の開発という視点から「日根野村絵図」を概観してみたい。

この地域は、立荘以前の元久二年（一二〇五）には高野山金剛三昧院領として鑁阿による開発がすすめられようとした。しかし、隣接する長滝荘が近衛家流によって本所職が継承されていた殿下渡領ということもあって、長滝荘側の反対があったものと思われ、さしたる成果もないまま九条家領として天福二年（一二三四）の立荘化をむかえたようである。この立荘化の背景には、公武政権の動向を見過ごすわけにはいかない。すでに飯倉晴武氏も指摘されている通り、九条道家は四男頼経に鎌倉将軍家を継承させるとともに、道家室倫子の父で、朝幕関係をとりもっていた西園寺公経の画策によって近衛家実にかわって関白職に就くことになったのである。このような出来事をふまえて、九条家領としての立荘化を理解する必要がある[27]。そして、九条家の家司であった源盛長とその子孫（醍醐源氏）が立荘以来「開発領掌の地」として代々荘務権を相伝していた。

しかし、この間も開発の進展は顕著ではなく、延慶三年（一三一〇）、僧実専が開発を請け負うことになった。この点については、次の（A）「九条禅定殿下御教書案[28]」・（B）「日根荘荒野相分注文[29]」に明らかである。

（A）日根野庄内井原村・日根野荒野、先度被打渡了、禅興寺・檀波羅蜜寺・無辺光院等、除寺院幷僧坊・在家敷地・現作田之外、荒野悉可打渡之由、重被仰沙汰人了、此中林木等同可被進止、無惣庄煩之様、早励開発之企、可被致公平之沙汰、如此被仰下之上、若沙汰人等雖申子細、更不可被叙用之由　禅定殿下御気色所候也

実行上人御房

（B）（端裏書）「日野《（ママ）》庄内荒野相分注文　実専注進　延慶三」

日根野荒野為二分、惣門林自笠松融東西行分之

北五十町二段大

南五十町二段大

長滝堺荒野十八町為二分、各以九丁両方加之、熊野道東際以九丁北方為加分、次東以九丁南方為加分

北方分都合五十九丁二段大

南方分都合五十九丁二段大

井原荒野為一方分

六十町六段小四十歩

この二点の史料から理解できるように、実専の開発は七年間に及んだが、結局は失敗に帰したようで、九条家は正和五年（一三一六）四月に西大寺と関係のあった久米田寺に開発を請け負わせることとした。それを示す請文は次の通りである[30]。

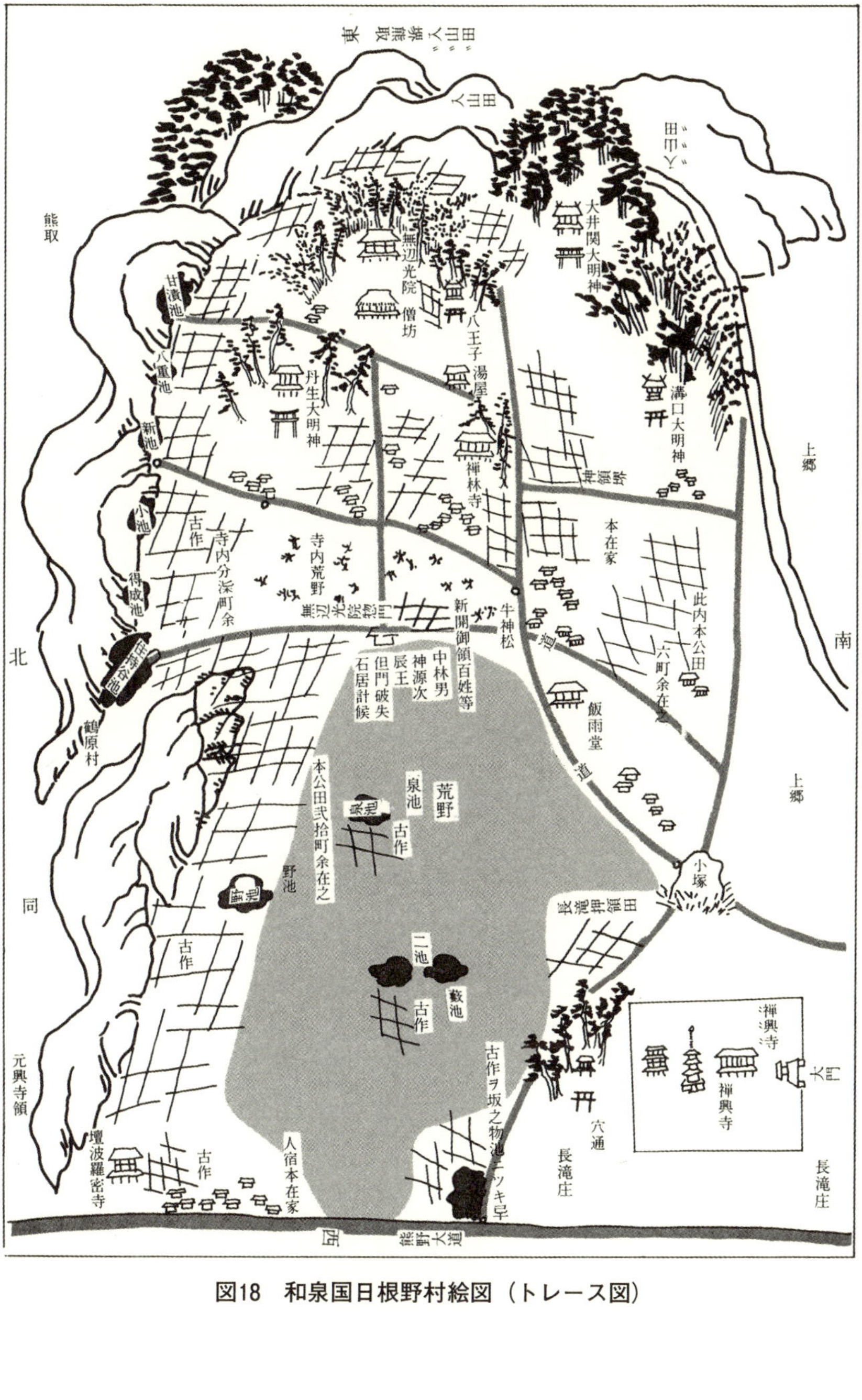

図18　和泉国日根野村絵図（トレース図）

（C）和泉国日根御庄内曠野事除井原村、当国久米多寺者、為代々祈願所、備進小御堂壇供、依之今又御寄附彼曠野之上者弥可抽御祈禱忠者也、早以寺家之計略、開発田地可全寺用、於本家役者、開作三ヶ年以後、随出来田数、段別伍升御年貢、不論損否、毎年無懈怠可進済之、曠野四至内現作田相交者、其分自来秋、任有限庄例、可沙汰進本家御年貢、若致乃貢対捍、現不忠不法、将又開発事無其実者、可被召返彼曠野、其時雖聊不可申子細、

仍為後日請文之状如件

正和五年丙辰四月八日（一三一六）

知事比丘照恵

維那比丘頼照

住持　沙門禅爾（花押）

これによれば、久米田寺の開発が失敗すれば荒野を九条家に返還するという内容のものであったが、このような一連の動きが垣間見える正和五年に「日根野村絵図」が作成されているのである。そこで、まず始めに開発の進展を考える素材でもあるこの絵図の作成された歴史的背景・作成目的から検討しておきたい。

三浦圭一氏は、荒野の開発を久米田寺に請け負わせたが、その進捗状況を九条家に知らせるためにこの絵図が作成されたと解釈された(31)。

その後、小山靖憲氏は、九条家が実専や久米田寺などの外部勢力を導入しようとしたことに対して、代々の荘務権が脅かされた源兼定が抵抗する中で作成したものであり、自ずから開発予定地の「荒野」が矮小化されて描写されたのだと説かれた(32)。また、堀内寛康氏も、反久米田寺の立場から描かれており、源兼定の意志が絵図に反映されているとして、小山氏と同じ見解を示されている(33)。

それに対し、藤田達生氏は、絵図にある異筆にも着目されながら、「本絵図は初めから日根野氏等の外部勢力排除を目的として、あたかも鎌倉後期の開発時に作成した絵図のごとく偽作したものと考えられる」と指摘されてい

る。[34] 異筆とされたのは、ちょうど「荒野」の広がっていこうとする折目のところにある「但門破失石居計候」という注記である。絵図には惣門が実際に描かれているので、この注記をどう解釈するかが問題であるが、小山靖憲氏は「絵図には惣門が描かれているが、すでに作成時（正和五年）には惣門そのものは存在せず礎石のみとなっていたと考えたいのである」と指摘された。[35] 一方、藤田達生氏は、絵図作成期には惣門が存在し異筆が施された時期にはそれがなくなっていたと考えるべきだと述べられ、この注記は後の異筆とされている。その上でこの絵図は「少なくとも二段階を経て完成されたもの」とされ、「第一が正和五年の開発のための資料として作成された段階、第二がそれより後年で異筆が記され、開発とは違った目的で使用された段階」の二段階を想定された。そこに至る背景として在地領主日根野氏の館や田畑、氏寺であった慈眼院が描かれていないことなどもあわせて、「開発の資料としての絵図が、やがて上級権力に対して九条家の日根野村支配の正当性を説明し、日根野氏をはじめとする在地領主（守護被官）層による侵略を阻止するための支証としての役割を果たすようになった」と指摘されている。[36] 首肯すべきであろう。

ところで、この惣門の礎石のある場所が現在の日根野小学校のある場所にあたり、無辺光院から惣門までの距離と惣門から熊野大道までの距離を考慮するならば、これまでの指摘にもあるように、「荒野」が極めて狭小に描かれていることが再認識できるであろう。したがって、私たちは、実際には絵図で見るよりも相当「荒野」が広がっていたことに留意しなければならない。すなわち、絵図では東から北にかけて広がる古作が荒野よりも広がりをもって描かれているが、一四世紀初頭の日根野の洪積台地の開発は大きく立ち遅れていたのである。

次に開発に関して問題となるのは、現在の日根野を潤す井川（湯川）の存在である。この井川の現況については、小山靖憲氏が的確に説明されているので、少し長くなるが引用しておきたい。

井川は、土丸の古川橋の下手で樫井川から右岸に取水する。かつては現在の井堰よりもやや下流の千石岩を利用した井堰であった。樫井川に沿って西流し、稲倉谷を過ぎたところで北に曲がり、鸊鵜渓に添い、ついで日根神社・慈眼院の境内を通過する。日根神社境内には水路の幅を拡げ注連縄をはった場所があり、ここで毎年七月に湯祭りが行われる。慈眼院では本堂と庫裏をつなぐ廊下の下を流れており、この箇所にのみ旧来の石組の護岸がみられる。これより先は段丘の縁にそって北進し、大井関橋・八王子・底樋川・西上溝・佐野長滝溝等で分水しつつ、流末は十二谷池に入る。この間、取水口から十二谷池まで約三キロメートルにおよんでいる。(37)この井川がいつ開削されたかが旧来より課題とされてきた。井川が重要な取水源であるだけに開発の進捗を考える指標となっているようである。主な見解に次のようなものがある。

小山靖憲氏は、「禅林寺」「神領堺」「本在家」「本公田六町余」などと注記された地域は、井川の最初と二番目の灌漑地域であり、しかもこの用水がなければ水田耕作が不可能であると考えられる地域であることから、「絵図が描かれた一四世紀には、少なくとも八王子の分岐までは開削されていたと推定される」と述べられている。(38)

しかし、実際に絵図には井川が描かれていない事実を看過してはならない。絵図作成者は「荒野」を圧縮して描き、少しでも東から北にかけて広がる古作を強調されようとしているのであるから、井川を描くことはこの地域の開発が進捗していたことを示すことにもなり、自らの主張を有利にするものではないだろうか。それを描かないのであるから、実際に開削されてはいなかったものと判断したい。(39)

いずれにしても、「荒野」が広がっていたことは、この絵図からも確認し得ることであり、洪積台地の本格的な開発は南北朝期以降にまで下らなければ進展していかないことを示す一つの材料となるであろう。

以上のように、洪積台地の開発について、発掘調査資料から得られた見通しと同様の結論が、この絵図からも導き出せるのである。

おわりに

前章で取り上げた鎌倉時代後期から南北朝期にかけての周溝屋敷地を伴う集落遺跡が、その後継続していかないという事実を、考古学資料や文献史料から考えてみようというのが本章での目的であった。

それに対する見通しとして、前節までに記してきたように、①低地集落は洪水等の被害を被りやすいこと、②洪積台地の開発が南北朝期以降本格化すること、③在地領主層による集住化政策によって村落の再編が見られること、などがその要因として考えられる。そして、そのような中から生まれてきた村落が現在の集落に概ね重複してくるという指摘も紹介した通りである。

ところで、北陸地方の中世集落の諸事例を検討された前川要氏も、一二世紀以降比較的低い扇状地や微高地及び自然堤防上に周溝をともなう集落が形成されはじめること、一四世紀後半から一五世紀前半になると標高五〇m以上に立地する集落が増加していくのに対し、標高三〇m以下に立地する集落が減少していくこと、さらに一五世紀末から一六世紀前半になると城館周辺に凝集する集落が見られることなどを指摘されている(40)。本章での論点と重なるところが多く、あわせて学んでいきたい。

注

（1）森格也・宮下睦夫『横江遺跡発掘調査報告書Ⅱ』滋賀県教育委員会他　一九九〇

（2）赤塚次郎他『土田遺跡』愛知県埋蔵文化財センター　一九八七

（3）『下右田遺跡第４次調査概報』山口県教育委員会　一九八〇

(4) 葛野泰樹「近江の中世村落について」『日本歴史』五〇九号　一九九〇
(5) 小林健二他『大師東丹保遺跡』山梨県教育委員会他　一九九五
(6) 前掲注（4）葛野論文
(7) 宮武正登「佐賀平野の村と館」網野善彦・石井進編『中世の風景を読む7　東シナ海を囲む中世世界』新人物往来社　一九九五
(8) 岡本圭司「泉州南部の中世集落の一様相」『大阪府埋蔵文化財協会研究紀要』三号　一九九五
(9) 高知県教育委員会『田村遺跡群　第一〇分冊』一九八六
(10) 松岡良憲『新庄遺跡』大阪府教育委員会　一九九六
(11) 中村博司編『よみがえる茨木城』清文堂　二〇〇七
(12) 渋谷高秀「堺・石津川中流域の平安～近世の集落形成」『関西近世考古学研究』一号　一九九一
(13) 大阪府教育委員会・大阪文化財センター『日置荘遺跡』一九九五、中井均「中世の居館・寺そして村落」石井進・萩原三雄編『中世の城と考古学』新人物往来社　一九九一
(14) 寺沢薫「大和における中世開発の一様相」『条里制研究』七号　一九九一、山川均「条里制と村落」『歴史評論』五三八号　一九九五
(15) 辻佳伸編『上喜来蛭子～中佐古遺跡』徳島県埋蔵文化財センター他　一九九四、久保脇美朗編『日吉～金清遺跡・西谷遺跡』徳島県埋蔵文化財センター他　一九九五
(16) 山中章「中世の遺跡」『向日市史　上巻』一九八三、中井均「地域における中世城館の構成」『長岡京古文化論叢Ⅱ』一九九二
(17) 坂井秀弥「越後の道・町・村」網野善彦・石井進編『中世の風景を読む4　日本海交通の展開』新人物往来社　一九九五
(18) 島田次郎「中世村落の耕地と集落」『地方史研究』四九号　一九六一、後に同氏著『日本中世の領主制と村落　下巻』（吉川弘文館　一九八六）所収

(19) 垂水荘預所代助正陳状案「東寺百合文書」な一―一〇（『吹田市史　第五巻』二七〇頁）
(20) 厳瑜書状「東寺百合文書」ル九―二四（『吹田市史　第五巻』三九八頁）
(21) 春日社領榎坂郷名主百姓等申状案「東寺百合文書」み三二―四八（『吹田市史　第五巻』）
(22) 「九条家文書」六六号（宮内庁書陵部『図書寮叢刊　九条家文書一』）
(23) 宮内庁書陵部『図書寮叢刊　政基公旅引付』、中世公家日記研究会編『政基公旅引付　本文篇・研究抄録篇・索引篇』和泉書院　一九九六
(24) 日根荘の組織的な調査については、井藤暁子「シンポジウム『日根荘総合調査が語るもの』」（『日本歴史』五二八号、一九九二）を参照のこと。
(25) 楞野一裕「日根野シンポジウムの開催」『ヒストリア』一一八号　一九八八、川合康「日根野シンポジウムと日根荘保存運動」『日本史研究』三一〇号　一九八八、楞野一裕「日根野保存運動の現状と課題」『日本史研究』三五一号　一九九一、前掲注(24)井藤論文、「平成五年度後期の史跡等の指定」『日本歴史』五五五号　一九九四、樋野修司「関西新空港建設の下で―歴史研究を通しての地域づくり―」『岩波講座日本通史　別巻2　地域史研究の現状と課題』岩波書店　一九九四
(26) 藤田達生「和泉国日根荘について」『ヒストリア』一一六号　一九八七
(27) 飯倉晴武「九条家領の成立と道家惣処分状について」『書陵部紀要』二九号　一九七七、後に同氏著『日本中世の政治と史料』（吉川弘文館　二〇〇三）所収
(28) 「九条家文書」七〇号（宮内庁書陵部『図書寮叢刊　九条家文書一』）
(29) 「九条家文書」六〇号（宮内庁書陵部『図書寮叢刊　九条家文書一』）
(30) 「九条家文書」六五号（宮内庁書陵部『図書寮叢刊　九条家文書一』）
(31) 三浦圭一「鎌倉時代における開発と勧進」『日本史研究』一九五号　一九七八、後に同氏著『中世民衆生活史の研究』（思文閣　一九八一）所収、同「日根荘をめぐる諸問題」『日本史研究』三一〇号　一九八八、後に同氏著『日本中世の地域と社会』（思文閣　一九九三）所収

(32)　小山靖憲「荘園村落の開発と景観」小山靖憲・佐藤和彦編『絵図にみる荘園の世界』東京大学出版会　一九八七
(33)　堀内寛康「和泉国日根野村絵図」荘園絵図研究会編『絵引　荘園絵図』東京堂出版　一九九一
(34)　前掲注（26）藤田論文
(35)　前掲注（32）小山論文
(36)　前掲注（26）藤田論文
(37)　小山靖憲「和泉国日根荘」石井進編『中世のムラ』東京大学出版会　一九九五　一二〇頁
(38)　前掲注（37）小山論文一二二頁
(39)　日根野地域の開発について、井田寿邦氏は、「実専とそれに続く久米田寺の開発は久米田寺文書にも日根荘にも何ら痕跡が残されていないことから考えて、結局失敗したのではないか」、「そして井川は少なくとも応永二六年（一四一九）住持谷下池が作られた時点までには成立し、それ以後十五世紀後半「孫太郎垣外」、十六世紀末には、「野々地蔵」、十七世紀に入ってから「俵屋新田」が開発されるなど、日根野荒野の開発は比較的ゆっくりと漸次的に進行したのではないか」と述べている（前掲注（25）川合論文八三頁で井田氏の発言が紹介されている）。また、井川の開削についても、「それが存在した場合に最初に潤す田群は村絵図の神領堺から溝口大明神を含む区画に相当すると思われる。しかし村絵図ではその区画の主要部分が水田化されているようには思われず、その限りでは村絵図作成段階までには井川はまだ開削されていないように思われる。（中略）内乱期に井川が開削され、さらに嘉吉元年には十二谷新池に通じて日根野荒野を開発する基本水系の一つが整い、その後に質池の築造と野々地蔵辺りの開発が進められた」と述べられている（「和泉国日根荘」『講座日本荘園史7　近畿地方の荘園Ⅱ』吉川弘文館　一九九五）。
(40)　前川要「中世の家族と住居」白石太一郎他編『考古学による日本歴史一六　家族と住まい』雄山閣　一九九六

第三章　中世集落の展開と居館

はじめに

中世集落の展開過程について、第一章・第二章で、一三世紀後半を中心とする時期に畿内を中心とする西日本の沖積低地において集村化が見られ始めること、また中世後期にかけて領主居館を中心に館廻り集落が見られるとともに洪積台地の開発も安定化し集落の移動も見られることなどを述べた[1]。そこでは、館廻り集落の観点から居館についても若干論及はしたものの、居館そのものについては論じていない。中世後期にかけての集落の歴史的展開を検討していくうえで居館のあり様は看過し得ない課題である。居館は領域支配の拠点であり、周辺地域への影響力は甚大なものがある。にもかかわらず、領主権力の求心性が見える城下町研究の進展[2]に比べ、これまで居館と（農村）集落の関係を総合的に論じた研究は乏しいのではないか。こうしたなか、近年千田嘉博氏が日欧の比較を通して城郭集落形成の過程を分析し、日本中世には村落型都市形成と都市型都市形成の二類型のあることを提唱された[3]。また山川均氏も大和国を素材に惣村集落に付随して形成される居館について論及している[4]。山川氏によれば「計画村落」である集村に一四世紀半ば頃から居館が付随するようになり、それが一五世紀代になって防御機能を強化したものに転化するという。

そこで本章においても居館が集落の変容に与えた影響、また村落民の生活にとって居館が具体的にどのような意味をもっていたのかという視点をもって、居館と集落の関わりについて検討することにしたい。

なお、広域支配を実現し得た大名権力がその地域に所在するか否か、また開発の進展の度合い、さらには惣結合を達成した畿内農村と館屋敷型城郭が展開した東北・南九州などでは居館と集落の関係に相違の見られることは当然のことと考えるが、地域性（差）については千田嘉博氏の成果に学びたい(5)。

一、居館の役割と集落

城館研究は、江戸時代の軍学的知識の上に近代的陣地を築城術の頂点に位置付けようとした戦前の研究以来多くの学問的蓄積を生んでいる(6)。その一つは縄張り研究であり(7)、もう一つは近年とみに増加した考古学的研究であることは周知の通りである。最近では、これに加えて文献史料の読み直しから「村の城」論(8)や避難所としての領主城館(9)、また城の立つ「場」の聖性を視野に入れた研究(10)など多様な成果が生まれている。

しかし、居館・城館の個別研究は数多くあるものの、居館と集落との関わりを論及したものとなれば存外少ない。こうしたなかにあって、居館と村落の関わり、地域社会の中で居館そのものがもつ機能を最初に論じたのは小山靖憲氏である。小山氏は上野国新田荘などを素材に、居館を取り巻く堀が農業用水の安定供給をもたらす役割を担っていたのであり、領主は勧農機能を媒介として農民支配を実現したのだと指摘した(11)。すなわち、開発拠点として居館が位置付けられるのであり、その形成は開発行為の始期となる平安時代末期に求められる。これをうけて峰岸純夫氏も同じ新田荘を素材に「堀の内体制」論を展開した(12)。しかし、八巻与志夫氏も甲斐国深草館跡の事例などをもとに考古学の立場から居館の堀に用水機能のあったことを指摘するが、これは室町期以降の現象であり、鎌倉期にそうした事例を認めているわけではない[13]。また、関東を中心とした考古学的な調査成果から堀を伴う居館の成立は一四世紀以降までまたねばならないとする橋口定志氏の成果も公にされ[14]、居館研究そのものも再検討を迫られることになった。小山氏の指摘されたような居館のあり方を「方形館＝堀の内」体制とも呼び、開発史を探る方法論として継承してきたことも確かであるが、畿内の集落と居館の調査例を分析された広瀬和雄氏も、居館を取り巻く溝の埋土状況や居館が条里地割の内より形成されてくる点などから、「開発拠点」としての居館という位置づけはできないと明示している[15]。

しかし、畿内においても一三世紀後半以降になると領主居館に開発の拠点としての役割が認められるようになる事例も現れる。例えば、今尾文昭氏が検証された大和国法貴寺遺跡・太田遺跡の事例がそれである。この遺跡のあり方から一三世紀後半以降、屋敷地（環濠屋敷）・寺社・生産地・灌漑システムが一体となって条里地割内に計画施工されていることを明らかにし、そして開発の主体者もあわせて検討して、①一三世紀後葉以降に在地領主層が条里制施工域内を再編し、水田の集約化・居住域の集村化をはかる、②一四世紀中葉以降、同じく在地領主層が条里制施工域縁辺に新規開発をはかる、③一五世紀代になり名主層が条里制の及ばない土地への新規開発をはかる、という見解を提示した[16]。

私は、一三世紀後半にみられる集村化現象の背景に牛馬耕の普及も含めた農業技術の集約化及びパリア海退期という気象の影響があると考えるので、必ずしも在地領主の動向ばかりが影響したものとは思わないが[17]、今尾論文は条里地割内に成立する居館（今尾氏は環濠屋敷と呼称）を核とした開発行為のあったことを明らかにしていることは重視すべきである。

このように、一三世紀後半以降、地域開発の拠点として居館が営まれることが考古学的な成果から読み取れるのであり、これが集落構造にも何らかの影響を与えたことは確かであろう。その一方で、山川氏も述べられたように、集村内から新たに居館が形成される事例もあり、居館と集落の関係は一様ではない。しかし、いずれも画期を一三世紀後半から一四世紀前半においており、この時期に在地社会の変容が顕著であったことは居館の出現からみても確かなことである。

この変容の背景として、農業技術の集約化という在地からの動きに加えて、私は一円領が急速に増加していったことも一つの背景であると考えている。蒙古襲来以降、幕府による徳政政策によって多数の一円領が形成されるが[18]、こうした所領の一円化にともないながら、領域支配の核としての居館が位置づけられるようになるのだろうと考えるからである。

ところで、中井均氏は大阪府の長原遺跡や観音寺遺跡の調査事例を示しつつ、畿内周辺では一二世紀後半には明らかに方形区画の居館が出現するとともに寺院なども方形区画を形成すると説いている[19]。橋口氏の指摘された関東地方とは様相が異なるが、集落の展開過程から問題にすれば、それが地域開発の拠点に成り得たかどうかが鍵をにぎると考えられる。したがって、堀を伴った方形区画が認められるという指摘だけに止まらず、灌漑機能も含めたその堀の役割を十分煮詰めていくことが必要となろう。また、居館が寺院化していく事例も知られており[20]、地域支配を貫徹するためには仏教（宗教）との融合をはかる必要もあったと考えられ、居館と寺院の一体化（領主と寺院の関わり）が地域支配論を深めていく視点として重要であろう。

二、城下集落形成の指向性

前節では、一三世紀後半から一四世紀前半にかけて、居館の形成と開発拠点の役割について研究史をふりかえったが、次に地域支配における居館の別の側面についても考えていこう。

それは、居館の機能の一つとして、流通網を掌握するという視角から居館が論じられていることに関わる。高橋修氏は、北関東における在地領主館の形成と地域支配の関わりについて、農業開発拠点という視角ではなく、幹線道を介した領主間ネットワークの形成と「町場」を核とする地域住民支配のあり方を提示している(21)。同様に岡陽一郎氏も交通の視点から居館の性格を検討されており、そこから出土する手づくね成型のかわらけから「都市的な場」であったとも述べられている(22)。福島克彦氏が「居館研究は、今までのような主従制的に領主権力を見る視点を相対化させ、交通施設、町場、あるいは京都との関係などを積極的に論じるべき段階になりつつある」と述べられている通りである(23)。このように、中世前期から在地領主は町場の掌握に努めており、城下集落形成の指向は居館形成の当初から認めることができるのである。

ところで、居館そのものの構造変化については、柴田龍司氏が、平地に立地していた館が一五世紀以降に城郭化し、あわせて城下集落も形成していくこと、周辺に山や台地のある場所では一五世紀以降に麓の館とともに背後の城が築かれ、館周辺には城下集落も形成されると説いている(24)。さらに、この一五世紀に成立する居館を「村落型城郭」と規定し、一六世紀代に成立する「都市型城郭」と区別している(25)。すなわち、中世城館の画期として一五世紀代と一六世紀代の二つの画期を求められる。千田嘉博氏も散村から集村への社会構造の変化にあわせて一四世紀後半から一五世紀にかけて居館のあり方も変化のあったこと、また一六世紀代にも城下町の再編などにからんだ集落の移動・変容が認められると指摘している(26)。確かに現象面からいえばこれらの指摘は正しいのであるが、問題は何故館周辺に一五世紀代以降城下集落が築かれるようになったのか、また散村から集村への社会構造の変化にあわせて見られる居館の変化とは具体的にどういうことなのかを明示することであろう。また、先述の通り中世前期から在地領主は町場の掌握に努めており、城下集落形成の指向は一貫していたと見なければならないことも重要な視点である。

結論を先に言えば、農業生産力の向上を背景とする集落構造の変化に加えて在地領主が市場機能を吸収しなければならなくなったことが居館の変容にとって大きな要因になったと考えるのである。すなわち、居館の変化は防御機能強化という側面ももちろんあるが、それ以上に中世半ば以降になって広域的な流通網が展開するのに対応した変化が求められた結果だと考える。領主居館の周囲に館廻り集落を形成し、積極的な商業統制を行ったことが居館変容の大きな背景であったものと思われる。

先日被仰下市町之興行、廻船着岸津、幷狩山・漁捕・河狩・野牧之事、定被遵行歟。市町者、通辻小路、令構見世棚、絹布之類・贄菓子、有売買之便之様、可被相計也。可招居輩者、鍛冶・鋳物師・巧匠・番匠・木道、幷金銀銅細工・紺掻・染殿・綾織・蚕養・伯楽・牧士・炭焼・木樵・檜物師・轆轤師・塗師・蒔画師・紙漉・唐紙師・笠張・簑売・廻船人・水主・梶取・漁客・海人・朱砂・白粉焼・櫛引・烏帽子折・商人・酒沽・酢造・弓矢細工・深草土器作・葺主・壁塗・猟師・狩人。猿楽・田楽・獅子舞・傀儡師・琵琶法師・県御子・傾城・白拍子・遊女・夜発之輩、幷医師・陰陽師・絵師・仏師・摺縫物師・武芸相撲之族、或禅律両僧・聖道浄土碩学・顕密二宗之学生・修験行者・効験貴僧・智者・上人・紀典仙経儒者・明法明行道学士・詩歌宗匠・管弦上手・引声短声之声明師・一念多念名僧・検断所務之沙汰人・清書草案手書・真字仮名能書・梵字漢字達者・宏才利口者・弁舌博覧之類・廷給仲人等・尤大切也。招居有屑族、可召仕公私役

これは周知の通り、一五世紀初頭に書かれたと考えられている『庭訓往来』四月状往である。(27)ここでは領主に対して、領域繁栄のために実に多様な商職人が招き据えられるべきであると求められているのである。商職人を招き据える行為は、『宇津保物語』に、神南備種松の屋敷に多くの職人のいたことが描かれていることからも推測されるところである。(28)また、中世前期の宿は領主層によって意図的に形成され維持されていたことが明らかにされているが、(29)『吾妻鏡』文治五年（一一八九）一〇月五日条に宿の形成に向けて「招居浪人」と見え、宿が自然発生的なもの

ではなかったことを示している。

この点を考古学の成果に基づいて検証すれば、一五世紀以降館廻り集落の形成が一段と促された状況を見ることができる。尾張国清須城下の形成と周辺村落の廃絶を論じた佐藤公保氏の成果[30]や佐賀平野の中世集落の動向を分析され、一五世紀以降勧農権に代表される「領主館の持つ求心力」によって館中心型の集落が形成されたことを論じた宮武正登氏の成果[31]に加えて、前章で紹介した大阪府茨木市に所在する新庄遺跡の事例も城下の形成と周辺村落の廃絶という関係を提示する一例と考えられる[32]。

また、香川県高松市林町に所在する空港跡地遺跡は香東川旧河道右岸の平野部に位置するが、本遺跡からは同地点にほぼ重なるかたちで時期差のある二つの居館（区画1・区画3）が検出されている（図19）。中世前半（一三世紀代）の居館（区画1）は、その周囲に屋敷地が散在する状況であった（図20）。この区画1では二面庇と束柱をもつ主屋と倉・厩・屋敷墓が検出されており、さらに主屋と倉・厩の間には庭も確認されている。この庭は陸橋部から正面の位置にあたっており、公的な空間としての庭を正面に据えたこのような屋敷地の割り付けは「中世後半期の典型的な空間利用形態」であり、中世前半の居館にもこのような土地利用形態が遡ることを示唆する事例と捉えることができよう。

一方、中世後期に位置づけられる居館（区画3）は三重の区画溝に囲まれた半町四方の方形プランをもつ。また、南側と東側に明瞭な区画施設（溝・柵列）をともなった小区画がブロック状に連続している（図21）。この遺構配置からは、中世後半の建物群は居館を核に凝集している様子が読み取れ、区画1と重複する位置であることから中世前半の集落域全体を巻き込んで引き起こされていると考えられている。すなわち、居館がこの集落再編に主導的な働きをしたと評価されるのである。しかも、居館に隣接する特定の屋敷地にのみ西讃系統の土師質土器皿が搬入されたり、鋳造工人の「出吹き」が行われており、職人の存在、または他地域との流通に関わるものの存在が想定さ

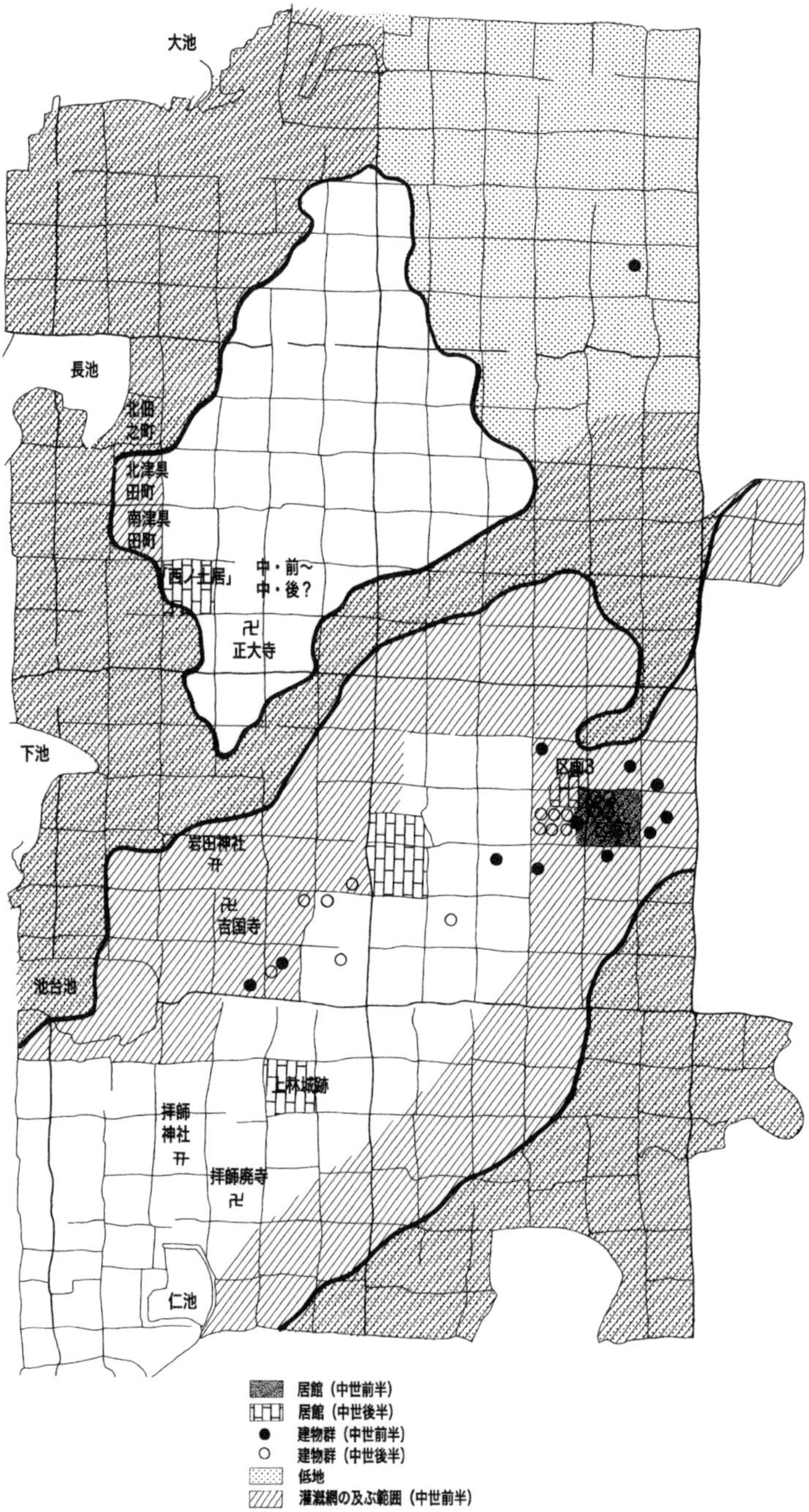

図19　中世林地域の景観概念図

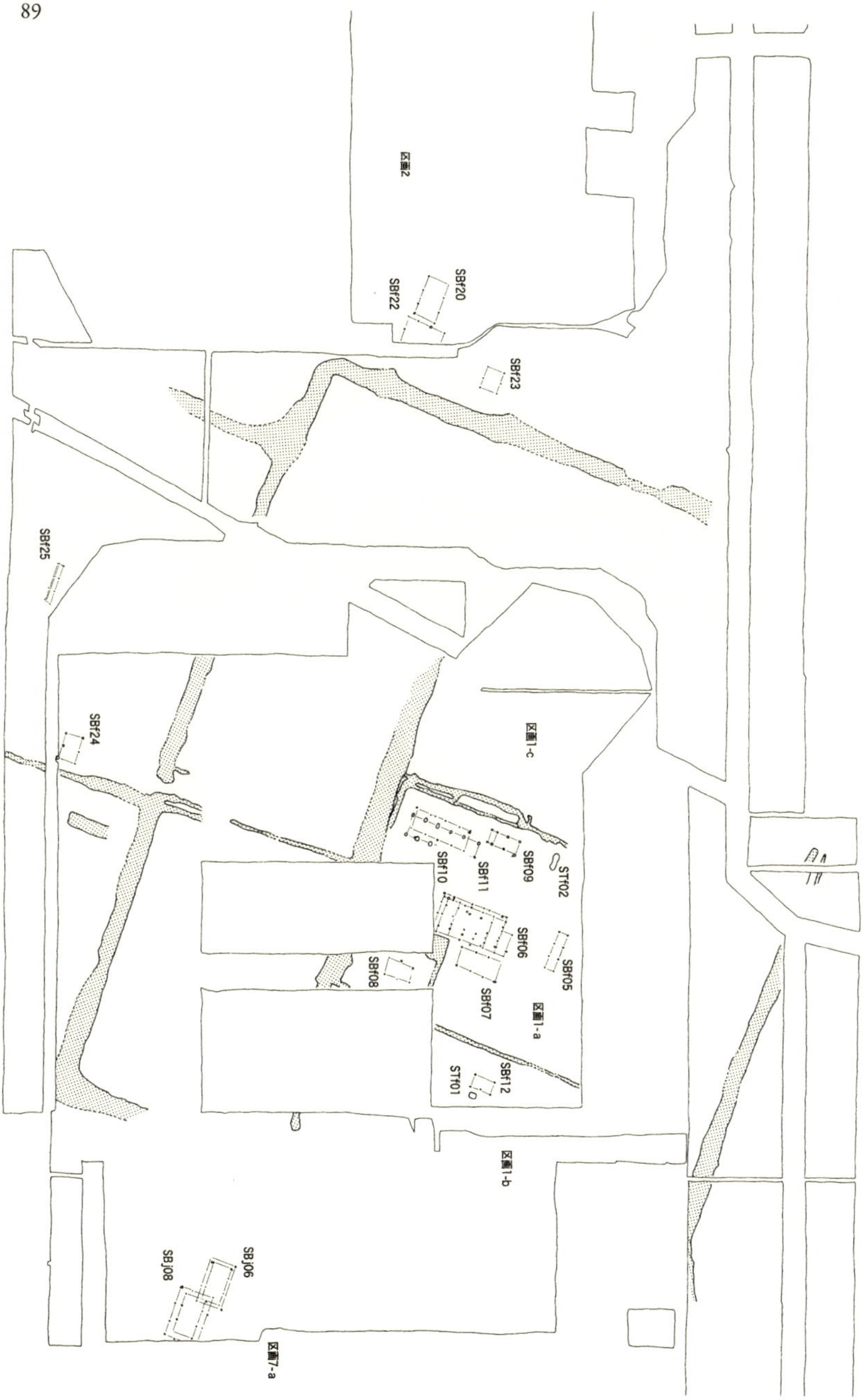

図20　中世前半の居館（区画１）遺構配置図

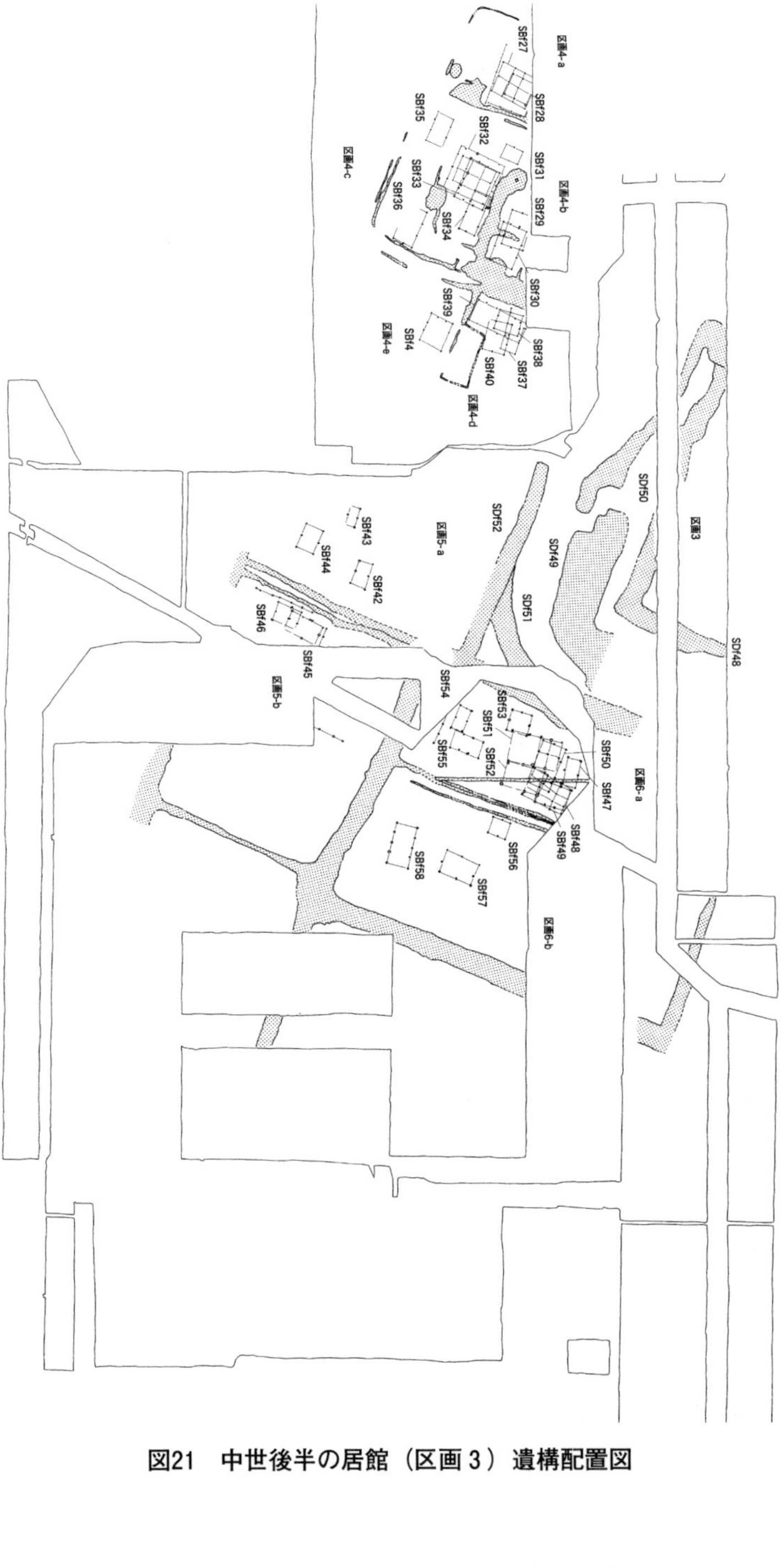

図21　中世後半の居館（区画 3）遺構配置図

れる。こうしたことから、調査担当者の佐藤竜馬氏は、「集落凝集化の背景には、居館の居住者からの一方的な働きかけとともに、集落構成員の主体的な動きも評価する必要があろう」と評価されている。

ところが、一六世紀中葉にはこうした集落群が廃絶することになる。この時期に集落が廃絶する現象は空港跡地遺跡のみならず、高松平野各所で見られる現象でもある[33]。

以上の事例は、一五世紀代以降の館とその周辺地域が、戦国期権力に成長する領主の居館を核に城下の形成と周辺集落の再編成が行われたことを明示している。

さて、一五世紀以降の村落は、これまですでに指摘されてきたように、惣村や惣郷の形成に象徴される新たな地域秩序が模索されていく。村落上層のいわゆる中間層とよばれる階層の動向を追いかけるなかで、広域的な用水管理のありかた、地域枡の導入、加地子得分の保障などを担った地域的一揆体制の形成など、荘園制的秩序を崩壊させる諸現象が村落生活のあらゆる場面で見えるようになることが明らかにされている通りである[34]。

すなわち、この時期は中間層を基軸に新たな在地秩序が形成された時期と捉えられるのである。しかも、中間層の連帯である惣郷とは別に惣村を軸とした百姓層の結合も形成されるのである。その結果、百姓家においても夫婦別財制の衰退と家産の形成が進み、家名としての苗字も生まれる。また同族組織の形成も一五世紀以降であったことも指摘されている[35]。そして宮座のもとで烏帽子成・官途成・入道成などの通過儀礼を通して独自に村落内身分秩序をつくるのである[36]。さらに一五世紀半ばには、はじめて幕府奉行人奉書の宛所が本所から「名主百姓中」に変化するのである[37]。

こうした変化には二つの背景を想定し得る。一つは守護の領域支配を支える在地の動向、そしてもう一つは農業技術の進化を前提とした地域経済の発展であった。

前者については、村落上層が守護家臣の被官化を志向する形であらわれる。いわゆる「侍」層が村落内に生まれるのである。この動向が畿内近国に限らず、全国的趨勢であったことは池上裕子氏の指摘するところであるが、[38]このことは彼らが対外交渉を進めるにあたって守護方とつながりをもっていることが必要であったことを物語るものである。したがって被官化の動きは領主側からの誘導にとどまるものではなく、惣村・惣郷の運動の中に見出すこともできるのである。[39]

もう一つの背景である農業技術の進展については、築堤技術をもった在地社会が溜池の築造や用水路の掘削などによる利水権を確保したこと[40]や大鋸の普及[41]に伴う製材技術の向上が結桶の普及に拍車をかけ、人糞尿などの使用を容易にしたことなどをはじめとする施肥技術の変化が考えられる。例えば溜池築造技術については南北朝期に在地社会に一気に浸透する。和泉国池田荘箕田村の名主百姓等は松尾寺と「（松尾）寺領山林荒野等令建立新池、以彼流水助旱田且令開発新田三町寄進于当寺」という契状を結んでいる。[42]このことからも荘園領主の勧農行為に依存しない再生産システムが確立してくることが読み取れる。そして商品作物生産のための畠地（菜地）の増加、[43]地下請の達成が頼母子など独自の村落内経済秩序を生むことにもなった。そして近江の保内商人や小幡商人に代表されるような農村商人の登場を見るのである。したがって、荘園制的枠組みでは京と地方を結ぶ経済活動（いわゆる「求心的経済構造」）の動きであったものが、荘園公領制的秩序の弛緩とともに地方と地方を結ぶ商品流通量が急増することになり、前代とは比較にならない大規模な経済活動を生み出したと判断されるのである。各地における地域経済圏の成立とそれらを結ぶ流通網の確立が、流通拠点たる港町・町場の発達を促すことも盛んに論じられているところである。[44]この点が中世前期における在地領主主導型の町場形成・地域開発の進め方とは異なった中世後期の特質を見ることができる。

すなわち、一五世紀以降村落上層の被官化と相俟って広域権力化していく領主層の居館を中心に館廻り集落（城下集落）が形成されることによって周辺集落の再編が進む一方、村落上層が主導する地域的結合が広域水利の管理体制を生むなどの地域秩序の形成を促し、これに農業技術の進展が地域経済の自立を可能にしたことが集落再編の契機に成り得たものと思われる。居館を核とする集落の形成は領主側の指向のみならず、領主に結びつこうとする在地側からの要求たり得たのである。

三、居館と周辺集落

前節では城下集落形成の指向性が中世初期以来領主には一貫してあったこと、また領主に結びつこうとする在地側からの動きもあったことを確認した。本節では居館と周辺集落の住人との間でどのような関係が築かれていたのかを見ていきたいが、まず始めに根源的な問題に立ち返って、居館とは何かについて考えておきたい。

前川要氏は、中世後期集落の展開を検討する中で、三つの指向性を提示されている。居館化・惣村化・都市化の三つがそれであるが、それぞれ次のように整理する。

「居館化」とは堀囲みの居館を中心に屋敷地が形成され、商工業者も存在するもの。なかには全体を環濠で取り囲み、短冊形地割の見られるものに発展するものもある。「惣村化」は堀囲みで方形の屋敷地が連続して構成されるもので、なかには全体を環濠で取り囲むものに発展するものもある。「都市化」とは道路などに沿って短冊形地割が存在するもので、裏地に方形に区画された宗教施設や大きな屋敷地が存在するものから、地割内の建物の面が揃い環濠で取り囲むものに発展するものもあるという。そしてこの三つの指向性のうち「惣村化」を除いた二つの方向性のなかに近世都市成立の契機を見る[45]。

都市形成のあり方については、筆者もかつて、①館廻り集落から城下町への発展、②境界的な場から市町への発展、の二類型に分類できると指摘したことがある[46]。①は前川氏の指摘する「居館化」、②は「都市化」で把握できよう。しかし、「惣村化」の実態把握についてはやや疑問が残る。そもそも惣村化という分類が可能であろうか。すなわち、領主居館及びそれに類した政所等の施設の認められない集落が果たして形成されていたのであろうかという疑問が生じるからである。

例えば、弘安年間のものと思われる「太良荘百姓時守申状案」には、「時守之地仁被造御政所候之処仁、彼御政所令破壊候畢、破壊之後者、以時守之私宅、御政所ト被定候者也」と見え、[47]一六世紀初頭に和泉国日根荘で直務支配を行った九条政基も入山田村長福寺という既存の寺社に入っている。[48]また、沙汰人・田所・保司・番頭らの「私宅」が「政所」として機能していた事例を酒井紀美氏が紹介している。[49]さらに、摂津国粟生村の小犬名の名主代である重舜なるものは「作人職」を宛う地主的な性格をもつとともに、[50]「法橋重舜之住居焼失之、彼証文等焼失畢」ともあることから荘官的性格を有するものであったことが知られているが、[51]この重舜については、すでに鈴木国弘氏が自ら所領開発をも行い得るような中世前期村落の共同体的性格を体現していた「村落領主」と位置付けており、[52]こうした各村に居住した名主または名主代の屋敷も集落の核であったと想定できるのである。

その代表的な事例として備中国新見荘政所屋敷があげられる。寛正四年（一四六三）、領家方（東寺）の代官祐清が地頭方の百姓谷内・横見に殺害されたことに対し、領家方の三職らが地頭方の政所屋敷を焼き払うという事件が発生した。この係争のなかで提出されたものに地頭方の政所屋敷図がある（図22）。[53]これには百姓谷内の私宅に主殿・雑舎が隣接する方形区画の政所屋敷に客殿・蔵・庫裏・便所が描かれている。また、政所屋敷の周囲には塀や堀も描かれている。領主支配の核となるべき政所屋敷のみ防御施設が設けられ、私宅部分は囲いのないことは注目されてよいであろう。

また、地頭方は政所屋敷の再建と盗難品の書き上げを提出している。[54]それによれば、鐙・轡・手綱・流鏑馬射手具足などの馬具や日記・硯・式条本などの文具、絵入御器・折敷・椀・盃・銚子などの供膳具、香炉・花瓶などの

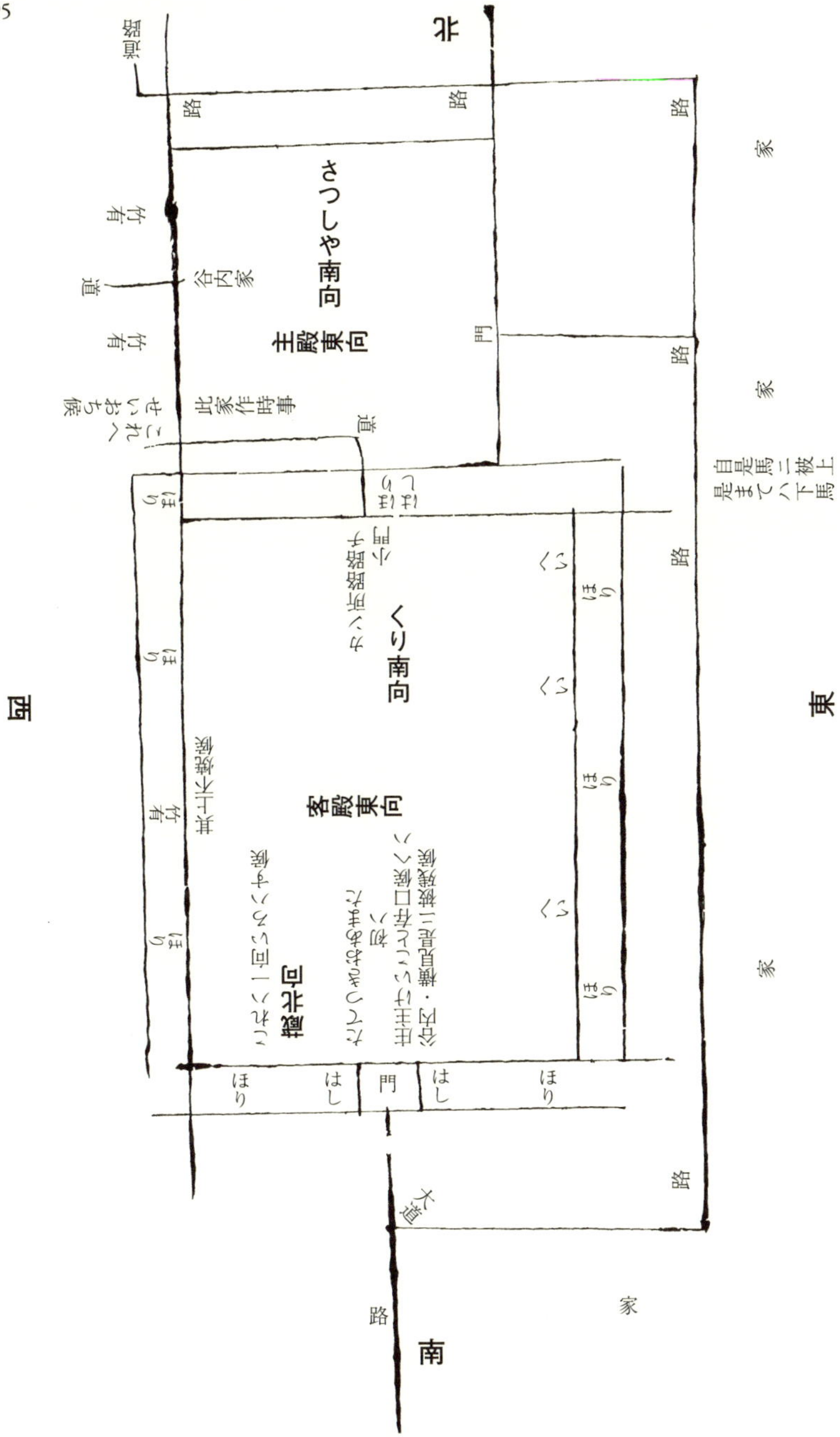

図22　新見荘地頭方政所屋指図

装飾品などが書き上げられている。このことから「新見荘の政所屋敷にて茶湯をめぐる接待、饗応する場が設けられていたことを示しており、一五世紀中葉において茶湯の普及が知られる」とともに、「政所屋敷が荘園領主からの預所らを饗応する場であったことを如実にしめしている」という。[55]

したがって考古学的な調査によって居館に相当する遺構を検出し得ない場合でも各村々に領主支配の核となるべき施設があったことは間違いない。このことから「惣村化」という概念については再考を要するものと思う。

このようにいずれの集落においても領主居館またはそれに類する施設の存在が想定されるわけであるが、まさしく地域住民を統合し、支配を実現するための領主側の核となるべき施設が居館と言えるだろう。

この政所としての性格もあわせもっていた領主居館と周辺民衆はいかなる関係を結んでいたのであろうか。[56]これを具体的に指し示してくれるのが越後国小泉荘加納を本拠としていた国人領主色部氏の記録である『色部氏年中行事』である。

この『色部氏年中行事』については多くの成果がすでに公にされているが、なかでも領域支配の観点から地域住民の関わりを具体的に示されたのが藤木久志氏と中野豈任氏である。[57]その成果に学べば、領内で展開された行事・儀礼には「修正会」や「吉書」の儀、「巻数板つり」の儀などがあり、①色部氏の主従制的支配権に関わる行事、②共同体の安寧と五穀豊穣を願い感謝する領域全体の行事、に類別できるという。しかも、このいずれもが古くからの信仰習俗や民俗慣行をたくみに取り込んだものであるという。

この『色部氏年中行事』を見れば、色部氏家臣のみならず百姓衆や商職人、地域に所在した青竜寺の僧や山伏などの宗教者も居館を訪れており、領主居館が開かれた空間であったことを知り得るのである。

また、領主居館や政所に出入りしないことが逃散の手段に成り得ることが、法隆寺領鵤荘の事例から知られる。応永二五年（一四一八）九月、「稗田集会ヨリ地下名主百姓等悉ニ逃散畢、乍去逃散様、面ヲハカコヰテ家内ニハ住ス」という行為に出た鵤荘民は、「名主百姓等ヲ両公文同道シテ政所エ出仕」することによって逃散を解いているのである。[58]このことは百姓の政所への出入りが日常的なものであったことを示しており、領主と地域民衆の関わりを考える好個の事例といえよう。

このように領主居館は領主が領域支配を展開する上で、地域住民との結節点となっていることは明らかである。したがって、周辺集落の展開を捨象しては居館研究も成り立ち得ないものと思われ、居館の構造（縄張）研究のみではなく、地域社会のなかで居館のあり方を見ていかなければならない。

おわりに

居館を核に集落が再編されるという事実はすでに指摘されてきたところであり、本章で繰り返すこともないが、ただ強調しておきたい点は、こうした動きは領主側にとって中世初期以来一貫してもっていた指向であったこと、それが領主・在地双方向からの地域秩序再編の動きとして一五世紀代を中心とする時期に顕著に認められるようになるということである。一三世紀以降地域開発の拠点・流通網掌握の中心としての役割をもつ居館が、一五世紀以降になって、より一層地域社会との関係強化が求められるなか、居館の変容が進むと考えられる。すなわち、在地領主層は防御機能の強化を居館に求める一方、在地の村落民も惣村・惣郷運動のなかで領主への接近を図るのである。したがって、居館の変化は領主の動向ばかりではなく、在地の側からの関与も強いものがあったことになる。

なお、領主居館と想定される遺構や痕跡が認められない場合でも宗教施設や百姓居宅が「政所」としての機能を保持していることも認められるところであり、前川氏の述べる「惣村化」の方向には十分な検討が必要であろうと思われる。

本章では特定の地域・居館を検討したものではなく、ややもすけば具体性を欠く部分もあろうが、居館と集落の関係を考える上での論点整理を意図していた。今後、個別居館の検討を行いつつ、居館と集落の歴史的展開の具体像を提示していくことを課題としたい。

注

（1）拙稿「中世低地集落の歴史的位置」（シンポジウム「中世集落と灌漑」実行委員会編『中世集落と灌漑』大和古中近研究会　一九九九）も参照のこと

（2）小島道裕「戦国期城下町の構造」『日本史研究』二五七号　一九八四、小林健太郎『戦国城下町の研究』大明堂一九八五、市村高男『戦国期東国の都市と権力』思文閣　一九九四、など

（3）千田嘉博「中世城郭都市の形成―日欧インカステラメントの比較考古学―」『国立歴史民俗博物館研究報告』七七集　一九九九、同「中世から近世の城と総構え」『考古学ジャーナル』四七八号　二〇〇一

（4）山川均「居館の出現とその意義」『帝京大学山梨文化財研究所研究報告』九集　一九九九

（5）千田嘉博「戦国期城郭・城下町の構造と地域性」『ヒストリア』一二九号　一九九〇

（6）城館研究の整理は、千田嘉博「中世城館の考古学」『展望　考古学』（考古学研究会　一九九五）、松岡進「城館跡研究の方法と課題」『戦国期城館群の景観』（校倉書房　二〇〇二）で簡潔にまとめられている。

（7）縄張り研究は、村田修三「城跡調査と戦国史研究」（『日本史研究』二一一号　一九八〇）で飛躍的に進展したが、縄張り研究の成果と課題については、千田嘉博「中世城館縄張り調査の意義と方法」（『国立歴史民俗博物館研究報告』三五集　一九九一）を参照のこと。ただし、縄張り研究の限界性は十分承知しておかねばならない。この点について井原今朝男氏は、「戦国大名の戦闘が本居城の争奪戦をともなうことなく「自落」することが多いのは、地域防衛戦争であったため」であり、「戦国期の城郭は一つの城の縄張で軍事的機能が完結するのではなく、城郭群として地域防衛のために機能的に役割分担をもって編成・修築」されていた。したがって、「軍事技術的に突出した城郭をサンプルに選んで」編年基準をつくる村田氏らの研究方法は有効性を失うと鋭く指摘する（井原今朝男「「いくさ」と民

衆―「山小屋」を中心に―」『歴史評論』五一一号　一九九二、後に同氏著『中世のいくさ・祭り・外国との交わり』校倉書房　一九九九　所収)。

(8)　千田嘉博「村の城館をめぐる五つのモデル」『年報中世史研究』一六号　一九九一、藤木久志『雑兵たちの戦場』朝日新聞社　一九九五

(9)　藤木久志『戦国の作法』平凡社　一九八七

(10)　飯村均「山城と聖地のスケッチ」『帝京大学山梨文化財研究所研究報告』五集　一九九四。なお、山城が聖地に築かれるという点については、補論1「中世社会と「古墳」」参照。

(11)　小山靖憲「東国における領主制と村落―上野国新田荘を中心に―」『史潮』九四号　一九六六、後に同氏著『中世村落と荘園絵図』(東京大学出版会　一九八七)所収

(12)　峰岸純夫「東国武士の基盤」『荘園の世界』東京大学出版会　一九七三、後に同氏著『中世の東国―地域と権力―』(東京大学出版会　一九八九)所収

(13)　八巻与志夫「水利慣行と館」『日本歴史』三九八号　一九八一。橋口定志氏も室町期以降の居館の堀に灌漑・用水機能のあったことを指摘されている(「方形館はいかに成立するのか」『争点日本の歴史4』新人物往来社　一九九一)。

(14)　橋口定志「中世居館の再検討」『東京考古』五号　一九八七、同「中世方形館を巡る諸問題」『歴史評論』四五四号一九八八、同「中世東国の居館とその周辺―南関東におけるいくつかの発掘調査事例から―」『日本史研究』三三〇号　一九九〇

(15)　広瀬和雄「中世農村の考古学的研究」前掲注(1)『中世集落と灌漑』

(16)　今尾文昭「灌漑と環濠屋敷」前掲注(1)『中世集落と灌漑』

(17)　前掲注(1)拙稿「中世低地集落の歴史的位置」

(18)　一円領の形成については、工藤敬一「荘園制の展開」(『岩波講座日本歴史5　中世一』岩波書店　一九七五、後に同氏著『荘園制社会の基本構造』校倉書房　二〇〇二　所収)、高橋典幸「荘園制と武家政権」(『歴史評論』六二二号　二〇〇二)参照

(19) 中井均「中世城館の発生と展開―西日本の発掘調査例を中心として―」『物質文化』四八号　一九八七、同「中世の居館・寺そして村落―西国を中心として―」石井進・萩原三雄編『中世の城と考古学』新人物往来社　一九九一

(20) 高橋修「中世前期における武士居館と寺院―紀伊国有田郡保田庄星尾寺の成立―」『和歌山城郭調査研究会一〇周年記念誌』一九九八、後に同氏著『中世武士団と地域社会』（清文堂　二〇〇〇）所収

(21) 高橋修「武蔵国における在地領主の成立とその基盤」浅野晴樹・齋藤慎一編『中世東国の世界1　北関東』高志書院　二〇〇三

(22) 岡陽一郎「中世居館再考」『中世の空間を読む』吉川弘文館　一九九五

(23) 福島克彦「中世方形館研究の問題点」『城館史料学』四号　二〇〇六

(24) 柴田龍司「中世城館の画期―館と城から館城へ―」石井進・萩原三雄編『中世の城と考古学』新人物往来社　一九九一、同「中世城館の構造とその変遷―千葉県内の発掘成果を通して―」『千葉県文化財センター研究紀要』一六号　一九九五

(25) 柴田龍司「村落型城郭から都市型城郭へ」『千葉城郭研究』三号　一九九四

(26) 千田嘉博「中世の社会と居館」『季刊考古学』三六号　一九九一。ただし領主側の強制力によってのみ城下集落が形成されたのではなく、そこには周辺住民の意志が反映されている場合が多いこともすでに論じられている（笹本正治「戦国時代の職人・商人」『中世都市と商人職人』名著出版　一九九二、中井均「「民衆」と「城館」研究試論―特に考古学的資料を中心に―」『帝京大学山梨文化財研究所研究報告』五集　一九九四）。

(27) 『庭訓往来』（東洋文庫）平凡社　一九七三

(28) 『宇津保物語』の「吹上」の段に、紀伊国牟婁郡の長者である神南備種松は、「手師、絵師、作物所の人々、ミヤこの鍛冶なルを、所々に多く据エて」とある（『日本古典文学大系10　宇津保物語一』岩波書店　一九五九　三〇七頁）。

(29) 湯浅治久「中世的「宿」の研究視角―その課題と展望―」佐藤和彦編『中世の内乱と社会』東京堂出版　二〇〇七

(30) 佐藤公保「清須周辺の中世村落」『清須　研究報告編』東海埋蔵文化財研究会　一九八九

(31) 宮武正登「佐賀平野の村と館―中世村落の成立と変化―」『中世の風景を読む7　東シナ海を囲む中世世界』新人

物往来社　一九九五
(32) 松岡良憲『新庄遺跡』大阪府教育委員会　一九九六
(33) 佐藤竜馬編『空港跡地遺跡Ⅳ』香川県教育委員会・香川県埋蔵文化財調査センター・香川県土地開発公社　二〇〇〇
(34) 村田修三「戦国時代の小領主」『日本史研究』一三四号　一九七三、同「惣と土一揆」『岩波講座日本歴史7　中世3』岩波書店　一九七六、島田次郎「荘園制的収取体系の変質と解体」『講座日本荘園史4　荘園の解体』吉川弘文館　一九九九
(35) 坂田聡『日本中世の氏・家・村』校倉書房　一九九七
(36) 薗部寿樹「中世村落における宮座頭役と身分―官途、有徳、そして徳政」『日本史研究』三二五号　一九八九、後に同氏著『日本中世村落内身分の研究』(校倉書房　二〇〇二) 所収
(37) この事実については、村落の社団としての定立と評価する宮島敬一氏(「移行期村落と国制史上の村落―「社団国家論」の視点」『歴史評論』四八八号　一九九〇)と惣荘が本所から自立した責任主体として定立したとする榎原雅治氏(「地域社会における「村」の位置」『歴史評論』五七五号　一九九八)の見解がある。
(38) 池上裕子「戦国の村落」『岩波講座日本通史10　中世4』岩波書店　一九九四、後に同氏著『戦国時代社会構造の研究』(校倉書房　一九九九) 所収
(39) 前掲注(38)池上論文
(40) 黒田弘子「中世後期における池水灌漑と惣村」津田秀夫編『解体期の農村社会と支配』校倉書房　一九七八、後に同氏著『中世惣村史の構造』(吉川弘文館　一九八五) 所収
(41) 村松貞次郎『大工道具の歴史』岩波書店　一九七三。今谷明氏は、大鋸の普及が旧来の楔を打ち込む製材技術に加えて、新しい樹種の利用を促すことになり、板商売を活況化させ、城下町の建設、近世城郭の建築を生み出すことになった「産業革命」と評価する(「板商売の成立―室町時代の産業革命」『京都・一五四七年』平凡社　一九八八)。
(42) 和泉市史編さん委員会編『松尾寺所蔵史料調査報告書』和泉市教育委員会　一九九九

(43) 菜畠としての土地利用については、吉田敏弘「「物村」の展開と土地利用」(『史林』六一巻一号　一九七八)に詳しい。また仲村研「畿内近国の郷と村」(『日本村落史講座2　景観Ⅰ』雄山閣　一九九一)によれば、近江国今堀郷では一五世紀代を中心に百姓層の開発が活発になり菜畠や茶畠が見えるようになり、新たな垣内がつくられていることが明らかにされている。
(44) 吉岡康暢「新しい交易体系の成立」『考古学による日本歴史9　交易と交通』雄山閣　一九九七、伊藤裕偉「中世における集散地遺跡の分析」『考古学ジャーナル』四七八号　二〇〇一、綿貫友子「中世の都市と流通」『日本の時代史11　一揆の時代』吉川弘文館　二〇〇四、宇佐見隆之「港町の成立過程をめぐって」『国立歴史民俗博物館研究報告』一一三集　二〇〇四、市村高男「中世日本の港町」『港町の世界史二　港町のトポグラフィ』青木書店　二〇〇六
(45) 前川要「中世環濠集落と惣構え―考古学から見た中世後期集落の類型と変遷―」『日本史研究』四二〇号　一九九七、同「考古学からみた戦国期城下町の原型」『歴史地理学』一九二号　一九九九
(46) 前掲注(1)拙稿「中世低地集落の歴史的位置」
(47) 若狭国太良荘史料集成編纂委員会編『若狭国太良荘史料集成　第一巻』(小浜市・小浜市教育委員会　二〇〇一)三〇二頁
(48) 中世公家日記研究会編『政基公旅引付　本文篇・研究抄録篇・索引篇』和泉書院　一九九六
(49) 酒井紀美「中世後期の在地社会」『日本史研究』三七九号　一九九四、後に改題して同氏著『日本中世の在地社会』(吉川弘文館　一九九九)所収
(50) 正応三年(一二九〇)の重舜作人職宛行状によれば、「戸々露町壱段上黒崎壱段作人職」を守永なるものに作人職を宛うことが記されている(「勝尾寺文書」三三四号、『箕面市史　史料編二』)。
(51) 「勝尾寺文書」三七〇号(『箕面市史　資料編二』)、本書第八章参照
(52) 鈴木国弘「摂津粟生村の中世村落―ある「村落領主」一族の盛衰―」『日本歴史』四七八号　一九八八
(53) 「東寺百合文書」サ
(54) 新見庄地頭方政所見捜物注進文案(『備中国新見庄史料』国書刊行会　一九八一　二三八～二四二頁)

（55）前掲注（23）福島論文

（56）そもそも地頭は荘官として徴税の役割を負っているのであり、居館そのものが政所の性格を持つものであった。この点は、今井林太郎氏や奥田真啓氏以来指摘されてきたところである（今井林太郎「中世に於ける武士の屋敷地」『社会経済史学』八巻四号　一九三八、奥田真啓「鎌倉武士の館に就て」『歴史地理』七一巻四号、後に同氏著『中世武士団と信仰』柏書房　一九八〇　所収）。

（57）藤木久志『戦国の作法』平凡社　一九八七、中野豈任『呪儀・吉書・呪符—中世村落の祈りと呪術—』吉川弘文館　一九八八

（58）「鵤庄引付」『太子町史　第三巻』太子町　一九八九

第Ⅱ部　阿波の中世集落

第四章　中世阿波における集落の展開

はじめに

中世集落の変容過程について、私は中世前期に低湿地の開発がすすめられるのに対して、中世後期には洪積台地上の安定化が図られるという見通しをもっている。

第一章において、徳島県内の黒谷川宮ノ前遺跡をはじめとして、高知県田村遺跡・愛知県土田遺跡・滋賀県横江遺跡・山口県下右田遺跡などの発掘調査成果と文献史料の語る摂津国垂水荘の状況などをふまえて次の諸点を指摘した。

①周溝をともなう連続した屋敷地は、散村から集村へ移行した段階（鎌倉後期から南北朝期）の沖積低地における一般的な村落景観である。

②集村化の原因の一つに牛馬耕の普及という農業形態の変化が考えられる。

③周溝は水利調節機能（保水・取水・悪水抜きなど）を果たしていた。

また第二章では、滋賀県妙楽寺遺跡・佐賀県本告牟田遺跡・大阪府平井遺跡、同じく日置荘遺跡・京都府鶏冠井遺跡などの発掘調査成果と九条家文書中の正和五年（一三一六）「日根野村絵図」の語る世界をふまえて次のように指摘した。

沖積低地上の集落が洪水等の被害を被りやすかったことや在地領主層による集住化政策、さらには洪積台地の開発技術の進展（溜池の築造など）そのものもあって、中世後期には洪積台地上の集落が安定する。

徳島県内でも四国縦貫自動車道建設をはじめとする公共開発の増加に伴って埋蔵文化財の発掘調査が進み、吉野川が形成する平野部を中心として徳島市のある沖積平野から三好市池田町のある山間部まで調査が実施され、中世集落遺跡の調査数も増加する傾向にある。それらの調査成果は概ね上述の見通しを裏付ける結果を示しており、この観点から徳島県内の中世集落についても整理を試みたこともあるが(1)、本章では、とりあえず現在までのところ明らかにされている徳島県内の中世集落遺跡の概要を記しつつ、中世阿波における集落の展開の様相を今一度検討しておきたい。

まず始めに徳島県の地理的環境を概観したうえで、各遺跡の消長を見ていくことにする。

一、徳島の地形と風土

徳島県は四国の東部にあり、東は紀伊水道に、南東は太平洋に、北東端の一部で播磨灘にそれぞれ面し、北は阿讃（讃岐）山脈、西南部は四国山地に囲まれている。面積の九〇％が山地であり、特に四国山地は急峻な山地が連なる。山腹各所に大規模な地滑り地帯が存在し、その緩斜面に集落が営まれているところが多い。この山間部を縫うように吉野川・勝浦川・那賀川・海部川などが東流及び南流している。平野部はこれらの河川が河口部に形成する沖積平野にほぼ限られている。

徳島は東に向かって開かれている地形である。吉野川や那賀川が東流し、これと平行して中央構造線や御荷鉾構造線・仏像構造線が走り、地質を大きく分断している。特に中央構造線は西南日本の地質を二分するもので、徳島県の東西方向の地形はこの地質構造によるものである。

「四国三郎」と称される総延長一九三㎞あまりの吉野川は、その流域に県民人口の七割を集める。したがって、徳島の地域史を語るときに吉野川を抜きにして語ることはできない。吉野川は、高知県域を上流域、三好市池田町から阿波市阿波町の岩津までを中流域、岩津の狭窄部以東を下流域とする。中流域では谷底平野を形成し、下流域には沖積平野を作る。また、吉野川に注ぎ込む曾江谷川や日開谷川・鮎喰川などの各支流には扇状地を形成する。

この吉野川は農業を含めた諸産業の発展に大きな貢献を果たしてきた一方で、下流域には甚大な洪水被害をもたらしてきた。水ばかりではなく、流木が橋を押し流し、時には吉野川の支流銅山川（伊予川）では鉱毒をも流してきた。

一方、県南最大の河川である那賀川の上流地域は年間降水量が三〇〇〇㎜を越す全国有数の多雨地帯であり、「木頭杉」に代表される豊かな林業地帯である。『兵庫北関入船納帳』に見られるように、県南地域は中世以来畿内への材木供給地帯であった。

ところで、徳島県の風土を語るときに、よく「北方《きたかた》」「南方《みなみかた》」という言葉がつかわれる。北方は吉野川流域を、南方は那賀川流域から海部郡にかけての県南地域をさす。北方でも県西部は「上郡《かみごおり》」、吉野川下流域を「下郡《しもごおり》」と呼び、さらに南方でも美波町・牟岐町沿岸部は「上灘」、海陽町沿岸部は「下灘」という呼称が定着している。また、吉野川下流域では、剣山系を含む旧三好郡一帯を「ソラ」と呼んでいる。このような地域呼称が生まれる背景には、県下各地における気候風土およびそこに暮らす人々の精神風土が異なるからと考えられる。すなわち、経済的・文化的な交流から見れば、北方では吉野川を遡る流れがある一方で、阿讃山脈越えの交流も頻繁であったこと、南部海岸地域では直接関西圏と結ばれる流れがあったことなどが想定され、多方面からの影響を受けて現在の徳島における生活文化が形成されたのである。

（1）徳島県東北部の地理的環境

徳島市や鳴門市がある北東部地域は、吉野川によって形成された沖積平野上に位置する。天正一三年（一五八五）に蜂須賀家政が入部して城下町を建設して以降、この吉野川河口付近の右岸に徳島の市街地が形成されてきた。

吉野川の流路の安定は、元禄期以降における新川掘抜による直流化と、(2) 明治になってオランダ人技師ヨハネス・デ・レーケらによる近代技術の導入によってようやく達成されるのであり、(3) 正保三年（一六四六）の「阿波淡路両国絵図」の吉野川河口付近を見ても、吉野川が特に川幅の広いものであったとは考えがたい。(4)

吉野川中流から下流域にかけて島・洲・須・須賀・塚などの付く地名が数多く残るが、こうした場所に旧来から集落が形成されてきた。これは自然堤防が発達隆起したもので、集落は自然堤防の形にそって東西方向のものが多い。このような自然堤防はＪＲ高徳線より西側でよく発達している。一方、ＪＲ高徳線より東側は三角州の発達が著しく、集落も近世以後に成立してくるものが目立つ。また、沿岸部では浜堤列が認められ、その背後は潟湖（ラグーン）に近いような入り江を形成していたと考えられる。北岸の川内町下別宮に残る宮島江湖川、南岸の沖洲川はそれぞれ南北方向の流路をもつが、その潟湖の名残であろう。

（2）徳島県西部の地理的環境

県の北西端、吉野川の北流から西流への屈曲部に位置する三好市池田町は、北は猪ノ鼻峠を越えて讃岐へ、西は佐馬地の谷を通って伊予へ、南は大歩危峡谷を経て土佐へ、東は徳島へそれぞれ通ずる四国の十字路という交通の要衝でもある。当地は古来吉野川の河岸段丘上の渓口集落として発達してきており、吉野川の他、その支流である馬路川や松尾川・鮎苦谷川が町域を流れる。また、同町ウエノは、吉野川の河岸段丘である上野台地（上野ケ丘）上にあたり（高位段丘面）、南側のマチ地区（低位段丘面）との比高差は約二〇m近くもある。池田以東、岩津までの間は谷底平野が見られる。

吉野川をはさんで、その北岸の阿讃山脈は中生代末期に浅海で堆積した堆積岩で構成される和泉層群、南岸に連なる四国山地では三波川結晶片岩が見られ、古生代末あるいは中生代に地中深くで形成された変成岩群である。この両層の境界をなすのが中央構造線である。[5]

（3）徳島県南部の地理的環境

徳島県南部では那賀川河口部に広がる平野部に人口が集中する。

桑野川及び那賀川、那賀川の支流である岡川が形成する標高約四mの沖積平野上に位置する阿南市東部は、在郷町である富岡を中心に栄え、その周辺は水田地帯が広がり、その中の微高地上に集落が点在する景観が広がっている。

桑野川及び那賀川の流路の安定は近年になってからのもので、那賀川平野は旧河川の乱流する地域であり、大小の島々がこの地域一帯に点在していたものと考えられる。[6]「南島」「柳島」「色ケ島」「平島」等の地名がその名残であろう。

那賀川北岸に万代堤が築かれるのが天明八年（一七九〇）のことであり、それまではいくつにも分流して海に注いでいたと想定される。流路の固定された那賀川河口付近は突出した尖状デルタを次第に形成しつつあるのに対して、流れのほとんどなくなった苅屋川河口付近では海岸浸食がどんどん進んできている現況にある。[7]

また、阿南市橘湾以南の海岸線は、断層面の浸食によって形成された岸壁が断続的に見られ、一部では二〇〇m

以上の高さで垂直にそそり立っている場所もある。その壮大な海岸風景から室戸阿南海岸国定公園に指定されている。そのような海岸線が続くなか、日和佐川・牟岐川・海部川・宍喰川の河口部に港町が発達し、中世以来の材木積出港としてその名が知られ、現在では沿岸漁業の拠点になっている。

二、低地集落の開発と消長

(1) 黒谷川宮ノ前遺跡の再検討

平成二年度に四国縦貫道（徳島自動車道）建設に伴って発掘調査された板野町犬伏の黒谷川宮ノ前遺跡は宮内谷川と犬伏谷川が形成する標高約三・五m前後の微高地上の南端に位置し、西及び南は旧自然流路によって分断されている。鎌倉時代後期から室町時代前半にかけての周溝を伴う連続した屋敷地が三区画検出されたが（前掲図10 45頁、写真1 114頁）、特に1号屋敷地で検出された建物1（主屋）は柱穴すべてに根石をもった総柱建物で東・南・西それぞれに廂をもつ。また積石墓や甕棺墓（ST一〇〇二）も検出されている。その他、注目される遺構に調査区西端の自然流路の肩で検出された石敷遺構・土手状遺構と杭列がある。(8)

私は当遺跡の調査成果を通して、区画溝の機能した時期を一三世紀末から一四世紀前半に求めて、次のように結論付けたことがある。すなわち、一三世紀後半はパリア海退期という気象の影響や牛馬耕という農業技術の進展と相俟って沖積低地の開発が進捗すること、そして村落景観上の変化として屋敷地と水田の二分化された状態が見られることを指摘した。(9)その集落景観が連続した周溝屋敷地であり、これが集村化をとげた後の沖積低地における一般的な村落景観であるとした。その立論の根拠として当遺跡ならびに愛知県土田遺跡・滋賀県横江遺跡などの調査成果も加味したのであるが、ここで今一度当遺跡で検出された区画溝の機能していた時期について再検討し、沖積

1 中島田遺跡
2 田宮遺跡
3 広田遺跡
4 大谷遺跡
5 桑野谷遺跡
6 樫房遺跡
7 矢野遺跡
8 観音寺遺跡
9 敷地遺跡
10 池尻
　～桜間遺跡
11 勝瑞城跡
12 中内遺跡
13 山の下東遺跡
14 古城遺跡
15 黒谷川宮ノ前遺跡
16 神宮寺遺跡
17 土成前田遺跡
18 前田遺跡
19 町口遺跡
20 秋月城跡
21 日吉～金清遺跡
22 上喜来蛭子
　～中佐古遺跡
23 別所遺跡
24 原遺跡（Ⅱ）
25 鶴射遺跡
26 田上遺跡（Ⅱ）
27 田上遺跡（Ⅲ）
28 薬師遺跡
29 吉水遺跡
30 東原遺跡
31 円通寺遺跡
32 井出上遺跡
33 土井遺跡
34 大柿遺跡
35 西州津遺跡
36 供養地遺跡
37 山田遺跡（Ⅱ）
38 マチ遺跡
39 ウエノ遺跡

図23　徳島県中世集落遺跡分布図

写真1　黒谷川宮ノ前遺跡

低地における村落景観を考えるきっかけとしたい。

　図24は区画溝（周溝）の出土遺物の一部である。1は黒色土器A類椀である。口縁部外面に黒色帯が巡る。2は和泉型の瓦器椀、3は楠葉型の瓦器椀である。3は退化した貼付高台の形態から一三世紀後半のものと思われる。4・5は龍泉窯系の青磁碗である。ともに見込み部分に花文がスタンプされている。4は横田・森田分類のI—5類、5は上田分類のD類である。6は備前の小壺、7〜9は備前擂鉢である。7・8は口縁端部を上下にわずかに拡張していることから間壁編年のⅣ期後半、一五世紀代のものであろう。9は口縁部を上方に大きく拡張しているものの口縁部端面に凹線が施されていないことからⅣ期末からⅤ期初頭の一六世紀前半のものと考えられる。10は備前系の壺で、外反気味に立ち上がる口縁の端部が小さく玉縁状になっておりⅢ期にあたる一四世紀代のものである。11・12はともに備前の甕でⅣ期である。

　出土した瓦器椀の編年から一三世紀後半以前に溝

図24　黒谷川宮ノ前遺跡区画溝出土遺物実測図

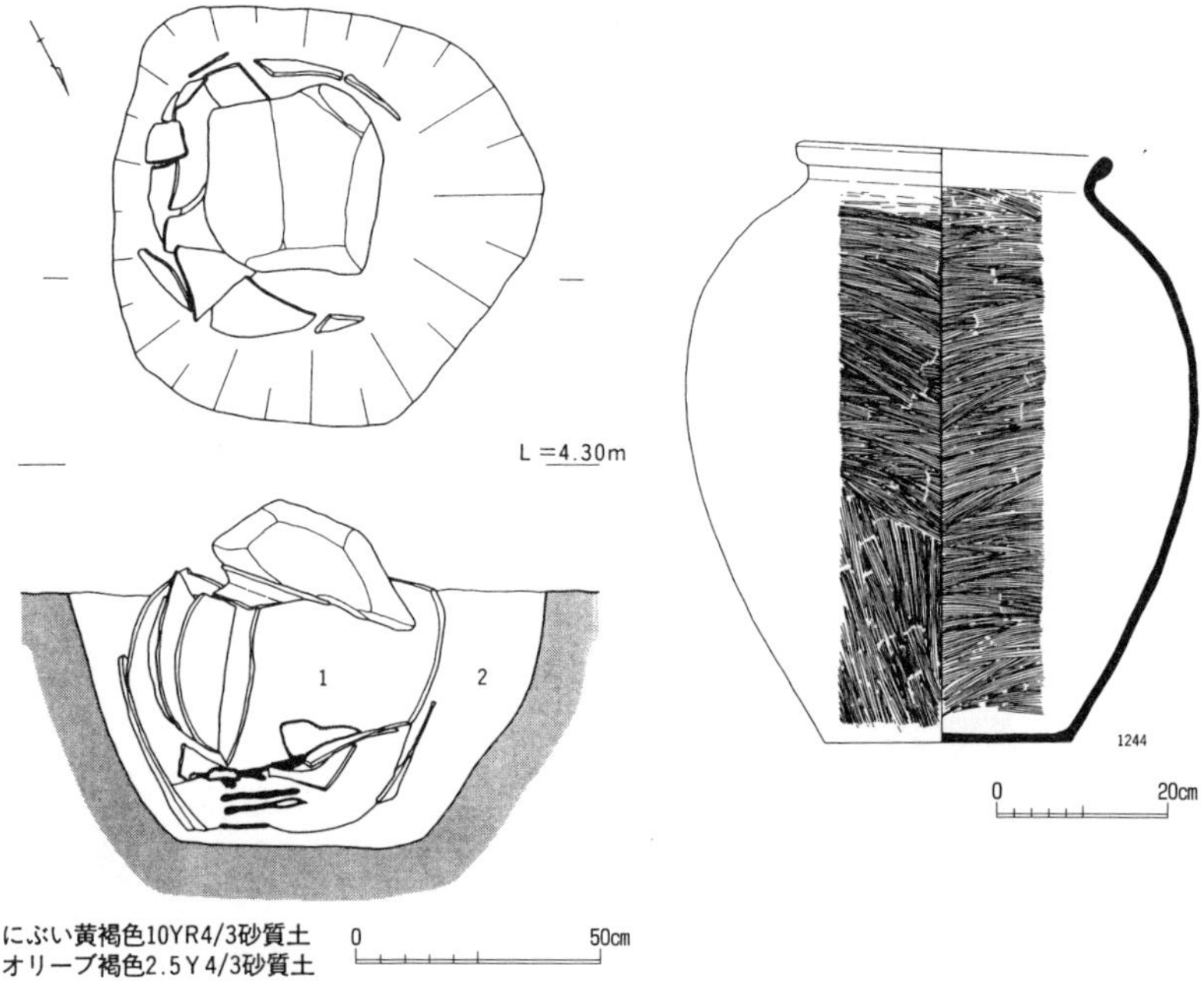

図25　黒谷川宮ノ前遺跡 ST1002実測図

としての利用始期が想定されるものの、備前産の擂鉢・甕の年代観からその主体は一四世紀末から一五世紀代にあったものと考えたい。

　このことを明確に示すのが、写真1の空撮写真である。各周溝による区画が調査区外にまで延びていることが知られるが、このラインが現在の地境にまで継続される区画割りであること、しかも吉野川下流域平野に見られる条里地割がN10度Wを示すのに対して正方位を向くことから、一三世紀後半以降の再開発の結果、この周溝が巡らされたと考えられるからである。[10]

　なお、屋敷墓と考えられるST一〇〇二（図25）の甕棺墓として使用されている備前焼甕は間壁編年Ⅲ期にあたるもので、一四世紀代のものと考えられる。

　以上のように、当遺跡の屋敷地については一三世紀後半以降に再開発の始期があるものの、一五世紀代に盛期があったものと思われる。

（2）周溝屋敷地の展開

前節では連続する周溝屋敷地の検出された黒谷川宮ノ前遺跡の再検討を試みたが、同様の集村形態が沖積平野においてある程度普遍的に見ることができる。この点については、第一章でも愛知県土田遺跡や滋賀県横江遺跡の事例なども用いつつ述べたように、沖積平野における集村化を遂げた段階の一般的な村落景観であったと考えている。同様の景観が徳島県内でも見ることができるので以下紹介していく。

徳島市国府町矢野に位置する矢野遺跡は、律令制下の国衙・国分寺所在地であるが、中世の遺構面は大部分後世の削平を受けている模様で、当該期に相当する遺構に出会えることは少ない。しかし、四国電力応神東線鉄塔建替工事に伴う調査では、限定された面積の調査ではあったものの、埋土より備前焼甕や瓦質土器など中世の遺物が出土したＬ字状に屈曲する溝が検出されており(11)、鎌倉期以降矢野地域においても周溝を伴った屋敷地が形成されていた可能性があるものと考えられる。

また国府町敷地に所在する敷地遺跡も、吉野川と鮎喰川が形成する沖積地に立地しているが、ここからも青磁碗や備前焼擂鉢・土師質羽釜などを伴った区画溝が検出された。遺物の年代観より室町期の屋敷地が想定されるが、複数の溝が見えることから集村形態のムラが形成されていた可能性もあろう(12)。

さらに敷地遺跡南方に位置する観音寺遺跡からも一五世紀代のＬ字状にめぐる区画溝が検出されており、その区画内より四〇〇基以上の柱穴が検出された(13)。

これらの状況から、吉野川と鮎喰川が形成する沖積平野である国府町域の中世的景観は、旧流路内にある微高地上に周溝屋敷地が形成され、その縁辺に水田が展開していたというものであろう。敷地遺跡の北側の池尻桜間遺跡や鮎喰川左岸の延命遺跡からは広域な水田遺構が検出されていることもそのことを示していよう(14)。

また、黒谷川宮ノ前遺跡の南東、板野町古城に位置する古城遺跡は旧吉野川・宮内谷川・黒谷川などが形成した氾濫原の中の微高地上に立地する。本遺跡からもL字状に屈曲した溝が検出されたが、溝内から出土した瀬戸焼卸目皿、亀山焼壺などから、その主体は一四世紀代にあったものと考えられる(15)。

以上の各集落遺跡は、いずれも吉野川下流域の沖積低地に立地したものであり、しかも周溝をともないつつ屋敷地が形成されていたことを示すものである。その盛期となる時期を一三世紀末から一四世紀前半に想定していたが、一六世紀代前半頃まで村落機能を維持していたものが少なくないことも確認し得るのである。

(3) 市町の形成

物流の大動脈である吉野川流域には「市町」と想定される集落遺跡がいくつか検出されている。いずれも吉野川やその支流沿いに形成されたものであり、低地集落の一形態という側面から本節で事例紹介を行う。

まず第一に徳島市中島田町に所在する中島田遺跡（前掲図9　44頁）を取り上げる。当遺跡の両端は自然流路によって切られており中洲上に形成された集落であることが知れる。西の船着き場から延びる道路状遺構とその側溝、それに面する屋敷区画、また宗教施設をうかがわせる両面庇の大型掘立柱建物跡などの存在が「市」であったことをうかがわせる。一方、出土遺物も「市町」であったことを示している。すなわち吉備系土師器椀が集中的に出土しており、椀形態の土器としては周辺の他遺跡で顕著に見られる和泉型瓦器椀を数の上から圧倒するという特異な様相であり、また漆の付いたヘラ状木製品の出土は職人層の居住をうかがわせる(16)。

町口遺跡は阿波市西条（旧吉野町）にあり、吉野川を臨む沖積地に位置する。本遺跡の東方約四〇〇mの地点には三好氏の被官岡本美作守の居城と伝えられる西条城跡がある。ほぼ東西及び南北方向の複数の溝が検出されており、そのうちL字状に屈曲する地点もあることから屋敷地を囲む区画溝であったと思われる。区画内から一〇棟余の掘立柱建物跡とともに石組井戸や土壙墓も検出されている。また吉野川に向かう溝の肩に石組みも見えることか

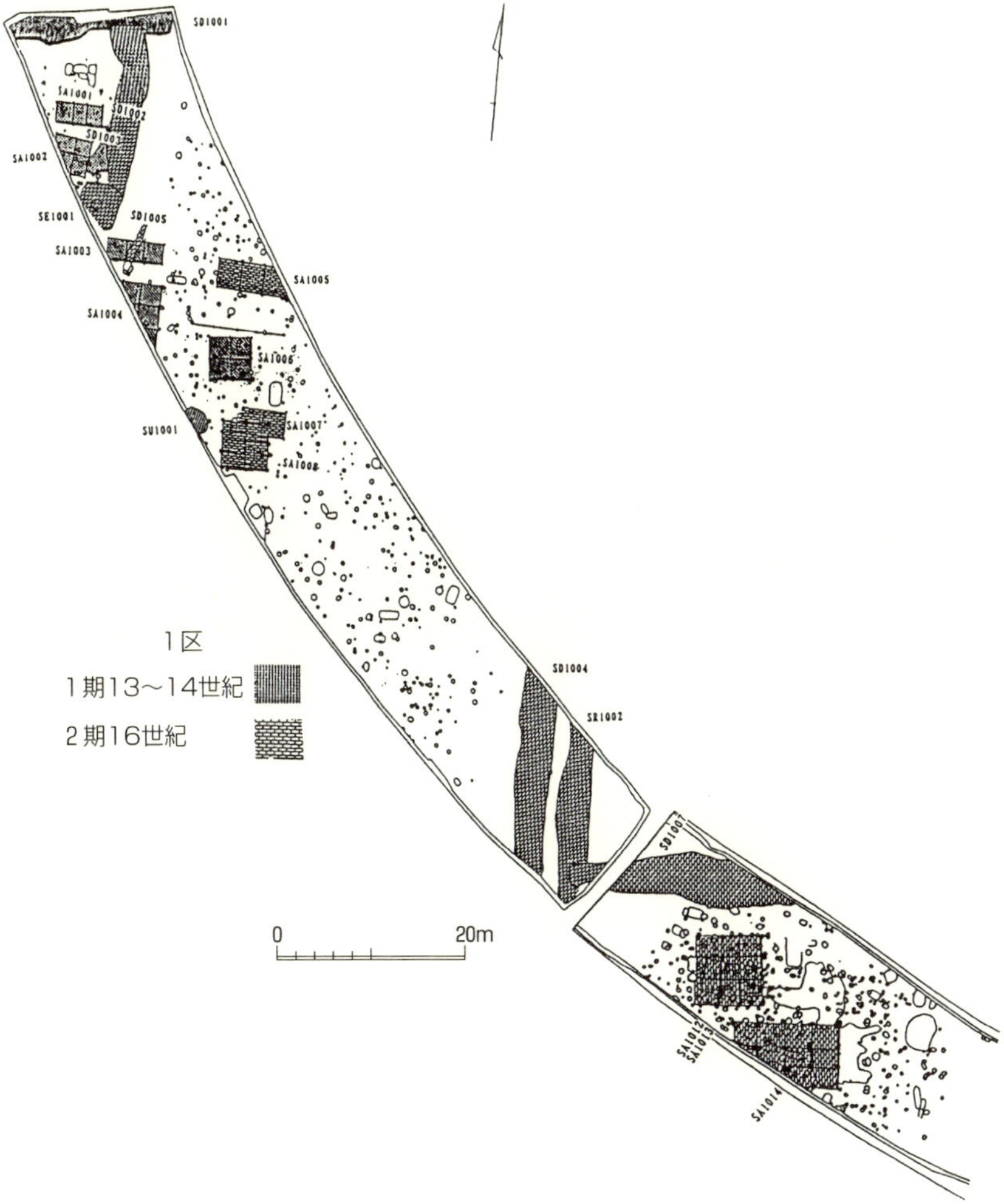

図26　町口遺跡遺構配置図

ら船着き場の可能性が考えられる。出土遺物に滑石製の石鍋や龍泉窯系青磁碗、東播系捏鉢、青磁酒海壺、瀬戸美濃系陶器皿、備前焼擂鉢及び甕などが出土していることからも、一三～一六世紀代にかけての広域流通拠点の一つであったと思われる。区画溝が東西・南北の正方位を向くことや、それが現在の地割につながっていることから一五世紀以降にその盛期があったものと思われる（図26）[17]。

別所遺跡は美馬市脇町の吉野川の河畔に位置する。当地は別所浜とも呼ばれているところであり、中世の「別納所」が地名の由来であると考えられている。当遺跡からは一三～一五世紀代に想定される溝が検出されている。部分的な検出であるため詳細は不詳であるが、報告者は堀の一部の可能性を示唆する。吉野川河畔に形成された物資の集散地の一つであったもの思われる[18]。

図27　東原遺跡遺構配置図

東原遺跡は東みよし町足代（旧三好町）の吉野川北岸の河岸段丘上に位置する。L字状の区画溝とともに膨大な柱穴群が検出されている。磁北方向に整然と柱穴群が並んでいることから多数の建物が建てられていたのであろう。別所遺跡と同様、吉野川沿いの物資の集散地であったと考えられる（図27）[19]。

吉野川を用いた物資が盛んであったことは、河口に位置する別宮から藍をはじめとする商品が積み出されていたこと（『兵庫北関入船納帳』）や出土する土器の搬入状況などからも推察できることであるが、熊野御師関連地名が上流域でも見られること、板野郡吉野の柿原氏が関を設けたとあることなどからもその活況ぶりが推察できる[20]。

三、洪積台地の開発

南北朝期を一つの画期として一五世紀代以降、次第に洪積段丘上にも安定した集落が営まれ始める[21]。その背景には溜池灌漑技術の広まりなどが考えられるが[22]、県内の発掘調査事例からもこのことが確認できる。ここでは、それらの事例を紹介し、洪積台地上に立地する集落の安定化が南北朝期から室町期にかけてのことであることを確認しておきたい。

上喜来蛭子～中佐古遺跡は阿波市市場町上喜来窪二俣の日開谷川右岸に広がる標高六〇m前後の丘陵部に位置する。本遺跡からは一一枚の土師質皿と銭貨一五枚及び多数の籾をともなった柱穴が検出されているが、出土した備前焼擂鉢、玉縁状口縁をもつ備前大甕、龍泉窯系青磁碗などの年代観から一五～一六世紀前半にかけての時期にその盛期を迎えた集落と思われる。また平安～鎌倉期に該当する遺物が出土していないことも留意する必要があろう[23]。

日吉～金清遺跡は阿波市市場町尾開字日吉の標高一二〇mの段丘上に位置し、掘立柱建物跡・土壙墓等が検出された。間壁編年Ⅳ期後半の備前焼擂鉢や龍泉窯系青磁、白磁、瀬戸焼天目茶碗、三足土釜等の出土遺物の年代観から一五～一六世紀前半にかけての時期に相当する遺構群であると考えられる(24)。

薬師遺跡は美馬市美馬町薬師の標高一二〇mほどの河岸段丘上に位置する。南端に段の塚穴古墳のあるこの段丘は、野村谷川が形成した開析谷を臨む形になっており、急峻な断崖となっている。なお、当遺跡の南部の吉野川沿いの微高地には白鳳期の創建である郡里廃寺や「駅家」の字名が残る。当遺跡は野村谷川を臨む薬師地区と、その西側の比高差約二〇mの上位面にある芝坂地区に分けられる。薬師地区では縄文時代後期の屋外炉一基の他、調査区北東部で室町時代の集落跡を検出している。当該期の遺構として掘立柱建物一〇棟以上、土壙二一五基、柱穴七一五基などが検出されたが、一五世紀代に比定される備前焼擂鉢や土師質釜・鉢、一四世紀代の備前焼甕などが出土している。一方、芝坂地区ではまとまった集落跡は検出されなかったものの、平安時代の炭窯・鎌倉時代の土師質土器焼成窯などが検出された(25)。

吉野川右岸の標高一三〇m台の三好市池田町ウエノの段丘上に位置するウエノ遺跡は、弥生時代の集落跡とともに、宋銭一二枚が出土した柱穴をはじめ、土師質鍋や青磁など室町時代の遺物が出土している。室町期の遺構は後世の削平によって失われているものが多いようであるが、平安期から中世前半の遺物の出土が伴わないことから、中世後期にかけて再び集落の形成が見られだした可能性があるものと考えたい(26)。なお、ウエノ遺跡の所在する段丘の南直下のマチ遺跡からは鎌倉段階の遺構・遺物が少量ながら出土している(27)。

本節で取り上げた各遺跡は吉野川中流域から上流域の段丘上に立地する遺跡群であるが、いずれも南北朝期から室町期にかけて次第に安定化が図られることが確認できるものである。

おわりに ――集落の類型化をめぐって――

沖積平野においては鎌倉後期以降連続した周溝屋敷地と水田の二分化が見られるが、その盛期は一四世紀代前半にあり、その後は洪積台地の開発進展、領主層の集住化政策などもあって衰微すると考えてきたが、黒谷川宮ノ前遺跡の再検討や観音寺遺跡・敷地遺跡などが新たに調査されたことによって、その存続時期は一五世紀から一六世紀前半にまで下ることが明らかとなってきた。

ところで、集落構造を考える上で地形環境及び周辺地域の農業生産技術の進展度は看過してはならない重要な要素である。当然その立地する地形環境―沖積地・扇状地か洪積台地か―や都市を含めた拠点集落が近在するか、流通の動脈となるであろう河川との距離など、多様な要素を加味した遺跡論にならなければならない。また、農業技術の内実の相違によって当然集落形態も異なるはずである。水田の広がる地域では用水管理の必要から屋敷地と水田の二分化が進展し、屋敷地も集村形態になると考えられる。一方、畠地主体の地域では屋敷地が一カ所に固まる必要はなく、散在的な屋敷地景観であったと考えられる。これらを発掘調査すれば、前者が集村型、後者が散居型として類型化されるような遺構配置の遺構群が検出されることになろうが、歴史的に前者が進歩的で後者が後進的であるなどと評価することは許されないであろう。いずれもが同時代におけるそれぞれの地理的条件の中で最善の人為的営みの到達点であったと評価すべきである。したがって、散居型から疎塊村・集村へ発展していくという評価は慎むべきであろう。

集落遺跡を考えるときは、その遺跡内にとどまることなく、広域的な視野をもって評価していくことが望まれる。

注

（1）拙稿「徳島県の中世集落遺跡について」『中島田遺跡Ⅱ』徳島県教育委員会・徳島県埋蔵文化財センター　一九九六
（2）真貝宣光「東黒田村における新川掘抜について」『史窓』二二号　徳島地方史研究会　一九九一、同「吉野川下流域の流路についての一考察」『阿波学会四〇周年記念誌』阿波学会・徳島県立図書館　一九九四、同「新川掘抜工事と第十堰の変遷」『学会誌　吉野川』創刊号　吉野川学会　一九九七
（3）小川　豊「ヨハネス・デ・レーケ」『吉野川文化』吉野川文化研究会　一九九四
（4）元禄期以降による新川掘抜と第十堰設置等が川岸の崩落をまねき、川幅を拡大させたことは注（2）の真貝論文に詳しい。また、徳島城下町の構造と第十堰の関係については、拙著『徳島城下町研究序説』（徳島県教育印刷　二〇〇三）参照。
（5）阿子島功「生きている中央構造線」『総合学術調査報告　池田町』徳島県立図書館　一九八〇、田上浩二「阿波池田付近の中央構造線」『地域研究』四集　鳴門教育大学　一九八八、阿子島功・須鎗和巳「中央構造線吉野川地溝の形成過程」『地球科学』四三巻六号　一九八九
（6）寺戸恒夫「那賀川平野の古地形の復元」『阿南工業高等専門学校研究紀要』二六号　一九九〇
（7）日下雅義「那賀川平野左岸の旧河道と汀線変化」寺戸恒夫編『徳島の地理』徳島地理学会　一九九五
（8）早淵隆人編『黒谷川宮ノ前遺跡』徳島県教育委員会・徳島県埋蔵文化財センター他　一九九四
（9）拙稿「中世低地集落の歴史的位置」『中世集落と灌漑』大和古中近研究会　一九九九
（10）早淵隆人「吉野川下流域における条里地割の継続性について―黒谷川宮ノ前遺跡に見られる区画溝を中心として―」『徳島県埋蔵文化財センター年報』二号　一九九一
（11）徳島市埋蔵文化財発掘調査委員会『矢野遺跡発掘調査概報』一九九一
（12）幸泉満夫他「敷地遺跡」『徳島県埋蔵文化財センター年報』一〇号　一九九九
（13）藤川智之「観音寺遺跡」『徳島県埋蔵文化財センター年報』九号　一九九八

（14）藤川智之「延命遺跡」『徳島県埋蔵文化財センター年報』一〇号　一九九九、早淵隆人「池尻〜桜間遺跡」『徳島県埋蔵文化財センター年報』一一号　二〇〇〇

（15）原芳伸編『古城遺跡』徳島県教育委員会・徳島県埋蔵文化財センター　一九九四

（16）福家清司編『中島田遺跡・南島田遺跡』徳島県教育委員会　一九八九、福家清司「遺跡が語る阿波中世の流通」『鳴門史学』七集　鳴門史学会　一九九三、山下知之・小林一枝・石尾和仁「中島田遺跡Ⅱ」徳島県教育委員会・徳島県埋蔵文化財センター　一九九六、福家清司「徳島市中島田遺跡の歴史的位置―特に「名東庄倉本下市」との関係をめぐって―」『三好昭一郎先生古希記念論集　社会と信仰・阿波からの視点』同論集刊行会　一九九九

（17）久保脇美朗編『町口遺跡』徳島県教育委員会・徳島県埋蔵文化財センター　二〇〇四

（18）谷　恒二「別所遺跡」『徳島県埋蔵文化財センター年報』一〇号　一九九九

（19）小泉信司『東原遺跡』徳島県教育委員会・徳島県埋蔵文化財センター　二〇〇四

（20）福家清司「吉野川水運と荘園の発達―石清水八幡宮領萱島荘を中心として―」『学会誌　吉野川』創刊号　吉野川学会　一九九七

（21）本書第二章

（22）黒田弘子『中世惣村史の構造』吉川弘文館　一九八五

（23）久保脇美朗「吉野川中流域における中世遺跡について」『徳島県埋蔵文化財センター研究紀要　真朱』創刊号　一九九二、辻佳伸編『上喜来蛭子〜中佐古遺跡』徳島県教育委員会・徳島県埋蔵文化財センター他　一九九四

（24）前掲注（23）久保脇論文、久保脇美朗編『日吉〜金清遺跡　西谷遺跡』徳島県教育委員会・徳島県埋蔵文化財センター他　一九九五

（25）辻　佳伸「薬師遺跡（薬師地区・芝坂地区）」『徳島県埋蔵文化財センター年報』七号　一九九六、久保雅仁「薬師遺跡（芝坂地区）」『徳島県埋蔵文化財センター年報』八号　一九九七

（26）拙著『ウエノ遺跡―池田警察署庁舎建て替え工事に伴う埋蔵文化財発掘調査報告書―』徳島県教育委員会・徳島県埋蔵文化財センター　一九九八

(27)　福良　毅『マチ遺跡』徳島県教育委員会・徳島県埋蔵文化財センター　二〇〇〇

参考文献

服部昌之『律令国家の歴史地理学的研究』大明堂　一九八三
石尾和仁「中世村落の変容と周溝屋敷地―黒谷川宮ノ前遺跡検討の前提として―」『徳島県埋蔵文化財センター年報』二号　一九九一
佐久間貴士「発掘された中世の町と村」『岩波講座日本通史9　中世3』岩波書店　一九九四
坂井秀弥「越後の道・町・村」『中世の風景を読む4　日本海交通の展開』新人物往来社　一九九五

第五章　阿波における中世墓の展開

はじめに

中世墓の調査報告は、近年その事例が増加し、これをうけて各地域での中世墓制史の変遷過程の構築も試みられている。[1] そこから得られる中世墓の変遷過程は、地域的に若干の差異はあるものの、共通して指摘されている第一の点として、中世前期に屋敷墓が築かれることがある。その中には方形溝に囲まれたものもあるが、以後、継続して供養が営まれるものはない。ただしこの時期の墳墓は、供献品や副葬品が同時代に数多く造られた経塚の副葬品と共通しており、両者の関わりが注視されている。[2] このことは経塚造営の主体がどの階層にあったかをも暗示していよう。

また一四世紀になると屋敷墓が消滅し、石塔を伴う墳墓に変化する。そして結縁の人々が石塔を中心に一定区画に埋葬されるようになり、いわゆる墓地の景観が現出するようになる。この集団墓の形成される場所は荘域の縁辺部であり、まさに境界装置としての意味合いをもつという。高橋一樹氏は、領主や住民が死穢を避けるために荘境に追いやったのではなく、耕地や山野利用などのナワバリ争いを背景とする境相論と墓地の造営はリンクしていた可能性が高いことを指摘している。[3] さらに一五世紀中葉以降になると、五輪塔・一石五輪塔・宝塔・板碑型石塔・

宝篋印塔などの小型の石塔が急増する。そしてその多くは下部構造をもたないもので、供養塔としての性格を示している。いわゆる墓標としての機能がこれらの石造物にそなわり始めたと考えられている。

一方、徳島県内の中世墓の展開については、火葬墓六例を検討した辻佳伸氏の研究を嚆矢とする。辻氏は、石室を再利用した火葬墓の消滅する一三世紀代に五輪塔造立を伴う墓が出現すること、また一四〜一五世紀代に集団化した新たな墓地の造成が見られることなどを指摘する。(4) また、その後の調査成果も加味して検討された小泉信司氏は、五輪塔をともなう火葬墓が一三世紀に登場し、一四世紀には本格的な火葬造墓集団の出現を指摘する。そしてそれが一五世紀代には集落単位に見られるようになるとされる。その背景に火葬を行い、集石遺構内に埋葬する行為が有力武士層から富裕層、さらには中小農民層に拡大したことを示しているとされる。(5)

しかし、平安時代末期の京都近郊の墓地景観を描いたとされる『餓鬼草紙』には、積石墓・塚墓の形式がすでに登場しており、その一方で埋葬されない人々が多くいたことをうかがわせる（図28・図29）。また、この図には卒塔婆や五輪塔も見えており、墓標という認識がすでに存在していたことをも示している。(6) したがって、中世墓はその当初から様々な形式を持ち合わせていたのであり、塚墓から積石墓へ、そして墓標としての五輪塔の登場という変遷を必ずしもたどるわけではなく、墓標もその当初から立てられるものもあったのである。

以上のことから、中世墓を検討するにあたってはその構造のみを追いかけるのではなく、立地する場所の変遷や集団化していく画期を考えていかねばならない。これは集落のあり様と密接に関連しており、散村か集村かという村落構造のあり方や、平野部において集村化の進行していく時期、地縁共同体が形成される時期、などの検討も合わせ行うことが中世墓のあり方を考えるにあたっても欠かせない視点である。

そこで本章では、これまでの成果をふまえながら徳島県内で検出された中世墓を素材に、中世阿波における墓制の変化と、それが集落の変容にいかに関連するのかについても言及していきたい。

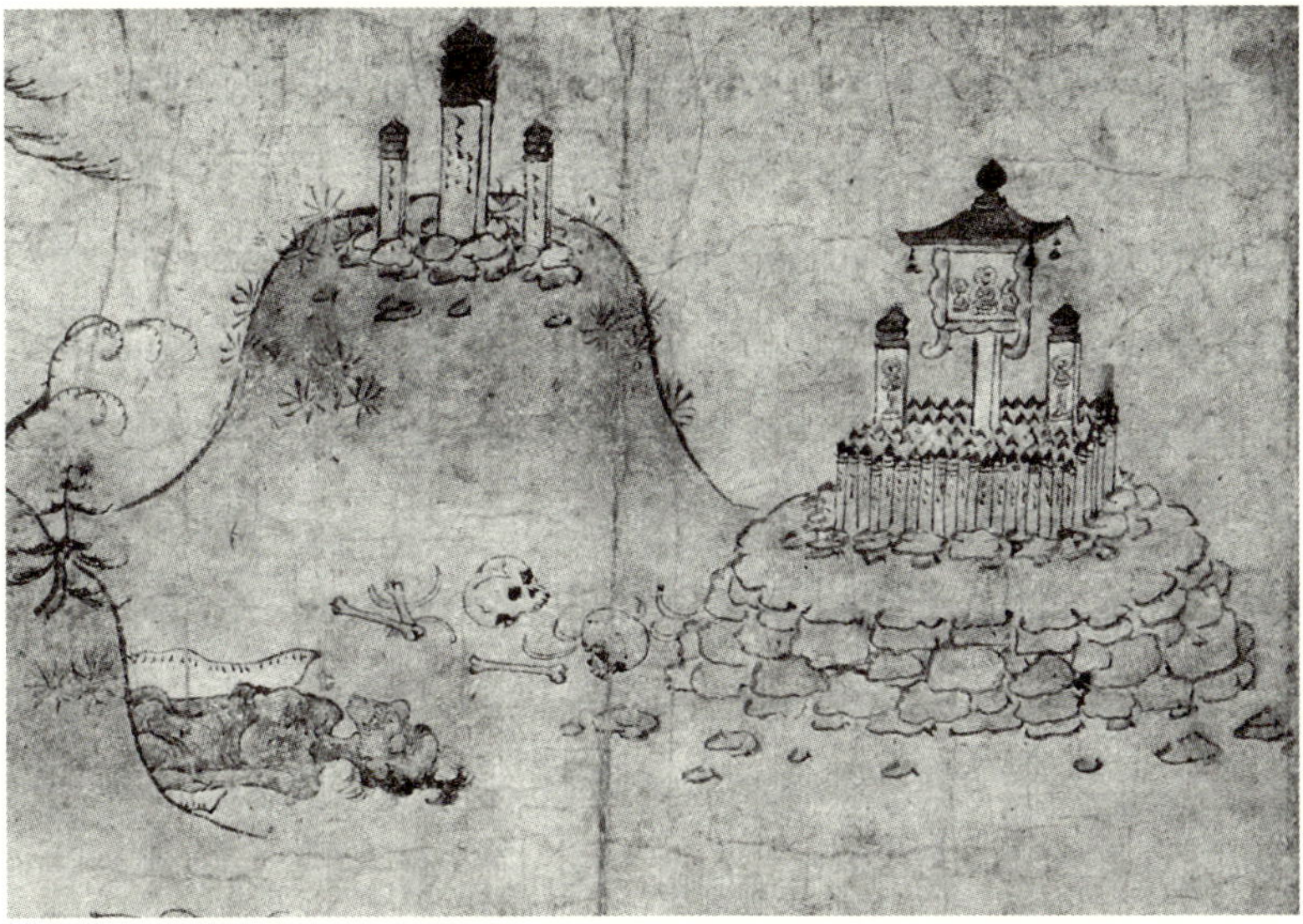

図28　『餓鬼草紙』（部分）に描かれた積石・土盛の墓

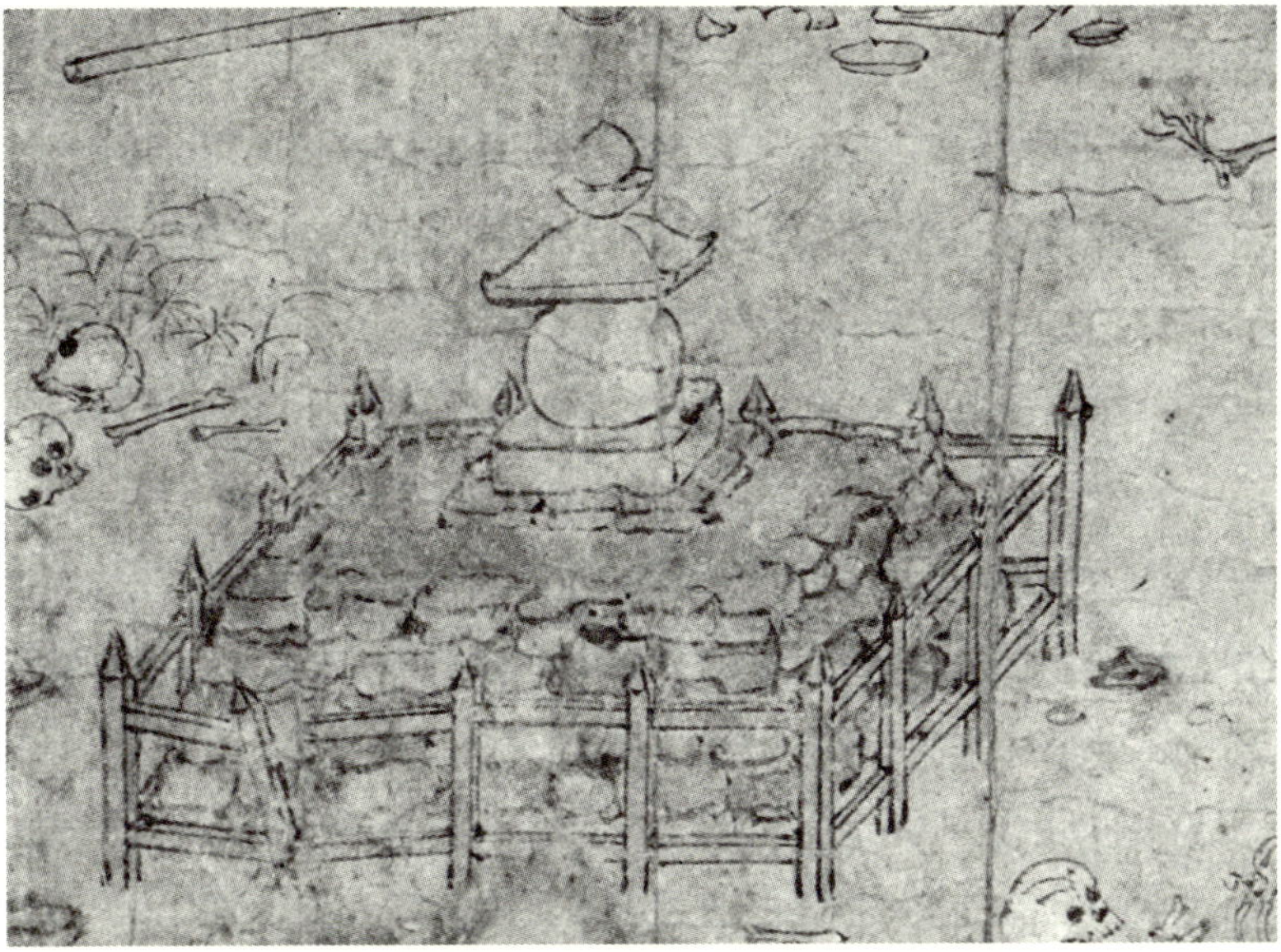

図29　『餓鬼草紙』（部分）に描かれた五輪塔

なお、源信の『横川首楞厳院二十五三昧起請』には「可兼占勝地名安養廟、建立卒塔婆一基、将為一結墓所事」とあり[(7)]、墓地を設定する前段として「勝地」を形成していたこと、また墓標としての卒塔婆を建てることが平安末期にすでに行われていたことをうかがわせる。この「勝地」についても考えていきたい。

一、中世墓の実相 ──形態別の事例紹介──

本節では、まず始めに中世墓に関連する経塚及び和鏡埋納土壙について言及した上で、阿波における中世墓の事例を形態別に分類して紹介する。

(1) 経塚

経塚は、平安末期にひろまった末法思想の影響下、仏教再興のため弥勒菩薩が現れる時代まで経典を残そうとして、不朽の容器にそれを納めて埋納したものである。そして、この経塚を核に中世墓地も形成される場合が多いことも指摘されている[(8)]。例えば、京都府福知山市の大道寺経塚では二七基の古墓群の最高所から検出されていること、また、三重県松阪市の横尾中世墓でも、墓域が形成されていた丘陵の最も高いところから瓦製の経筒が出土している[(9)]。その他、兵庫県の新宮山経塚と中世墓群、奈良県の広瀬地蔵山経塚と中世墓群の関係からも同様のことが読み取れる[(10)]。このことから、まず始めに経塚が営まれることによって霊場（＝「勝地」）としての意味がその地に付与され、その後墓地として機能し始めたものと考えられる。そもそも積石墓の原型はこの経塚の構造から派生したとも言われている[(11)]。

徳島県下でも二〇余箇所の経塚が見つかっている[(12)]。美馬市美馬町の滝の宮台地の突端に位置する滝の宮経塚は直径約四m、高さ一mの石塚で、傍らには瓦製の小祠が祀られている。その小祠の下に八枚の板状の緑泥片岩で囲われた石室がある。ここに経筒などが埋納されていた。秋草双鸞鏡や刀剣などの埋納もあった。経筒は銅板製で火炎宝珠鈕をもち、蓋の傘部に猪目の透かしが入っている。この火炎宝珠鈕経筒文化は京都系であるという[13]。

その他、徳島市一宮町・徳島市国府町宮谷・板野町川端・板野町犬伏・板野町羅漢・上板町泉谷・吉野川市山川町高越山・三好市池田町新山などの経塚が知られている。その多くで瓦経とともに銅鏡の埋納も認められている。現在、徳島県下では経塚周辺の中世墓地の検出事例は報告されていないが、やはり「勝地」として意識されていたものと思われる。

(2) 和鏡埋納土壙

経塚以外でも和鏡の出土例が知られる[14]。徳島県内でも三好市三野町加茂野宮遺跡からは鏡面に稲籾の付着した「菊花楓双鳥鏡」の埋納された土壙が検出された。島田豊彰氏は、「周囲に土壙墓が検出されているため副葬的意義をもつ可能性も捨てきれないものの、本遺構が何らかの呪術行為の痕跡である可能性」が高いとする[15]。図30を見れば、島田氏の述べるように銅鏡埋納遺構の周辺に土壙墓の広がりが認められるのであり、これらとの関与を省いて検討することはできないであろう。やはり、経塚と同様「勝地」を形成するのに意味のある呪術行為がなされた結果と考えられる。和鏡には静謐・除災を求める際の使用例が知られることから[16]、和鏡を埋納することによって除災・鎮魂の役割を求めたものと考えられる。そして、これを核にして墓域が形成されたのであろう。

以上のことから、加茂野宮遺跡の場合も銅鏡埋納遺構が墓域の形成に大きな役割を果たしたものと考える。

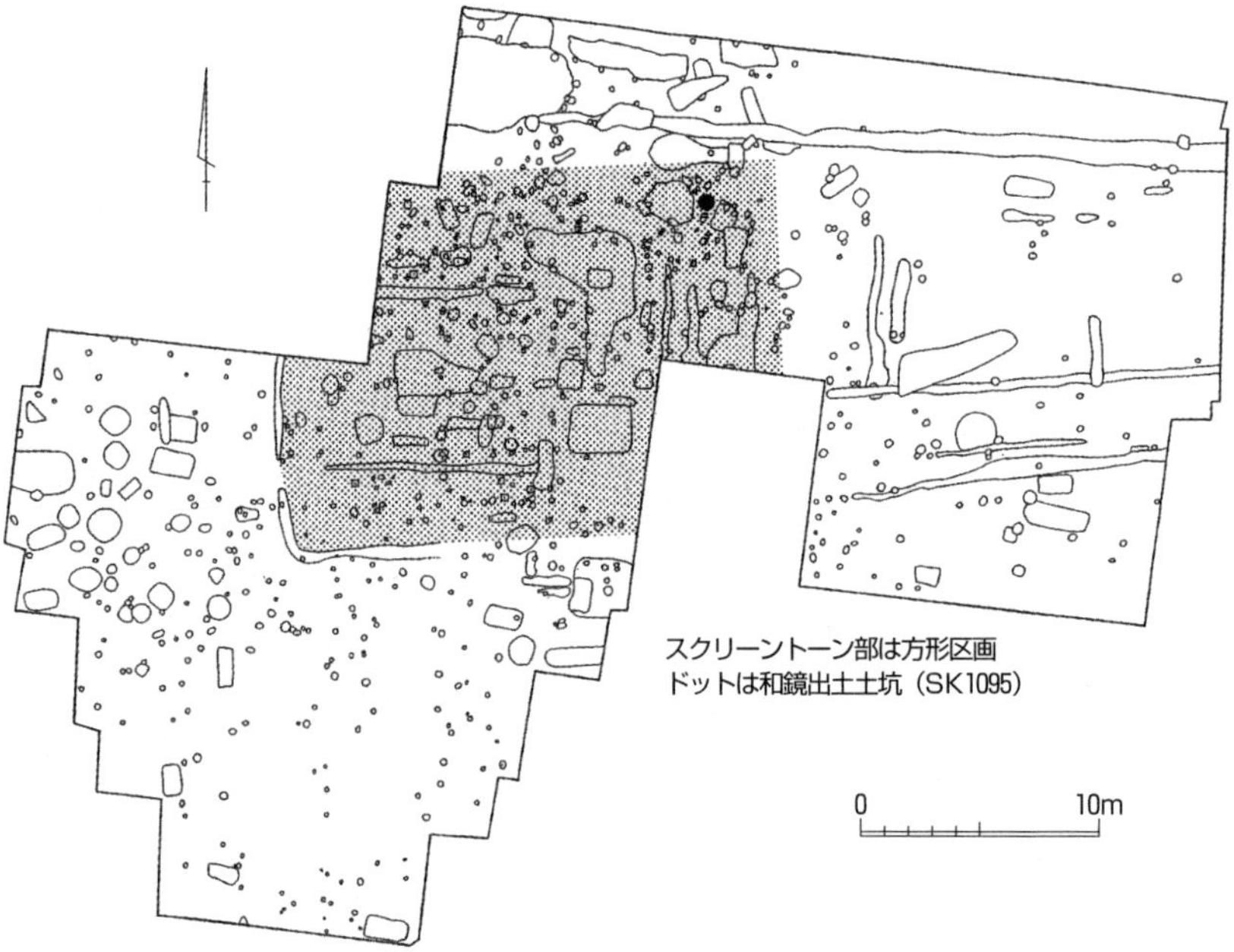

図30　加茂野宮遺跡遺構配置図

(3) 土壙墓

土壙墓が集中して検出された遺跡に、徳島市国府町の鮎喰川左岸に位置する観音寺遺跡と三好市池田町西州津滝端の段丘上に位置する西州津遺跡がある。

観音寺遺跡からは一五世紀代のL字状にめぐる区画溝が検出されており、その区画内より四〇基以上の土壙墓が検出された(17)。また、西州津遺跡からは鎌倉段階の土壙墓群と室町段階の土壙墓群が検出されている。鎌倉段階のものは南北方向の主軸をもち、室町期のものは東西方向に主軸の線がある(18)。

その他、土壙墓の検出例として次のようなものがある。

板野町古城の古城遺跡では積石墓二基とともに土壙墓も二基検出された。古城遺跡は古代末から中世前半にかけての集落遺跡であり、二基の土壙墓からは人骨も出土している。ともに北頭位であり、一基は刀子と瓦器椀二個体（図31・図32）、一

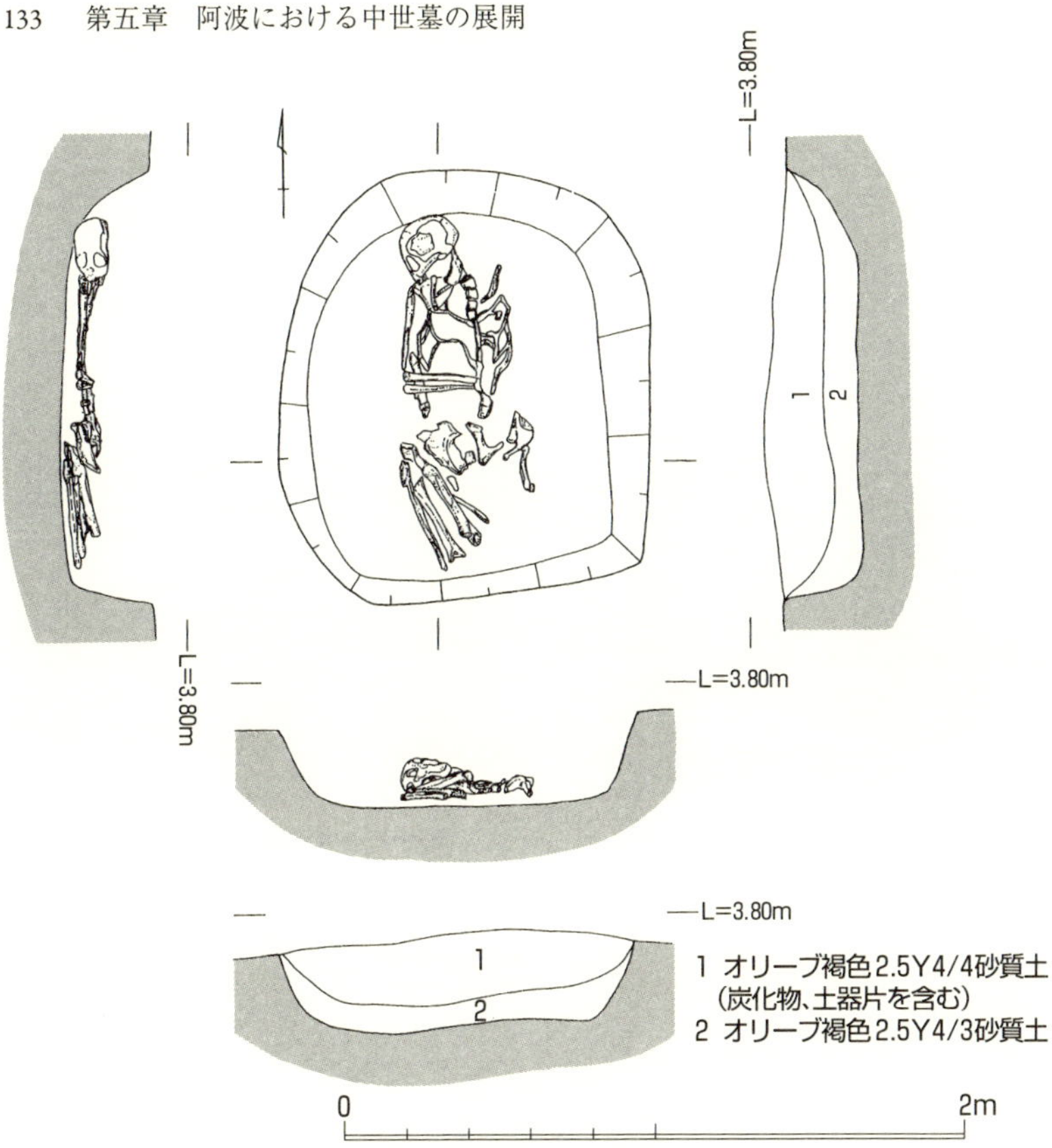

図31　古城遺跡 ST1003実測図

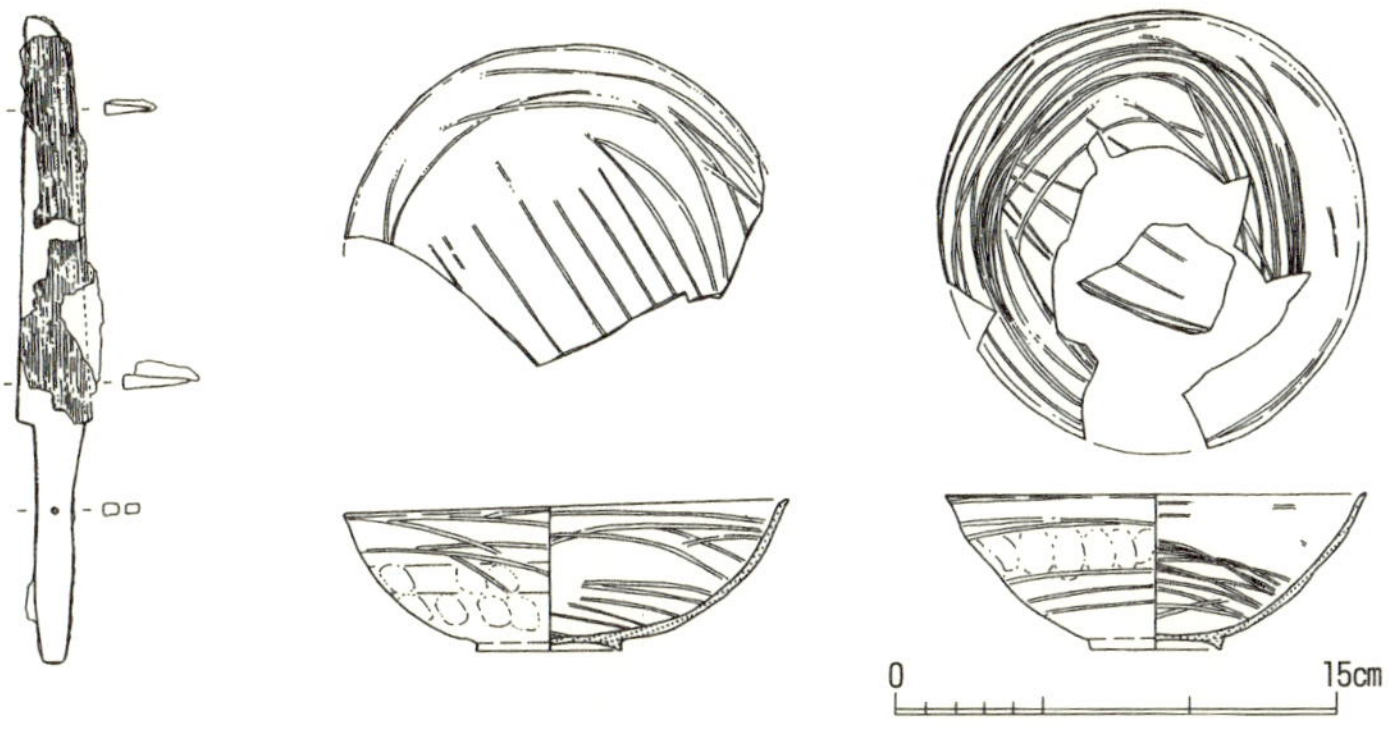

図32　古城遺跡 ST1003出土遺物実測図

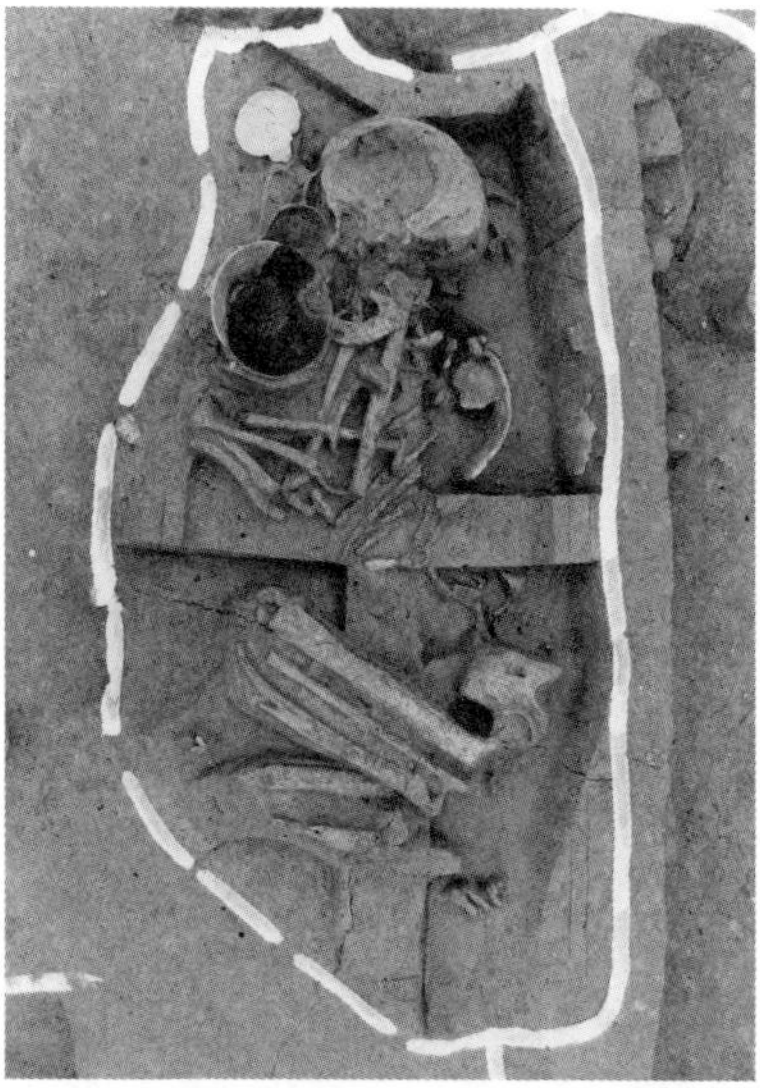
写真 2　古町遺跡 ST2001検出状況

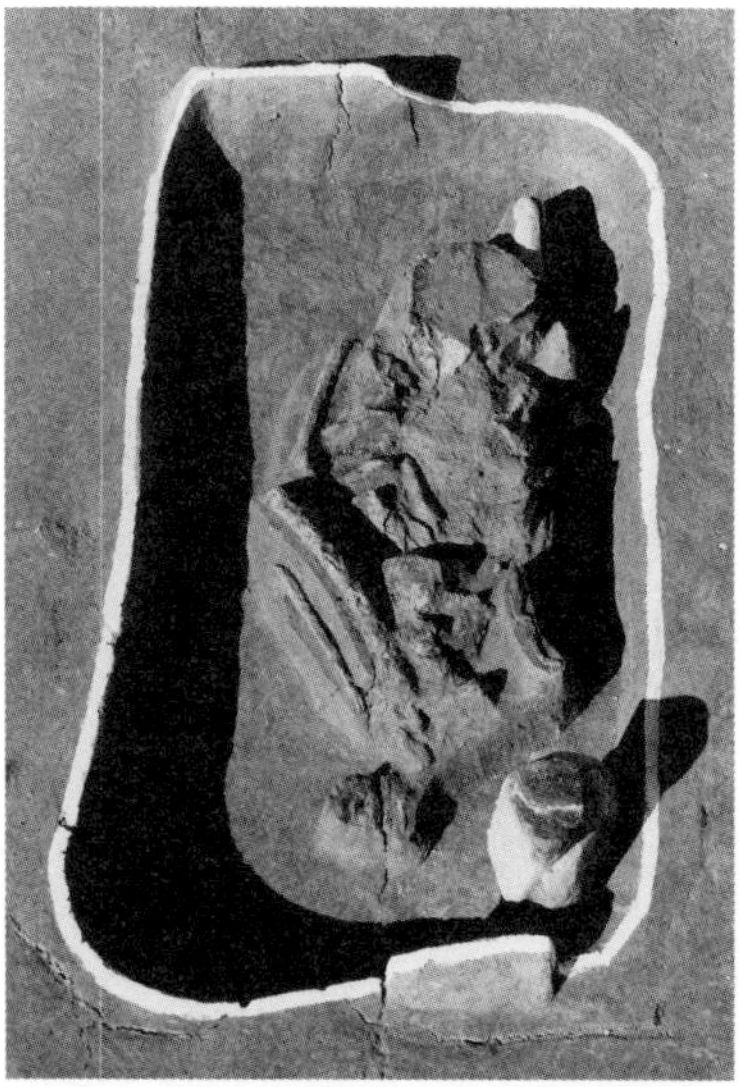
写真 3　敷地遺跡 ST2015検出状況

基は瓦器椀が副葬されていた[19]。同じく板野町の古町遺跡からも北頭位で青磁碗・瓦器椀・小皿などを副葬した土壙墓が検出された（写真2）。土壙墓内から鉄釘も出土しており木棺に納められていたものと思われる[20]。

国府町の敷地遺跡からは蓮弁文青磁碗を副葬品とする土壙墓が検出されている（写真3）。北頭位で膝を折り曲げた状態の人骨が比較的良好に残っていた。木棺の痕跡を示す底板部分・枠板部分での厚さ二〜三cmほどの粘質土層が確認されている[21]。区画溝とあわせて検出されていることから屋敷墓であったと思われる。

熊谷川が形成する扇状地の扇頂部に位置する阿波市土成町の前田遺跡からも骨片・底部静止糸切りの土師質杯が出土した土壙墓が検出された。一五世紀代のものと考えられている[22]。同じく日吉〜金清遺跡では三基の土壙墓が検出されている[23]。一五世紀代から一六世紀代におさまるものである。桜ノ岡遺跡からも三基の土壙墓が検出された[24]。

眉山東側に位置する中徳島町二丁目遺跡からは、天正一三年（一五八五）の徳島城下町建設にともなう整地層

写真4　中徳島町2丁目遺跡SJ4001検出状況

よりさらに下層から大溝・溝状遺構・土壙墓が検出された。徳島城下町遺跡では当地点を除いて天正一三年をさかのぼる遺構が検出されておらず、貴重な成果となっている。その土壙墓からは屈葬人骨とともに頭位に埋置された一枚の土師皿が出土した（写真4）[25]。

以上のように、古城遺跡の土壙墓は和泉型瓦器椀の出土が示すように一三世紀代のものであるが、副葬品としての刀子がものがたるようにある程度の経済的地位を有するものの墓と考える。古町遺跡や敷地遺跡の場合も青磁碗の副葬からうかがわれるように、ある程度の経済的地位をもったものの墓であったと想定される。したがって、鎌倉期の土壙墓は集落に隣接する屋敷墓的なものであり、単体または比較的少数で検出される。そして、室町期以降次第に検出事例が増加するとともに、観音寺遺跡や西州津遺跡のように一カ所に集中して見られるようになる傾向にあることが確かめられる。

（4）木棺墓

徳島市中島田町二丁目に所在する中島田遺跡は旧河道の中州状の場所に立地した鎌倉時代後半の「市町」である。吉備系土師器椀が大量に出土するなど、周辺村落とは異なった土器様相を示している。また、両面庇の大型建物跡や漆の付いたヘラ状木製品の出土なども「市町」の様相を示す。この中島田遺跡の西端、旧河道に近いところから長辺〇・八八ｍ、短辺〇・四四ｍの木棺墓が検出された。漆椀・折敷が副葬されていた。鎌倉段階の溝が埋没した後に木棺が埋葬されたと考えられることから、戦国期以降の墓と考えられている。[26]なお、後述する黒谷川宮ノ前遺跡の積石墓からも鉄釘が出土しており、埋葬のために木棺を用いていたものと思われる。また、前述した古町遺跡や敷地遺跡の土壙墓も木棺に納められていたと考えられている。このほかにも木棺に納められていたものも多数あったものと考えられるが、木棺の腐食などによってそのことを確認できるものは少ない。

ただし、木棺に納められていた可能性を示す土壙墓は単体で検出されているものに多いことから、屋敷墓的なものに木棺が使われていた可能性もあると考えられる。

（5）積石墓

積石墓は、古城遺跡・黒谷川宮ノ前遺跡・上喜来蛭子～中佐古遺跡・円通寺遺跡などで検出されている。古城遺跡から検出された二基の積石墓からはそれぞれ土師皿三点、土師質杯一点の副葬が見られた。主軸方向はともにほぼ北である。[27]

板野町犬伏の宮内谷川と犬伏谷川が形成する沖積平野の微高地上に立地する黒谷川宮ノ前遺跡は鎌倉時代後期から室町時代にかけての周溝をともなう屋敷地が検出された。その屋敷地の一画で検出された積石墓は、埋葬されていた土師質皿から一三世紀代の年代が与えられている（図33）。また積石中からは凝灰岩製の石塔片も出土した。[28]

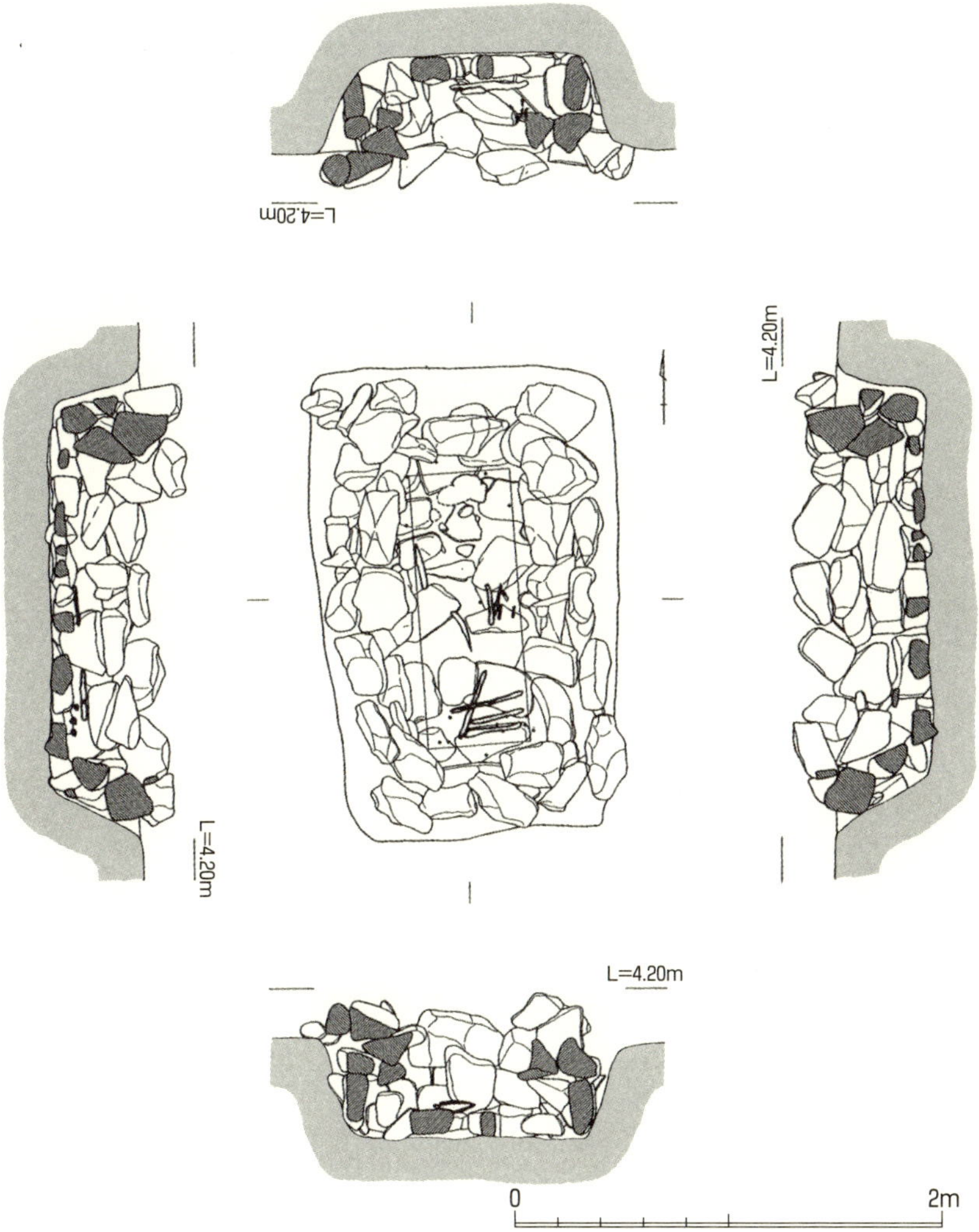

図33　黒谷川宮ノ前遺跡 ST1001実測図

上喜来蛭子～中佐古遺跡は阿波市市場町上喜来窪二股の日開谷川右岸に広がる段丘部に位置する。一六基の中世墓はいずれも火葬で、自然礫を積み上げて基壇状のものをつくっている。(29) なお、上喜来遺跡からも五輪塔水輪を伴う石組みが検出されている。(30)

東みよし町の円通寺遺跡の事例は結晶片岩板石を組み合わせて設けた石室に中国産褐釉陶器四耳壺を蔵骨器として埋納した火葬墓である（写真5）。この円通寺遺跡は一五世紀代に堀と土塁で防御機能を強化した居館跡であり、その北東隅で検出された。(31)

供養地遺跡からは羽釜を蔵骨器として用いた積石墓が二基検出されている。遺跡周辺には五輪塔が散乱し、現在も墓地が広がっている。積石墓の年代は室町期である。(32)

山田遺跡からも口禿の白磁が出土した積石墓が検出されている。(33)

写真5　円通寺遺跡ST1001検出状況

(6)　甕棺墓

黒谷川宮ノ前遺跡からは備前焼甕を用いた甕棺墓が検出されている（前掲図25）。一五世紀代の年代観が与えられている。甕棺の上には一辺四六㎝前後の砂岩礫が置かれていた。埋葬されていた人骨は、鑑定の結果、女性ないしは若年層のものであったと報告されている。(34)

（7）古墳の再利用

古墳の再利用も中世前半にはよく見られる墓制の一形態である。この点については次章で詳細に検討するが、徳島県内でも二件の事例が知られている。その一つである国府町の気延山から東に延びる尾根上に位置するひびき岩一六号墳の横穴式石室は六世紀後半の築造と考えられているが、石室内から白磁碗・黒色土器椀・羽釜片などとともに炭化物・焼土・鉄釘・火葬骨片などが出土しており、平安後期から鎌倉期にかけて、数次にわたり火葬墓として再利用されていたことが知られる。

また、上板町山田古墳群Ａは阿讃山脈から南に延びる標高五〇～七〇ｍの尾根上に位置するが、ここでも平安時代の火葬墓に伴う蔵骨器、室町時代の石組墓群が検出された。また五輪塔も出土しており、上部構造として五輪塔が造立されていたことが確かめられる。

ひびき岩一六号墳の場合は横穴式石室の再利用、山田古墳群Ａの場合は墳丘部分の再利用である。

古墳の再利用、特に石室や羨道部分の再利用は地域権力者による自らの正当性を主張する根拠になっていたのではないかと考えているが、このような古墳の再利用も中世前期で終焉する。

（8）板碑と中世墓

板碑は供養塔として建立されたものであり、徳島県内には一三世紀後半から一六世紀末にかけて、鮎喰川流域を中心にして約二三〇〇基が知られている。このうち有紀年銘板碑は三五〇基確認されている。[35] 石井町浦庄釈迦堂の中世墳墓に伴うものが最古の年紀をもつものであり（文永七年・一二七〇年）、この墳墓には他に板碑一基・凝灰岩製の五輪塔一基も見られた。円筒形土師器の蔵骨器には火葬骨が大量に詰められており、幾重にも積み重ねられた河原石が蔵骨器の転倒を防いでいた。[36]

上板町の宮ケ谷川が形成する扇状地の縁辺部に位置する神宮寺遺跡は、古代から墓域として利用されていたところに形成された寺院跡である。向拝をともなった身舎は三間×三間であり、周囲に石塔群・石塔墓が広がる（図34）。一六世紀には寺院としての機能はなくなるようであるが、一石五輪塔なども散在していることから墓域としては存続したものと思われる。検出された石塔墓の下部には埋葬施設が見られないことから、その多くが供養塔であったと考えられる(37)。

また、土成町秋月の阿波安国寺跡からも蔵骨器として利用されたと考えられる古丹波の陶器壺出土地点周辺に積石墓が広がっている（図35）。隣接する調査地点から基壇・瓦溜まり・雨落ち溝が検出されている(38)。

その他、寺院跡を示す遺物に瓦があるが、前述の二遺跡のほか、徳島県内の中世遺跡から瓦が出土した事例は決して多くはない。市町跡である中島田遺跡から丸瓦が一点報告されているが、これは市町に形成された宗教施設に伴うものである可能性も考えられる(39)。

二、中世寺院の形成

記録類に登場する中世段階の寺院を列挙すれば、秋月の「補陀寺」跡・「光勝院」跡(40)、勝瑞の「正貴寺」「持明院」など(41)、守護所周辺や丈六寺・桂林寺など守護細川氏が帰依した寺、焼山寺や太龍寺などの修験・信仰の対象となった寺院など数多挙げることができる。特に修験道に絡んで山伏のネットワークがつくられていたことも長谷川賢二氏の研究が示すところであるが(42)、これらの寺院の再興や創建が一六世紀代にまで下るものが多い点に、地域社会における地縁共同体の形成時期を読みとることができるように思われる。

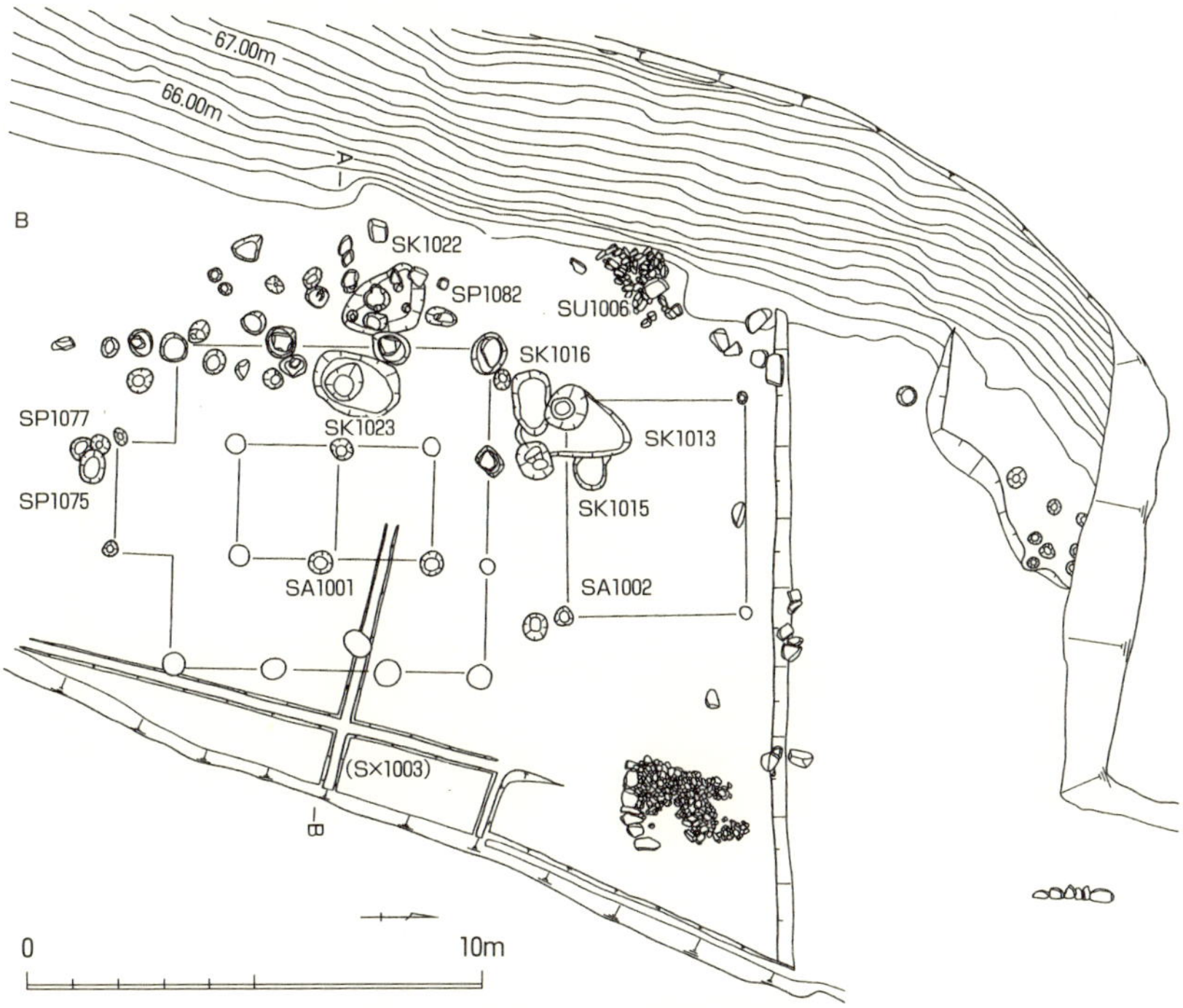

図34　神宮寺遺跡Ｂ区遺構配置図

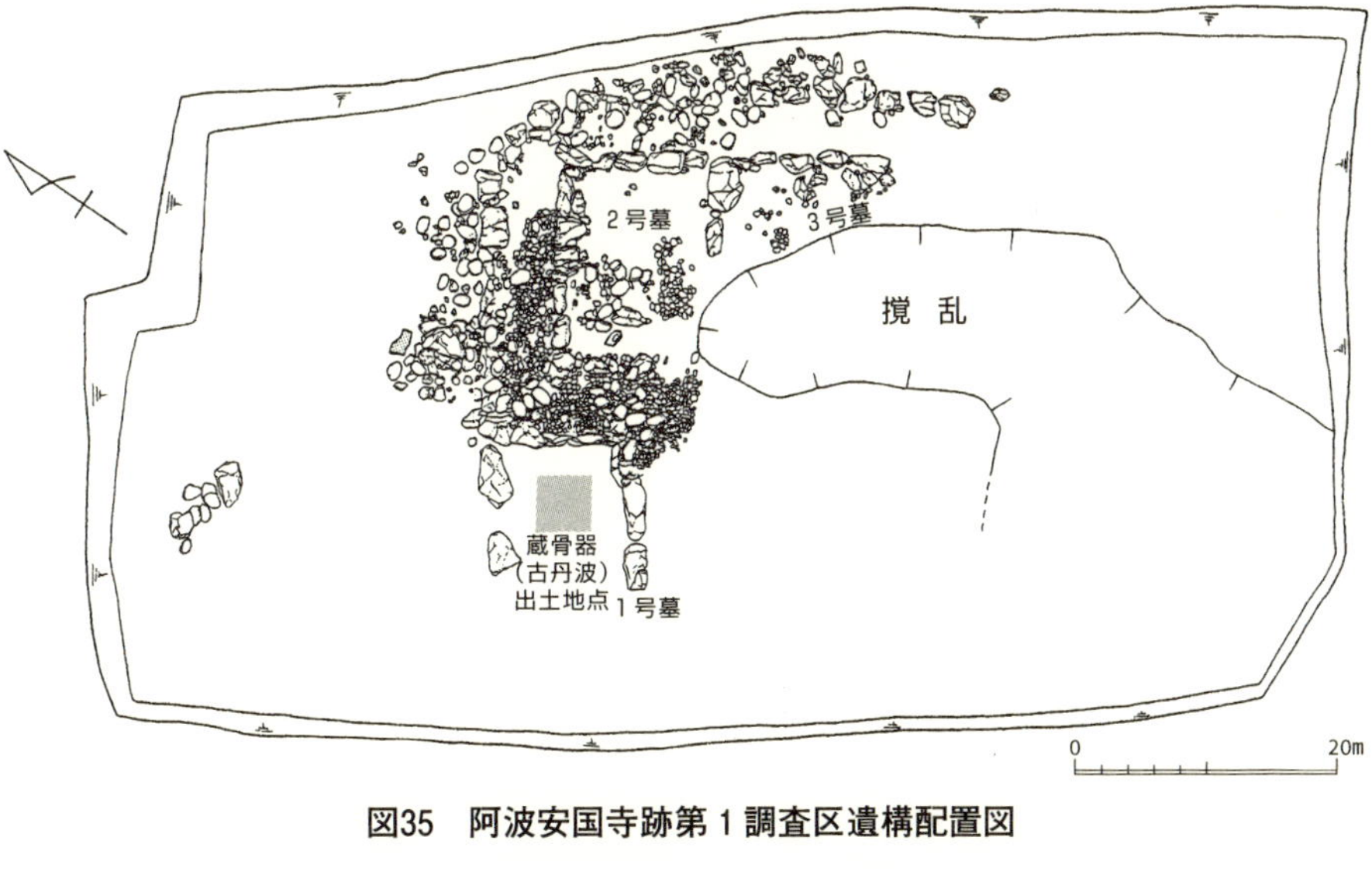

図35　阿波安国寺跡第１調査区遺構配置図

三、集落の変容と墓制の変化

前節までで見てきた中世墓の事例を集落の変容との関わりで整理していきたい。

中世集落の変容過程については、①一三世紀後半以降にパリア海退期という気候変動の要素も含みながらも牛馬耕の普及・大唐米の浸透などによって沖積低地の開発が進捗し集村化が進行する、すなわち屋敷地と田畠の二分化が進む[43]、②一五世紀代になると村落上層（中間層）を軸に広域的な用水管理の進展、地域枡の導入、加地子得分の保障などをになった地域的一揆体制の形成など荘園制的秩序を崩壊させる諸現象が顕著となる[44]。また、百姓層も農業技術の進化を背景にして、宮座のもとで烏帽子成・官途成・入道成などの通過儀礼を通して独自に村落内身分秩序をつくっていく[45]。

このように、中世村落の展開過程には一三世紀末から一四世紀はじめと一五世紀代の二つの大きな画期が考えられる。この二つの画期が墓制の画期ともなっている。すなわち、一三世紀末から一四世紀代にかけて進行していく集村化現象を背景に中世墓も集団化が始まること、一五世紀代以降になると墓もより一層の集団化が見られること、などが指摘できる。その背景には造営主体の階層的な広がりが考えられる。このことは、当初よりすべての死者が埋葬されていたわけではなかったことを如実に示している。

おわりに　――埋葬されない死骸をめぐって――

冒頭で見た『餓鬼草紙』に描かれていたように、死体が埋葬されることもなく遺棄されることが少なからずあったのが中世社会である。ただし葬送儀礼を執り行うことがその地位・財産の継承者であることを地域社会に対して示す根拠ともなったし、[46]古墳の再利用や屋敷墓を造営することが「後継者」であることを保証していたとも考えられるであろう。それでは、どのような場合に死体は遺棄されたのであろうか。

勝田至氏は、中世前期の遺棄例として次の四点をあげる。①血縁のない死者、②刑死者、③死者の家族が弱小（小農民）、④幼児。[47]この三点目にあげられているように、葬送を行い得る財力に欠けた階層は死体を遺棄せざるを得なかったのであり、ここが強固な地縁共同体（惣村）を形成する室町期以降と異なる点である。惣村の形成にともなって共同で葬送にあたり惣墓が形成されるとともに、死体遺棄も次第に姿を消し、近世社会には血縁者のない死者も「無縁仏」として祀られるようになるのである。

また、中世前期においては領主居館が寺院にも成り得たように、[48]多くの民衆にとっては寺院との信仰面での結びつきは決して密接なものではなく、造墓を寺院に求める段階にはいたっていなかったと考えられる。寺院を核にした民衆層の造墓活動も中世後期までまたねばならなかったのである。徳島県内においては神宮寺遺跡の例がそのことを教えてくれている。

以上のように、中世墓の造営主体は、中世前期にあっては領主層や有力農民が「継承者」であることを示すために古墳の再利用や屋敷墓の造営に努め、庶民層の多くは死体遺棄をせざるを得なかったものと考える。ところが、中世後期にかけて農業生産力の上昇を背景とした新たな地域秩序の形成によって墓の造営主体もひろがり、惣結合ごとに集団墓を営むようになった。これにあわせて、仏教の浸透ともあいまって寺院も墓域形成の核になり得るようになったのである。

中世墓の展開を考えるにあたってはその構造の変化のみを追い求めることなく、集落の変容過程と十分関連させた上で検討されねばならない。本章ではこのことを確認しておきたい。

注

（1）中村修身「中世墓の背景―筑前国（福岡県）遠賀郡の検討―」『乙益重隆先生古稀記念論文集　九州上代文化論集』同論集刊行会　一九九〇、笹生衛「東国における中世墓地の諸相」『千葉県文化財センター研究紀要』一六号　一九九五、後に同氏著『神仏と村景観の考古学』弘文堂　二〇〇五、斎藤弘「中世後期の墓地―下野を中心に―」『栃木県考古学会誌』一八集　一九九六、岡本直久「愛知県の中世墓」『瀬戸市埋蔵文化財センター研究紀要』七輯　一九九九、原田昭一「大分県における中世墓制変遷略史」森浩一・松藤和人編『考古学に学ぶ』同志社大学考古学シリーズ刊行会　一九九九、伊東照雄「下関市域における中世墓の様相」『下関市立考古博物館研究紀要』三号　一九九九、田中則和「鎌倉・南北朝期における仙台平野の墓域とその周辺」『六軒丁中世史研究』八号　二〇〇一、山口博之「陸奥の中世墓―火葬と納骨―」『鎌倉・室町時代の奥州』高志書院　二〇〇二、海邊博史「讃岐の中世土葬墓ノート」『中世都市鎌倉と死の世界』高志書院　二〇〇二、川口修実「和歌山県における中世前期の墳墓」『紀伊考古学研究』五号　二〇〇二、栗岡真理子「北関東の中世墓と埋葬」『中世東国の世界1　北関東』高志書院　二〇〇三、八峠興「鳥取県における中世墓の変遷について」『立命館大学考古学論集Ⅲ―1』二〇〇三、浅野晴樹「南関東の中世墓と埋葬」『中世東国の世界2　南関東』高志書院　二〇〇四、田中則和「東北地方中世墓の様相と画期」入間田宣夫編『東北中世史の研究　下巻』高志書院　二〇〇五、田口哲也「中世東国の墓制―埼玉県内の中世墓の再検討―」『國學院大學大学院紀要　文学研究科』三七号　二〇〇六、など多くの論稿がある。その他、中世墓制全般の変遷等を検討したものに、橘田正徳「屋敷墓試論」『中近世土器の基礎研究』Ⅷ　一九九一、吉井敏幸「中世群集墓遺跡からみた惣墓の成立」『国立歴史民俗博物館研究報告』四九集　一九九三、狭川真一「戦国時代における墓地の様相」小野正敏・萩原三雄編『戦国時代の考古学』高志書院　二〇〇三、同「墓制の画期と地域」小野正敏・萩原三雄編『鎌倉時代の考古学』高志書院　二〇〇六、高橋一樹「中世荘園と墓地・葬送」『国立歴史民俗博物館研究報告』一一二集　二〇〇四、白石太一郎「中・近世の大和における墓地景観の変遷とその意味」『国立歴史民俗博物館研究報告』一一二集　二〇〇四、上床真「鹿児島県における中世墓研究の現状と課題」『縄文の森から』三号　鹿児島県立埋蔵文化財センター　二〇〇五、などがある。また、全国の中世墓の様相を集成した狭川真一編『日本の中世墓』（高志書院　二〇〇九）も刊行された。

（2）杉原和雄「経塚遺構と古墓」『京都府埋蔵文化財論集』一集 一九八七、関秀夫「弥勒信仰と埋経」『弥勒憧憬』大分県立宇佐風土記の丘歴史民俗資料館 一九九二、松原典明「経典埋納と墳墓」『立正史学』七八号 一九九五、など

（3）高橋一樹「中世荘園と墓地・葬送」『国立歴史民俗博物館研究報告』一一二集 二〇〇四

（4）辻佳伸「徳島県の中世墓—火葬墓の展開に関する予察—」『徳島県埋蔵文化財センター研究紀要 真朱』二号 一九九三

（5）小泉信司「徳島の中世墓」徳島考古学論集刊行会編『論集 徳島の考古学』同論集刊行会 二〇〇二

（6）醍醐天皇の葬送の次第を分析された水藤真氏によれば、①納棺にあたって僧侶が幡をたてる、②埋葬後念仏が唱えられる、③山陵に卒塔婆が立てられる、④七日毎に仏事が行われる、⑤初盆の供養があった、という。そして、この醍醐天皇の事例が「先例」になったこと、卒塔婆を立てるのは「来礼之標示」、すなわち墓参の目印であったことも確認されている（『中世の葬送・墓制—石塔を造立すること—』吉川弘文館 一九九一）。また、同書において、石塔を立てる行為はあくまで作善の一つであり、必ず石塔が立てられなければならないものではなかったことも述べられている。

（7）『大日本史料 第二編之二』

（8）前掲注（2）杉原論文、藤澤典彦「中世の墓地ノート」『仏教芸術』一八二号 一九八九、同「墓地景観の変遷とその背景—石組墓を中心として—」『日本史研究』三三〇号 一九九〇、川崎利夫「中世墓地とその周辺」『山形史学研究』二七・二八・二九号 一九九六、など。

（9）竹原一彦「豊富谷丘陵遺跡（大道寺跡）発掘調査概要」『京都府埋蔵文化財情報』二号 一九八一、宮田勝功・田阪仁「三重県・横尾墳墓群」『歴史手帖』一四巻一一号 一九八六、同「横尾墳墓群」『仏教芸術』一八二号 一九八九、村木二郎「経塚の拡散と浸透」小野正敏他編『中世の系譜』高志書院 二〇〇四

（10）西口一彦・水口富夫「但馬・新宮山経塚・中世墓群」『兵庫教育』三八九号 一九八三、橿原考古学研究所『広瀬地蔵山墓地跡』一九八九

(11) 伊藤久嗣「中世墓の理解をめぐる一視点」石井進・萩原三雄編『中世社会と墳墓』名著出版　一九九三
(12) 関秀夫『経塚地名総覧』　ニュー・サイエンス社　一九八四
(13) 千葉幸伸「四国の経塚」『瀬戸内海歴史民俗資料館年報』　一九七八
(14) 菊池誠一「平安時代の集落遺跡出土鏡の性格」『物質文化』四九号　一九八七、青木豊・山本哲也「千葉県袖ヶ浦町文脇遺跡出土の和鏡について」『國學院大學考古学資料館紀要』七輯　一九九一、など
(15) 島田豊彰「呪術に用いられた和鏡」『徳島県埋蔵文化財センター研究紀要　真朱』三号　一九九九
(16) 例えば『土佐日記』には、風波が激しく幣を奉っても静まらないときに、鏡を海に投じれば海は鏡の面のように静まったと記している。
(17) 藤川智之「観音寺遺跡」『徳島県埋蔵文化財センター年報』九号　一九九八
(18) 大橋育順「西州津遺跡」『徳島県埋蔵文化財センター年報』一一号　一九九九
(19) 原芳伸『古城遺跡』徳島県教育委員会・徳島県埋蔵文化財センター他　一九九四
(20) 須崎一幸「古町遺跡」『徳島県埋蔵文化財センター年報』一三号　二〇〇三
(21) 田川憲「敷地遺跡」『徳島県埋蔵文化財センター年報』一三号　二〇〇三
(22) 辻佳伸『前田遺跡』徳島県教育委員会・徳島県埋蔵文化財センター他　一九九九
(23) 久保脇美朗『日吉～金清遺跡』徳島県教育委員会・徳島県埋蔵文化財センター他　一九九五
(24) 湯浅利彦『桜ノ岡遺跡（Ⅰ）』徳島県教育委員会・徳島県埋蔵文化財センター他　一九九四
(25) 勝浦康守編『徳島市埋蔵文化財発掘調査概要13』徳島市教育委員会　二〇〇三
(26) 福家清司編『中島田遺跡・南島田遺跡』徳島県教育委員会　一九八八
(27) 前掲注(19)報告書
(28) 早淵隆人編『黒谷川宮ノ前遺跡』徳島県教育委員会・徳島県埋蔵文化財センター他　一九九四
(29) 辻佳伸『上喜来蛭子～中佐古遺跡』徳島県教育委員会・徳島県埋蔵文化財センター他　一九九四
(30) 辻佳伸『上喜来遺跡他』徳島県教育委員会・徳島県埋蔵文化財センター他　一九九五

(31)　辻佳伸「円通寺遺跡（小山地区）」『徳島県埋蔵文化財センター年報』九号　一九九七
(32)　石本卓「供養地遺跡」『徳島県埋蔵文化財センター年報』七号　一九九五
(33)　小泉信司「山田遺跡（Ⅱ）」『徳島県埋蔵文化財センター年報』七号　一九九五
(34)　前掲注（28）報告書
(35)　岡山真知子「阿波型板碑の考古学的考察―有紀年銘板碑の分析と地域的分析―」『小林勝美先生還暦記念論集　徳島の考古学と地方文化』同論集刊行会　二〇〇一
(36)　石川重平「浦庄中世墓」『石井町史　上巻』石井町　一九九一
(37)　早淵隆人編『神宮寺遺跡』徳島県教育委員会・徳島県埋蔵文化財センター他　一九九四
(38)　林泰治「秋月城跡・阿波安国寺跡発掘調査報告」勝瑞城シンポジウム報告資料　一九九九
(39)　山下知之・小林一枝・石尾和仁『中島田遺跡Ⅱ』徳島県教育委員会・徳島県埋蔵文化財センター　一九九六
(40)　「夢聰正覚心宗普済国師年譜」「夢窓正覚心宗国師塔銘」「翊聖国師年譜」『続群書類従　第九輯下』
(41)　「阿州三好記大状前書」（小杉榲邨編『阿波国徴古雑抄』臨川書店　一九七四）
(42)　長谷川賢二「中世後期における山伏集団の地域的展開―阿波国吉野川流域の場合―」『古代中世の社会と国家』清文堂　一九九八
(43)　拙稿「中世低地集落の歴史的位置」『中世集落と灌漑』大和古中近研究会　一九九九、及び本書第一章
(44)　村田修三「惣と土一揆」『岩波講座日本歴史7　中世3』岩波書店　一九七六、島田次郎「荘園制的収取体系の変質と解体」『講座日本荘園史4　荘園の解体』吉川弘文館　一九九九
(45)　薗部寿樹「中世村落における宮座頭役と身分」『日本史研究』三二五号　一九八九、後に同氏著『日本中世村落内身分の研究』（校倉書房　二〇〇二）所収
(46)　西谷地晴美「中世的土地所有をめぐる文書主義と法慣習」『日本史研究』三三〇号　一九八九
(47)　勝田至「中世民衆の葬制と死穢―特に死体遺棄について―」『史林』七〇巻三号　一九八七、後に同氏著『日本中世の墓と葬送』（吉川弘文館　二〇〇六）所収

（48）　高橋修「中世前期における武士居館と寺院」『和歌山城郭調査研究会一〇周年記念誌』一九九八、後に同氏著『中世武士団と地域社会』（清文堂　二〇〇〇）所収

参考文献

結城孝典編『ひびき岩一六号墳発掘調査報告』石井町教育委員会　一九八六

柴田　昌児「山田古墳群A」『徳島県埋蔵文化財センター年報』三号　一九九二

矢田公洋編『加茂野宮遺跡』三野町教育委員会　一九九七

〔付記〕

近年、調査された徳島市上八万町の川西遺跡からは石積みの護岸施設とともに瓦類や漆椀・折敷・櫛・扇・将棋の駒などの木製品が大量に出土し、寺院跡の様相を示している（徳島県埋蔵文化財センター「川西遺跡現地説明会資料」二〇〇九、近藤玲「川西遺跡の調査成果について」『川西遺跡特別講演会資料集　川西遺跡を考える―中世阿波のモノ・技・祈り―』徳島県埋蔵文化財センター　二〇一〇）。正式の報告書刊行が待たれるところであるが、寺院跡の一例となる遺跡である。

補論1　中世社会と「古墳」

はじめに

概ね三世紀末から七世紀までの間に築かれた「古墳」が中世社会に生きた人々にとっていかなる意味をもっていたのかを考えようというのが本章の目的である。

藤原京・平城京造営の頃から古墳の削平はすでに数多くあり(1)、さらに律令制末期には祭祀対象を十陵四墓に限定するなど、律令制社会にあっては律令政府自ら次第に「古墳」に対する認識を変質させていったことは確かである。しかし、その一方で在地社会では奈良時代・平安時代以降にも古墳の再利用が確認される。この点については間壁葭子「八・九世紀の古墳再利用について(2)」や石部正志「歴史時代における古墳の再利用(3)」に詳しい。また斎藤弘「中世墓における古墳の再利用(4)」でも本章と同様の視点から中世関東での古墳再利用の事例を検討している。さらに辰巳和弘氏らは『下司古墳群』の報告書のなかで京都府内の再利用の事例を集成され、利用状況から五期に時期区分している(5)。そして、近年佐藤亜聖氏が奈良県内の古墳の再利用の事例を集成されて、一三世紀以降古墳の廻りに造墓を行う事例があること、そしてこれが惣墓につながる場合のあることを指摘されている(6)。

さらに、近世社会にあっては、平野部の巨大古墳の墳丘が入会地に、そして周溝が農業用水として活用されていたこと、しかも民衆はそれが陵墓であるという認識に乏しかったこと、また幕末には平田篤胤以後の国学の高揚にともなって古墳の陵墓認定が進むなか、地域社会の有力者も「名望家」としての名声を得るために土地を提供したこと、また明治以降鉄道会社による乗客増加のための一種の観光資源ともなったことなどが、浅田益美「幕末・近代の修陵・管理と地域社会」(7)をはじめとする一連の研究成果によって明らかにされている(8)。そして、その後尊皇攘夷思想の広まるなか、新たな近代天皇制国家を模索するなかで再び「古墳」(＝「天皇陵」)が社会的に大きな意味を付与されるようになることも周知の事実である。

こうした「古墳」をめぐる動向のなか、本章では再利用をめぐる成果をふまえて中世の在地社会における「古墳」の諸相を考えてみたい。

一、「古墳」の活用

(1) 横穴式石室の再利用

元来、横穴式石室は追葬可能な構造であり、またその首長の一族が追葬を行うことによって地域権力者としての継承を示すものであるとも考えられている。ところが、大きく時代を隔てた平安時代以降にも横穴式石室に追葬されたことを示す事例が見られる。ここでは、そのような事例を概観し、それがもつ社会的意味を考えたい。

この問題については、前節でふれた間壁葭子氏・石部正志氏・斎藤弘氏・辰巳和弘氏・佐藤亜聖氏らの他、奈良県北部の事例を集成しつつ検討を加えた土井光一郎「中世墓に関する一考察」(9)、総社市の事例を集めた武田恭彰「横穴式石室の再利用について」(10)などがすでに公にされている。土井氏は、この中で一二世紀前半段階では祭祀として横穴式石室が再利用されていたのに対し、一三世紀中葉以降は墓地としての再利用になるとされ、その背景には次のようなものがあると考えられている。すなわち、「在地性の極めて高い住人によって在地の祖先の墓という認識が存在し、墓を暴いたという触穢（甲・乙の穢）に対する忌避作用により、祓い的な祭祀即ち追善供養の様な行為が行われ、祭祀を行った後は一切再利用されなかった事等から触穢（甲・乙の穢）に対する忌避作用の存在が伺え、当地において祖先の墓として受け継がれた」一二世紀段階の状況に対し、一三世紀中葉以降になると「古墳と集落の所在する一狭小地域を占有した中世期における在地支配者」、すなわち「新興武士勢力が在地の外部より在地内に侵攻し、旧在地勢力にとって変わった新支配者」によって墓地として利用されることになったと考えられている。

しかし、この「祭祀」と「墓地」の利用のされ方にどの程度普遍性をもたせることができるのか、調査段階からの十分な認識が必要とされる点があろう。再利用である限り、後の世代によって改変が加えられた遺構であり、どのような状態を「祭祀」とし、また「墓地」とするかの結論は明確なラインを引くことを困難にさせると思われる。たとえ「墓地」といえども後述のひびき岩一六号墳のように複数回にわたり埋葬がなされている場合もあり、そのことが「祭祀」との差異をより一層困難にするであろう。また、辰巳氏は再利用を次の五時期に分類する。

Ⅰ期（八世紀）…再利用した集団の「祖墓」として維持・管理されていた時代

Ⅱ期（九～一一世紀）…古墳築造時の被葬者の後裔などが納骨される時代

Ⅲ期（一二～一四世紀）…石室再利用が急増する時期

Ⅳ期（一五・一六世紀）…古墳の再利用が急減する時期

Ⅴ期（一七・一八世紀）…博打場や物置として利用される時期

これによると一五世紀を境に中世後期にかけて古墳が墓として再利用されなくなっていく状況が読みとれるが、佐藤亜聖氏は、先述したように古墳を中心として展開する中世墓のなかには、古墳主体部に手をつけることなく展開するものがあり、この場合、石室を「堂」と捉えていたと考えられている。なお、佐藤氏も古墳再利用の変遷を整理されて、①九世紀後半から一〇世紀前半にかけて先行被葬者との関係を再確認する追葬行為が行われる、②一〇世紀半ばから一一世紀後半は再利用の事例が減少する、③一一世紀後半以降は、石室内から焼土・土器が出土し、何らかの祭祀の痕跡が認められること、④一三世紀には古墳の廻りに造墓を行い、このなかには惣墓につながる場合があること、などを指摘されている。そして、それぞれの背景として、①の段階は先祖の墓という認識が強く、土地所有の正統性を示すためでもあった、③の時期は寺院の由緒や所領を保証するために古人を奉賛・神仏化していく動きが広がり、古墳の聖地化もみられること、などがあったとされる。

なお、中世後期の地域社会において新たな在地秩序の形成・新たな共同体の形成が墓制システムの変化を生み出し、惣墓のような集団墓の形成を促すことになるが、その背景には不特定多数の結縁衆の霊魂を救済しようとすることから、特定人物の遺骨に対応する墓標造立の動きがあったと考えられる。すなわち、末法思想が薄らぐなか、一四・一五世紀になって「彼岸世界が衰退するなかで行き場を失った死者の霊魂は、遺骨を依り代として死後も永遠にこの世に留まることになった。骨と霊魂との結びつきは、以前よりも遥かに強固で永続的なもの」となっていくのである(11)。

本章ではいま少し事例を広い地域に求め、このような再利用が特定の地域に限定されたものではないことを確認しておきたい。

・岡山県総社市板井砂奥古墳群の事例

板井砂奥古墳群からは四・六・八・一〇号墳より平安後期（一〇世紀後半〜一一世紀後半）の土器群が埋葬されていたことが報告されている(12)。板井砂奥古墳群では計一五基の古墳が検出されているが、埋葬された須恵器等の年代観より六世紀前半から七世紀代にかけて築造されたものと考えられている。また、七世紀代を操業年代と推定できる製鉄遺跡も近隣に伴うことから、被葬者はこの製鉄集団に関わりをもった者とも考えられている。そして近傍の板井砂遺跡から、一一世紀前半と考えられる集落跡も検出されていることから、この板井砂奥古墳群がのる丘陵は、平安期にも継続して地域社会の中にあって墓域と意識され続けていたことを示しているものと判断される。

また総社市内では、他に江崎古墳・こうもり塚古墳・千引二号墳・カムロ一五号墳などで横穴式石室再利用の痕跡が認められる。

・徳島県石井町ひびき岩一六号墳の事例

阿波の国府跡を東に見下ろす気延山から東南東にのびる標高二〇m台の尾根上に位置するひびき岩古墳一六号墳は六世紀後半の築造と考えられている横穴式石室であるが、ここでも後に火葬墓として再利用されている。後の埋葬にともなうと思われる白磁椀・黒色土器椀・羽釜片等とともに炭化物・焼土・鉄釘・火葬骨片も見られることから、平安後期から鎌倉期にかけて、数次にわたり火葬墓として再利用されたものであることがわかる。(13)

・佐賀県千塔山遺跡の事例

佐賀県基山町宮浦字宿の標高五三m(水田との比高差約一五m)の丘陵上に位置する千塔山遺跡は、弥生時代中期の住居跡一四軒や弥生時代後期から終末期にかけての環溝集落、七基の古墳、中世の周溝墓、近世の木棺墓群を検出しており、弥生時代以来墓域を形成していたことが確かめられる。(14)

この七基の古墳のうち大塚古墳は横穴式石室で、奥壁幅二m、前壁幅一・五m、長さ二・六五mの単室のものであるが、玄室から六世紀半ばの年代観が与えられる須恵器や管玉・小玉が出土している。これに加えて、墓道からは青磁碗・白磁碗・瓦器椀などの出土も報告されており、この石室が鎌倉時代以降に再利用されたものと考えられる。

この地が宿という小字名をもつことにも強い関心がもたれるが、奈良時代の郡衙遺跡として国の史跡指定をうけた小郡官衙遺跡の近傍にあり、小郡官衙遺跡をのぞむ丘陵上に本遺跡が位置することも重視しておきたい。

・福岡県直方市水町遺跡群

彦山川が遠賀川に合流する付近の右岸にあたる直方市大字上境に位置する横穴墓群である。この水町遺跡群では六世紀頃造営が開始されたと考えられる七〇基以上の横穴墓・横穴墓群が検出されているが、そのうちの数基からは炭化物のまじる黒灰色土層とともに一二世紀後半から一三世紀初頭の土師質皿・杯類が出土している。この黒灰色土層はリン・カルシウム分析の結果、火葬行為のあったことを推定させる数値が得られたとのことであり、古墳時代末期の横穴墓を再利用する形で中世初頭に火葬墓として活用されたことが知られる(15)。

・奈良県宇陀市榛原町能峠　南山一号墳の事例

奈良県宇陀市榛原町能峠南山一号墳は右片袖式のもので、既存の一号台状墓を削平するかたちで築かれている。天井石はすでに失われており高さは確認できないものの、全長約七・一m・玄室長約三・八m・奥壁部幅約一・九m・羨道幅約一・六mをはかる横穴式石室である。この石室では本来の古墳時代後期の使用の他に、平安時代前期の羨道部を中心とした木棺墓の埋葬、平安時代末期の火葬墓としての利用という二期にわたる再利用が確認できる。なお、平安時代後期の火葬については、焼土面が重複しているため複数回実施されたものと思われる。また、特に平安時代前期の葬法に関しては棺の断面に炭化物・焼土・土師器小片が認められたことから、「棺の蓋板に塗り付けられたようで、土器を割って置く（散らす）行為とともに、炭などで塗りこめる行為が注目される」と報告されている(16)。

・奈良県斑鳩町仏塚古墳の事例

仏塚古墳は一辺約二三mの独立した方墳である。横穴式石室は早くから開口し、奈良時代以降の遺物が出土する。しかし、鎌倉～室町期にかけてのものが特に多い。遺物としては金銅仏や塑像片などの仏像、金属製の仏具を模した土器などが報告されている。また羨道部では一面に瓦器椀や土師質皿が乱雑に置かれていたという。それら中世遺物の大半が完形品であることより、兼康保明氏は中世に石室内で使用されたためであろうとして、「横穴式石室内に仏像を祀り、堂か祠のような形で再利用されていた」と述べられている。(17) 他に火舎・花瓶などの仏具類が出土していることもこの再利用法を裏付ける資料となろう。

・奈良県石田一号墳の事例

伊那佐山から西南西に延びる尾根上に位置する石田一号墳は横穴式石室をもつ円墳であるが、後世の攪乱のため基底石を留めるにすぎない。しかし、この石室内からは四期にわたる瓦器椀が出土しており、断続的な利用状況が看取される。(18)

・奈良県高取町与楽古墳群の事例

高取町は現在約六〇〇基の古墳が確認されており、奈良県内でも多い部類に入る。この高取町の与楽古墳群ナシタニ四号墳では右片袖式石室の構造を持つ横穴式石室が検出されており、多くの鉄釘の出土状況から木棺が埋葬されていたと見られる。古墳の築造年代としては、少量の装身具の出土のみであったため断定はできないものの周辺の古墳の状況より六世紀末頃と考えられている。そして、この石室からも一三世紀代頃の瓦器椀・皿、土師質土器片が出土しており鎌倉期に再利用されたことがうかがわれる。(19)

・奈良県大淀町大岩古墳群の事例

奈良県南部の大淀町北西端に位置する大岩古墳群のうち、石神古墳（大岩一号墳）・大岩四号墳・大岩五号墳において横穴式石室の再利用が確認される。

東大岩集落の北西に位置し、北から延びてきた尾根の傾斜変換点にあるため周囲からは目立つ場所にある石神古墳は両袖式の横穴式石室で、玄室の長さが右壁で四・二〇m、左壁で四・一五m、奥壁部での幅二・〇三m、玄門での幅二・〇一m、高さは中央で二・一一mを測る。石室内から出土した子持器台二点・広口壺とそれに伴う蓋・小型の杯蓋一一点・杯蓋二点などの須恵器類から七世紀初頭の築造と考えられている。この石室からも一二世紀中葉と一三世紀代の二時期にわたる瓦器椀が出土しており、複数回再利用されたことが確認できる。

大岩四号墳は玄室部分の石材の大部分が抜き取られ、さらには羨道や天井石も欠いていたが、床面や盗掘坑壁面の観察等により、長さ約四・六〇m、幅約一・九五mの玄室、幅一・三七mの羨道、右片袖式の横穴式石室と考えられる。この石室からは一〇世紀後半に位置付けられる黒色土器、一五世紀後半の青磁片及び瓦質擂鉢が出土している。また、大岩五号墳は無袖式の小規模なものであるが、ここからも七世紀半ばの須恵器の他、焼土層から一〇世紀代の土師器・灰釉陶器、一一世紀代の土師質皿、一四世紀前半の瓦器椀、大観通宝（初鋳一一〇七年）・宣和通宝（初鋳一一一九年）などの銭貨が出土しており、平安時代以降繰り返し石室が再利用されたことが確認できる。しかも、焼土層から判断して火葬が行われたものと考えられている。(20)

・奈良県桜井市フジヤマ古墳群の事例

桜井市街地の南方、多武峰山塊の山裾が北西に走る丘陵上に位置するフジヤマ古墳群は、その一号墳である横穴式石室の玄門中央部から土師器杯と黒色土器椀が、また後世の削平をうけ奥壁隅部の検出にとどまった二号墳からもへラミガキが施された土師器片が、さらに三号墳も盗掘穴が認められ大きく改変されていたが、その攪乱土内から一四世紀代の羽釜が出土しており、いずれの石室も古墳時代以後中世までの間に再利用が認められる事例である。(21)

• 兵庫県三田市高川古墳群

三田市虚空蔵山東麓、水田部との比高差約四〇mの山地に位置する高川古墳群は三基の横穴式石室からなる。このうち、調査された一号墳・二号墳ともに再利用の状況が知られる。

一号墳からは古墳時代以降の遺物として、奈良時代の須恵器杯、平安時代の須恵器杯・椀・黒色土器椀、鎌倉時代の須恵器椀、江戸時代の丹波焼擂鉢などが出土しており、しかもほとんどが完形に近い状態で羨道部などに据えられており、また炭を伴って出土したことから、長期にわたる再利用（火葬）が行われていたと思われる。一方、二号墳からも多数の骨片とともに出土した蔵骨器としての長頸壺や杯の上に裏返しに重ねられた状態で出土した二つの蓋など、奈良～平安時代の須恵器、故意に破砕され紡錘車とともに焚火に投げ込まれていた中世の須恵器椀が出土しており、何らかの祭祀行為のため再利用されたことが知り得る。なお、この二基の古墳のそばから中世墓も四基検出されている。(22)

この他、奈良県内では葛城市新庄町の寺口忍海古墳群H―一七号墳からは石室周辺の攪乱土の中から「中飯」と書かれた墨書土器が出土している。直接石室からの出土を示しているわけではないため、石室の再利用ではなく周辺に土坑墓がつくられていた可能性を否定しさるわけにはいかないが、「中飯」という墨書土器の存在が一定の階層性を示しているものと考えられる。(23)また、榛原町丹切古墳群四三号墳なども横穴式石室の再利用の事例に加えることができる。(24)さらに、岡山県倉敷市の大池上古墳群二号からも石室内や羨道部から中世の土師質鍋・椀・皿などが出土していることが報告されている[(25)]。

これらの事例や前掲の土井論文・武田論文が示すように、間壁氏が検討された八・九世紀のみならず、中世段階になっても横穴式石室の再利用は確認できる。間壁氏は、八・九世紀の奈良時代・平安時代前半までの古墳の再利用の事例を、墳丘を再利用した場合と石室を再利用した場合に区別して検討し、それぞれ自らの祖先の墓であったと主張する意図があったのではないかと言及されている。また、中世の事例にも若干ふれるなかで、「中世遺物の様相は、多数の土器が繰り返して置かれた状況で、祭祀の行われた可能性がきわめて強く」、古代の「埋葬」を目的とした再利用の状況とは明らかに異なると指摘されている。しかし、上記の事例が示すように中世段階の再利用も「埋葬」であったことが確認できるであろう。

なお、一二世紀以降舎利信仰が深まるなかで、遺骨の「盗掘」が繰り返されたことが、古墳再利用の痕跡になったとする藤井直正氏の見解もある[(26)]。この遺骨に対する信仰は末法思想の広まりを背景として浄土の世界に対する観念が定着したことにあるが、浄土往生に最大の関心を傾けた人たちは「他界の仏（本地）がこの地の衆生を救済するために顕現した存在（垂迹）である」と考えたが、聖徳太子や伝教大師・弘法大師などの聖人や寺堂に安置された仏像なども本仏の垂迹とみなされるようになったという[(27)]。このような末法思想を背景とする浄土往生観が、本仏が垂迹したとする遺骨への信仰（舎利信仰）を支え、古墳再利用の痕跡につながったものも一部にはあったと思われる。

ところで、総社市の事例は国府近郊であるし、ひびき岩一六号墳も阿波国衙近隣であること、さらには千塔山遺跡も郡衙近傍であることなどを考慮すれば、これらの事例は在庁官人層クラスの在地有力者がその地域権力としての正統性を示すために再利用しているという推測も可能であろうと思われる。すなわち、間壁氏が平安時代前半までの事例で指摘されたことが中世社会にも同様に指摘できると考えるのである。

また、ひびき岩一六号墳をはじめ火葬であったことも確認できるが、この点も上層階層の再利用であったことがわかる。[28] こうした動きの転換点が先にもふれたように一五世紀の地域社会の変容にあると考えられるのである。

(2) 墓域の継承

古墳時代後期に群集墳が形成された場所は、平安時代以降になっても継続して墓域として機能している事例が数多くある。そのような事例のいくつかを摘記する。

・三重県松阪市横尾墳墓群の事例

三重県松阪市西部の堀坂山が東麓に延びる尾根上に位置する横尾墳墓群は古墳時代後期の四基の古墳をはじめ、中世初頭の経塚、そして一五世紀後半〜一六世紀に比定される配石墓群や墳丘墓・土坑墓群が検出されており、長期にわたり墓域として機能していたことがうかがわれる。

しかも、その墓域が時代を経るにしたがって尾根上から斜面部分に次第に墓域が拡大すると同時に、墓が一部重複する(三五号墳や四五号墳は既存の墓を削平して造られている)ことも確かめられており、地域民衆にとって聖的な場(＝墓域)として意識されつづけていたことを示している。[29]

・大阪府高槻市岡本山古墓群の事例

岡本山古墓群は淀川中流域右岸、高槻市郡家地域の一画に位置する。この地域は弁天山古墳群や郡家車塚古墳・今城塚古墳などが存在するとともに、律令期の嶋上郡衙跡である郡家川西遺跡や芥川廃寺の所在が確かめられている。

岡本山古墓群は北摂山地から南に延びた南平台丘陵の標高三五〜六〇mの南斜面にあり、嶋上郡衙跡より北西に約一kmの場所にあたる。遺構としては、奈良時代の火葬墓六基と不定形土坑二基、平安時代から室町時代にかけての木棺墓・火葬墓・土坑墓などを数多く検出しており、長期にわたり墓域として意識され続けていたことを示している。特に奈良時代の火葬墓や平安期の木棺墓は官人墓と判断されている。また鎌倉時代遺構の多くの土坑墓などの立地条件から集団墓が広範囲にわたって群在する地区については集落の協同墓地（惣墓）、極めて限定された場所に重層的に造墓されている地区については氏墓と考えられている。(30)

・奈良県宇陀市榛原町神木坂古墳群の事例

宇陀市榛原町の近鉄榛原駅北側の丘陵に位置する神木坂古墳群からは、六世紀前半と捉えられる土坑墓群が検出されているが、その南斜面より平安時代の木棺墓が出土している他、「神木坂中世墓群」として報告されている七基の土葬墓・四基の火葬施設などが見られる。また、この丘陵北側には谷畑中世墓群もある。(31)

・徳島県上板町山田古墳群Ａの事例

上板町の阿讃山脈から南に向かって延びる標高約五〇～七〇ｍの尾根上に位置する山田古墳群は横穴式石室三基と小竪穴式石室が６基検出された他、中世段階の火葬墓や室町時代の石組墓群が確認された。当遺跡からは古墳時代後期における石室形態や埋葬方法の多様化が確認できるが、中世墓についても火葬墓を主体として、外部施設としての石組遺構を用い、さらに五輪塔を造立するという共通形態が認められる。(32)

以上の諸事例の他、奈良県御所市の石光山古墳群でも平安時代の木棺墓が検出されているのをはじめ、(33)榛原町大王山遺跡では弥生～古墳時代の遺構にあわせて中世墓群が営まれており、さらには後出古墳群でも二〇基以上の古墳とならんで中世墓がみられる。(34)同様の事例は枚挙に暇がなく、中世社会になっても墓域として意識されていた古墳群のあったことも間違いのないところである。

二、「古墳」の廃棄

再利用される古墳がある一方で、墓域としては継続されず、後世の開発行為等によって古墳が破壊されている例も少なからず存在する。こうした点は、「はじめに」でもふれたように既に古墳時代末期から既存の古墳を包摂して墳墓が築造された事例や藤原京・平城京造営の過程で古墳が削平された事例が存在することから、古墳の削平も普遍的なものであったと思われる。中世におけるそのような事例として著名なものに吉田兼好『徒然草』の一節がある。その紹介から本節をはじめたい。

年月経ても、露忘るゝにはあらねど、去る者は日々に疎しといへることなれば、さはいへど、そのきはばかりは覚えぬにや、よしなしごと言ひてうちも笑ひぬ。からは、けうとき山の中にをさめて、さるべき日ばかり詣でつゝ見れば、ほどなく卒塔婆も苔むし、木葉ふり埋みて、夕の嵐、夜の月のみぞ、こととふよすがなりける。思い出でてしのぶ人あらんほどこそあらめ、そもまたほどなくうせて、聞つたふるばかりの末々は、哀とやは思ふ。さるは、跡とふわざも絶えぬれば、いづれの人とだに知らず、年々の春の草のみぞ、心あらん人はあはれと見るべきを、はては、嵐にむせびし松も千年をまたで薪にくだかれ、古墳はすかれて田となりぬ。その形だになくなりぬるぞ悲しき。（『徒然草』三十段）

繰り返し述べるまでもないが、墳丘に生い茂った樹木が薪にされ、墳丘そのものも崩されて田畠に替えられていった様が描写されているのである。おそらくこうした現象は相当数にのぼったに違いない。例えば、大阪市の長原遺跡でも水田造成に際して複数時期に古墳が削平されているのをはじめ[35]、奈良県箸尾遺跡でも一二世紀の屋敷地造成に際して南側に存在した前方後円墳が削平されたという指摘がある(36)。

まだその他にも考古学的な発掘調査によって、中世段階に「古墳」が破壊されている事例が数多く報告されている。

・東京都葛飾区立石遺跡の事例

東京都葛飾区の立石遺跡では、一九九二年度の立石八―四三第三点の調査で七世紀代の古墳の周溝が見つかったが、「この古墳の墳丘部分は中世に既に削平を受けており、中世遺構群が検出されている。出土遺物より一四世紀から一五世紀代に構築されたものが主体と思われる」と、江上智恵氏によって報告されている(37)。

・奈良県宇陀市大宇陀町北原西古墳の事例

宇陀川中流域右岸の奈良県宇陀市大宇陀町大字野依と大字平尾の大字堺に位置する北原西古墳は、周囲の水田面との比高差が二〇～三〇mの独立丘陵に立地する。東に前方部を向ける前方後円墳で、全長三〇・六mを測る。埋葬施設としては割竹形木棺などの状況から古墳時代前期末から中期前半のものと考えられている。この古墳の造られていた丘陵からは一六世紀代の山城平尾城に関連すると見られる掘り割りが検出されており(38)、古墳を破壊しつつ城が築かれたものと思われる。

・奈良県宇陀市榛原町能峠　西山一号墳の事例

墳丘・周溝がすべて中世の殿垣内城築城に際して削平されており、石室の基底部分が若干検出されたのみである(39)。石材も持ち去られており、築城の際に転用された可能性もあろう。西山全体ではより多くの古墳の築造が行なわれていたものと考えられるが、土塁や掘り割り・平坦面・柱穴群が丘陵全体から確認され、中世段階での削平が大きかったものと思われ、横穴式石室としては西山で一基のみの検出である。

・播磨国石棺仏の事例

播磨の市川から加古川にはさまれた地域には、竜山・高室・長などの凝灰岩の産地があったことを背景として古墳時代末期に家形石棺が大量に造られていた。ところが、鎌倉時代以降阿弥陀浄土教の流布とともにその石棺の石材を転用した石棺仏が造立され始めるのである。宮下忠吉氏の集計によれば、石棺仏は確かなもので六八、不確かなものまで数えると八五にのぼるという。この造立の興隆は阿弥陀浄土教の興隆と軌を一にするものであり、関東の板碑と同じ歴史的な経過をたどるとのことである。[40]そして、中世末期にその造立は終息に向かうとのことである。

この石棺の転用も古墳を聖的なものと見る見方から解放された集団によって行なわれたものと考えられ、古墳の廃棄の事例に加えることができよう。

この他、三重県津市の旧一志町にある高畑遺跡では横穴式石室の石を借用した中世墓が検出されているし、[41]大阪府高槻市の今城塚古墳も戦国期に城郭として再利用されている[42]（図36）。

ことに中世社会にあっては山城として改変された古墳が相当数存在したであろうことが推測されるが、[43]これらの事例は、自らの集団にとって「記憶」の外におかれた古墳、地域伝承として語り継がれることのなかった小墳丘はもはや畏怖・畏敬の対象ではなかったことを示していよう。

ところで、近年文献史と考古学の両方の立場から山城が築かれる「場」の問題が提起されている。

初期の居館型山城として注目される猪久保城跡をはじめとする福島県田村地方の山城の事例を検討された飯村均

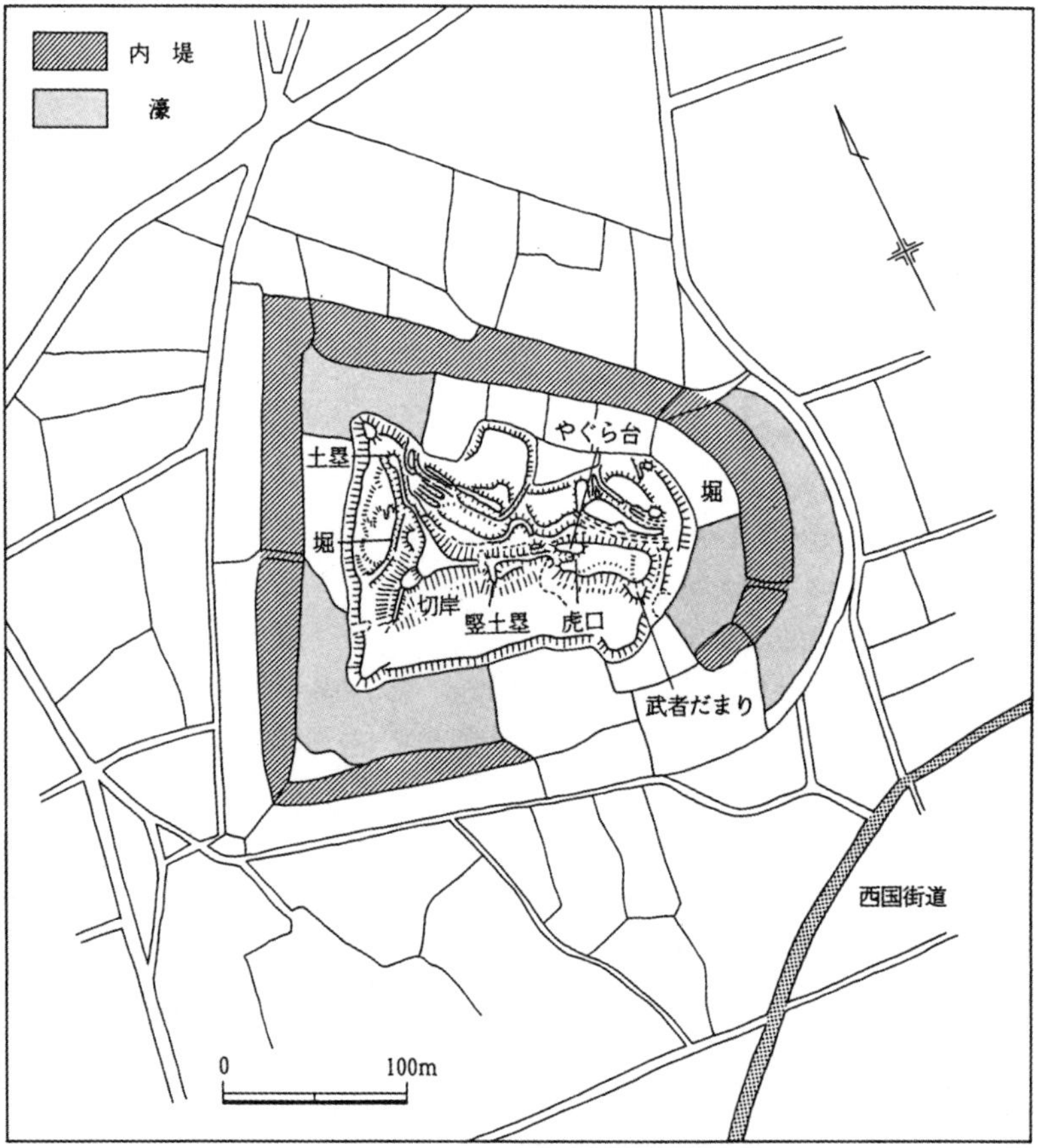

図36　今城塚古墳の戦国時代城郭遺構配置図

氏は、「初期の居館型山城や、在地支配の拠点としての村落領主の居館型山城が、視覚的にも聖地を尊重し、同時に民衆が重ね合わせて目視できる「場」に、作られている」と指摘されている。すなわち、これらの山城が神社や祭祀施設を包摂する形で築かれていることをふまえて、宗教勢力と共存する形でなければ領民を支配できなかったのだとされるのである。

しかし、宗教施設と山城が同じ場所に立つ問題は、立地上の利便性を問題とするべきである。本章でも紹介してきたように「古墳」が山城に作りかえられる事例は多くあるが、これらは舌状尾根の先端をはじめとして、山城築城に好都合な立地条件にあったと考えるべきで、そこに民衆の意識・心性を読み取ることは危険な解釈ではないだろうか(44)。

おわりに ――新たな墓域の形成――

以上のように、中世社会、ことに前期にあっては、前代に引き続き「埋葬」のため古墳を再利用する事例が確認できるのである。それは地域権力者が自らの正統性を主張する根拠になし得たからであろう。その一方で破却される古墳も多数あるが、地域社会にとって「記憶」の外におかれたものについてはその存在に意味が見出だせなくなっていたことを示している。

ところが、前代より墓域として認識されてきた箇所に墓を継続的に築造するという行為、あるいは古墳の再利用は中世前期で終焉し、室町期以降は惣村の成立に代表されるように、新たな地域社会（集団）が形成されることによって造墓活動そのものも新たな展開を見せるようになるのではないかと考えられる。すなわち、前代よりの墓域観念を払拭した新たな墓域が生み出されるようになるのではないか。

例えば、大和国を中心とする畿内での「惣墓」の形成(45)や静岡県磐田市の一の谷墳墓群(46)の事例などはこのことを端的に示していると考えられる。

すなわち、中世後期にかけて村落共同体そのものの再編にともなった新たな造墓活動が展開したのだと考える。新たなアイデンティティーの確立を地域集団が求めた結果、前代からの墓域を精神的に継承しない新しい墓域の設定が図られたものと考えたい。その背景には集落の移動をも伴っていたのであろう。例えば、中世都市博多も都市域の拡大によって埋葬遺構が動いていく状況が見られるのである(47)。

古墳を軸に中世地域社会の諸相を見ようとしたが、発掘調査事例の羅列に終始したのみで課題には十分迫り得ていないが、多くの御叱正お願いし本章を閉じたい。

注

(1) 王建新「日本の古代都城造営の際なぜ大きな古墳を潰したのか」『古代学研究』一一八号　一九八八
(2) 『水野恭一郎先生頌寿記念　日本宗教社会史論叢』国書刊行会　一九八二
(3) 『同志社考古』一号　一九六一
(4) 『ＨＯＭＩＮＩＤＳ』二号　一九九九
(5) 辰巳和弘編『下司古墳群』同志社大学校地学術調査委員会　一九八五
(6) 佐藤亜聖「考古資料からみた重源上人の行動とその背景」『南都仏教』八〇号　二〇〇一、同「狭山池出土石棺と重源上人」『重源のみた中世』シンポジウム「重源のみた中世」実行委員会　二〇〇二。その他、千田嘉博「城に再利用された古墳」（白石太一郎編『近畿地方における大型古墳群の基礎的研究』六一書房　二〇〇八）、同「陵墓と城郭研究」（『歴史学研究』八五七号　二〇〇九）も参照のこと。
(7) 『鳴門史学』二集　一九八八
(8) 幕末の修陵問題について論じた研究は多い。主なものに、戸原純一「幕末の修陵について」『書陵部紀要』一六号

一九六四、雨宮義人「孝明天皇と山陵の復古」『神道史研究』一四巻五・六号　一九六六、堀田啓一「江戸時代「山陵」の捜索と修補について」『考古学研究』八一号　一九七四、今井尭「明治以降陵墓決定の実態と特質」『歴史評論』三二一号　一九七七、中井正弘「伝仁徳天皇陵古墳の幕末「修陵」工事をめぐって」『古代学研究』九八号　一九八〇、大平聡「公武合体運動と文久の修陵」『考古学研究』一二二号　一九八四、茂木雅博『天皇陵の研究』同成社　一九九〇、石部正志「宇都宮藩と文久の修陵」『季刊　考古学』五八号　一九九七、上田長生「陵墓管理制度の形成と村・地域社会—幕末期を中心に—」『日本史研究』五二一　二〇〇六、同「幕末維新期の陵墓と村・地域社会」『歴史評論』六七三号　二〇〇六、高木博志『陵墓と文化財の近代』山川出版社　二〇一〇、など。

(9) 土井光一郎「中世墓に対する一考察—奈良県内における古墳石室再利用の中世墓について—」『花園史学』一三号　一九九二

(10) 武田恭彰「横穴式石室の再利用」村上幸雄・谷山雅彦・高田明人・武田恭彰・前角和夫・高橋進一『総社市埋蔵文化財発掘調査報告九　水島機械金属工業団地協同組合　西団地内遺跡群』総社市教育委員会　一九九一

(11) 佐藤弘夫「板碑造立とその思想」入間田宣夫編『東北中世史の研究　下巻』高志書院　二〇〇五

(12) 前掲注(10)報告書

(13)『ひびき岩一六号墳発掘調査報告書』石井町教育委員会　一九八六、辻佳伸「徳島県の中世墓—火葬墓の展開に関する予察—」『徳島県埋蔵文化財センター研究紀要　真朱』二号　一九九三

(14)『千塔山遺跡—弥生環溝集落・古墳・中世墳墓の調査—』基山町遺跡発掘調査団　一九七八

(15) 田村悟『直方市文化財調査報告書第二〇集　水町遺跡群』直方市教育委員会　一九九七

(16)『奈良県史跡名勝天然記念物調査報告第四八冊　能峠遺跡群Ⅰ(南山編)』奈良県教育委員会　一九八六

(17) 兼康保明「斑鳩仏塚古墳出土中世の燭台」『明日香風』一八号　一九八六、同「中・近世の小型円板とその用途」斎藤忠先生頌寿記念論集刊行会編『考古学論考　中巻』吉川弘文館　一九八八

(18) 竹田政敬「宇陀における瓦器についての覚書」『奈良県史跡名勝天然記念物調査報告第五一冊　能峠遺跡群Ⅱ(北山・西山・前山編)』奈良県教育委員会　一九八七、『奈良県文化財調査報告第四四集　榛原町石田一号墳』奈良県立橿原

考古学研究所　一九八五
(19)『奈良県文化財調査報告書　第五六集　高取町与楽古墳群』奈良県立橿原考古学研究所　一九八七
(20)『奈良県文化財調査報告書　第五七集　大淀町大岩古墳群』奈良県立橿原考古学研究所　一九八七
(21)泉森皎「フジヤマ古墳群」『奈良県文化財調査報告書第二八集　奈良県古墳調査集報Ⅰ』奈良県立橿原考古学研究所　一九七六
(22)岡崎正雄『高川古墳群』兵庫県教育委員会　一九九一
(23)『寺口忍海古墳群』新庄町教育委員会・奈良県立橿原考古学研究所　一九八八
(24)『奈良県史跡名勝天然記念物調査報告第三〇冊　宇陀・丹切古墳群』奈良県教育委員会　一九七五
(25)竹田勝・小野一臣・間壁葭子「大池上古墳群二号」『倉敷考古館研究集報』一〇号　一九七四
(26)藤井直正「古代末・中世における陵墓の発掘とその背景」『大手前女子大学論集』一三号　一九七九
(27)前掲注(11)佐藤論文
(28)勝田至「文献からみた中世の共同墓地」石井進・萩原三雄編『中世社会と墳墓』名著出版　一九九三
(29)宮田勝功・田阪仁「三重県・横尾墳墓群」『歴史手帖』一四巻一一号　一九八六、同「横尾墳墓群」『仏教芸術』一八二号　一九八九
(30)森田克行「大阪府岡本山古墓群・岡本山A三号墳」『日本考古学年報三五（一九八二年度版）』、同「大阪府・岡本山古墓群」『歴史手帖』一四巻一一号　一九八六
(31)『榛原町文化財調査報告第二集　神木坂古墳群』榛原町教育委員会　一九八六、『榛原町文化財調査報告第三集　神木坂古墳群Ⅱ』榛原町教育委員会　一九八八
(32)柴田昌児「山田古墳群A」『徳島県埋蔵文化財センター年報』三号　一九九二、藤川智之他『柿谷遺跡・菖蒲谷西山B遺跡・山田古墳群A』徳島県教育委員会・徳島県埋蔵文化財センター他　一九九四
(33)『奈良県史跡名勝天然記念物調査報告第三一冊　葛城・石光山古墳群』奈良県教育委員会　一九七六
(34)前掲注(18)竹田政敬論文

(35) 井藤徹他『長原』大阪府教育委員会・大阪文化財センター　一九七八、江浦洋「轍と開発―新家遺跡「土俵敷き遺構」の再検討―」『大阪文化財研究』一〇号　一九九六
(36) 寺沢薫編『箸尾遺跡を掘る』奈良県立橿原考古学研究所　一九九三。その他、箸尾遺跡については、寺沢薫「大和における中世開発の一様相」『条里制研究』七号　一九九一、山川均「条里制と村落」『歴史評論』五三八号　一九九五、などの成果がある。
(37) 江上智恵「最近の調査から二―葛飾区内の調査―」『特別展　下町・中世再発見』葛飾区郷土と天文の博物館　一九九三
(38) 竹田政敬・柳澤一宏他「北原西古墳の発掘調査」『大和宇陀地域における古墳の研究』宇陀古墳文化研究会　一九九三
(39) 前掲注(18)『能峠遺跡群Ⅱ(北山・西山・前山編)』
(40) 宮下忠吉「播磨石棺仏の編年試論」『兵庫県の歴史』一五号　一九七八
(41) 『読売新聞　三重版』一九九五年八月二〇日
(42) 橋本久和「今城塚古墳の戦国時代城郭」『高槻市文化財年報　平成六年度』一九九六
(43) 古墳を中世城館に再利用した例として著名なものに河内国の高屋城(高屋築山古墳・伝安閑天皇陵)があるが、他にも滋賀県の雪野山古墳をはじめとして多くの事例がある(中井均「雪野山古墳の中世城郭遺構について」『雪野山古墳の研究　考察篇』雪野山古墳調査団　一九九六。なお、中井氏はこの論文の中で中世城館として再利用された古墳の事例を数件紹介されている)。
(44) 飯村均「山城と聖地のスケッチ」『帝京大学山梨文化財研究所研究報告』五集　一九九四、中澤克昭「中世城郭史試論―その心性を探る―」『史学雑誌』一〇二編一一号　一九九三、後に同氏著『中世の武力と城郭』(吉川弘文館　一九九九)所収
(45) 新谷尚紀「石塔立地の多様性と両墓制成立の前提」『両墓制と他界観』吉川弘文館　一九九一、吉井敏幸「中世群集墓遺跡からみた惣墓の成立」『国立歴史民俗博物館研究報告』四九集　一九九三、同「大和地方における惣墓の実

態と変遷」石井進・萩原三雄編『中世社会と墳墓』名著出版　一九九三
(46) 諸学会による一の谷中世墳墓群の保存要望書事務局『遠江見付の中世と一の谷墳墓群』一九八七、網野善彦・石井進編『中世の都市と墳墓』日本エディタースクール出版部　一九八八
(47) 大庭康時「中世都市「博多」の縁辺」『博多研究会誌』四号　一九九六

〔付記〕

本章の初出原稿（『徳島県埋蔵文化財センター研究紀要　真朱』三号　一九九九年）で、古墳を城館として再利用した事例に大阪府高槻市の今城塚古墳を、図36（164頁）とともに紹介した。その後の高槻市教育委員会の発掘調査で、天正の大地震による地滑りなどによって元来の墳丘部分に崩落部分があることが確かめられた（高槻市立しろあと歴史館『発掘された埴輪群と今城塚古墳』二〇〇四年）。

したがって、図36については、その見直しが必要であるが、寒川旭氏が「戦国時代末期に城砦として手を加えたことが、地滑りが発生しやすい下地をつくった可能性がある」と述べられていたり（寒川「今城塚古墳の地震痕跡」前掲『発掘された埴輪群と今城塚古墳』）、江戸時代にも今城塚古墳が所在した郡家村では「城跡」と認識されていたように（屋久健二「今城塚断簡」前掲『発掘された埴輪群と今城塚』）、今城塚古墳が中世末期に城館として利用されていたことは確かである。

第六章　阿波国大野荘・大野新荘の伝領と守護細川氏

はじめに

阿波国大野荘及び大野新荘は、那賀川が丹生谷の谷間部を抜けて沖積平野にさしかかるところに位置する。現在も阿南市上大野町・中大野町・下大野町という遺称地があり（図37参照）、荘域としては概ねこの近辺であると捉えられてきた。沖野舜二氏も『阿波国庄園考』のなかで大野荘域を「おそらく旧、大野村大字上大野、中大野」であろうとする。(1) また大野新荘の荘域も「旧大野村大字下大野」とする。しかし、これまで大野荘・大野新荘について具体的に取り上げた先行研究は乏しく、その荘域も遺称地を踏襲するというのが通例であった。これに対し、福家清司氏が『羽ノ浦町誌　歴史編第一巻』のなかで、大野荘の荘域を羽ノ浦町古毛・明見・岩脇・古庄を含む地域に、大野新荘をその北側の立江地域を中心とする地域に比定されている。(2) そこで荘域の問題も含めて検討しようというのが本章の目的である。在地に関わる史料が必ずしも多くはなく断片的な記述になるが、大野荘・大野新荘についての考察を加えることとする。

図37　大野荘周辺図

一、荘域と地理的環境

大野荘・大野新荘の荘域については、「はじめに」でもふれたとおり、これまで「和名類従抄」の大野郷の遺称地と考えられる現阿南市上大野町・中大野町・下大野町付近に本荘・新荘ともに比定されてきた。福家清司氏は、本荘についてはこの地域に加えて、羽ノ浦町古庄が新荘に対する本荘に由来する地名であると判断できることから、現在の那賀川北岸域も大野荘域であると考えられること、また年貢高が平治元年（一一五九）の宝荘厳院領荘園注文に二五六石余とあることから判断して広大な荘域を想定し、現在の大野地区よりも東側にも荘域が広がっていたのではないかと述べられる。[3][4] 以下にふれるように、北岸域を含めることについては旧流路の関係より首肯できるものの、東側に広がるという点については若干の疑問が残る。東隣は竹原荘の荘域にあたり八鉾神社の鎮座するところであることより大野荘の荘域は東へは広がらないのではないだろうか。また新荘については元亨二年（一三二二）八月一八日の渋谷静重譲状[5]に「阿波国大野新庄立江内」とることから、小松島市立江町付近に比定できるものと思われる（図37参照）。福家清司氏の指摘される通りである。

ちなみに現況景観は近年になってからのものであり、図38に示した寺戸恒夫氏の復元推定図にもあるように[6]、那賀川平野は旧河川の乱流する地域であった。付近に点在する「南島」「柳島」「色ケ島」「平島」等の「島」地名が、那賀川の乱流していたことの名残を伝えている。

確かに、那賀川は明和七年（一七七一）の国絵図を見ても、現在の苅屋川がその主流であったと考えられるのであり、しかもこの流路に沿う形で条里地割も施行されたと考えられている[7]。すなわち、現在の那賀川（古庄から辰巳に至る流路）は分流していたその一つであり、那賀川北岸に万代堤が築かれるのも天明八年（一七九〇）のことと

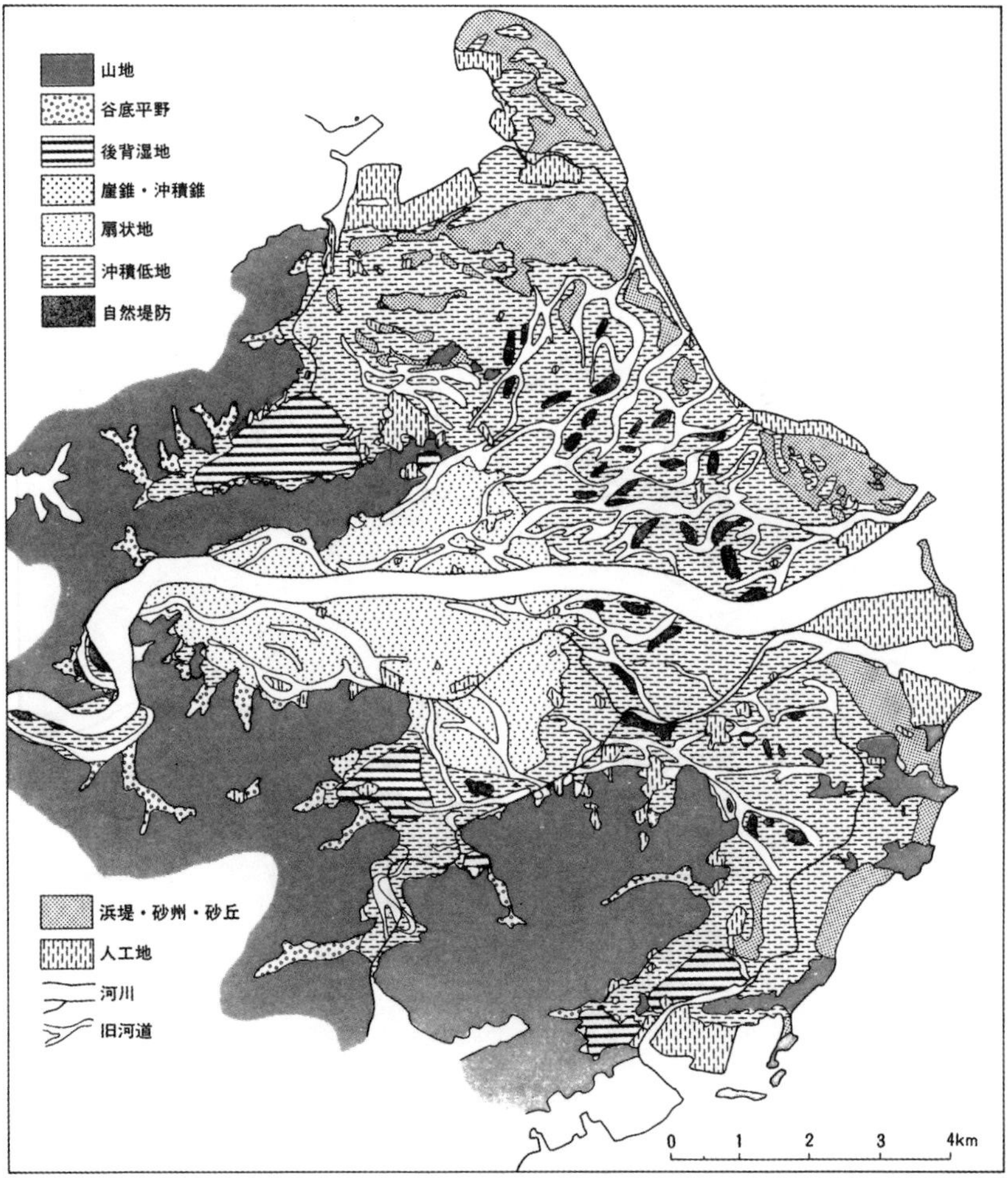

図38　那賀川平野の地形学図

いわれていることから、それまではいくつにも分流して紀伊水道に注いでいたのである。

また、安政二年（一八五五）の「長川及岡川絵図」を見ると（図39）、中大野村から下大野村にかけてのところで大きく二つに分流していることがわかる。ここに描かれた那賀川と岡川はいずれも大河で、一方が主流でもう一方がその支流などといったものではない。那賀川に連続堤の築かれている現在でこそ岡川は水量の乏しい河川であるが、安政段階では相当の水量が想定され、下大野村とその東側の世界を分断していたのである。当然、中世段階でもこの岡川の流れが大野荘の東の荘域を確定する大きな要素となったはずである。そこで、旧流路を現在の地図の上に落とす試みをしてみると、大野原から上中町西縁にかけてのところが現在も畑地となっており、周囲よりやや低いことが確認される。また大野原という地名もかつて岡川の氾濫原であったことを示す地名とも考えられ、東の

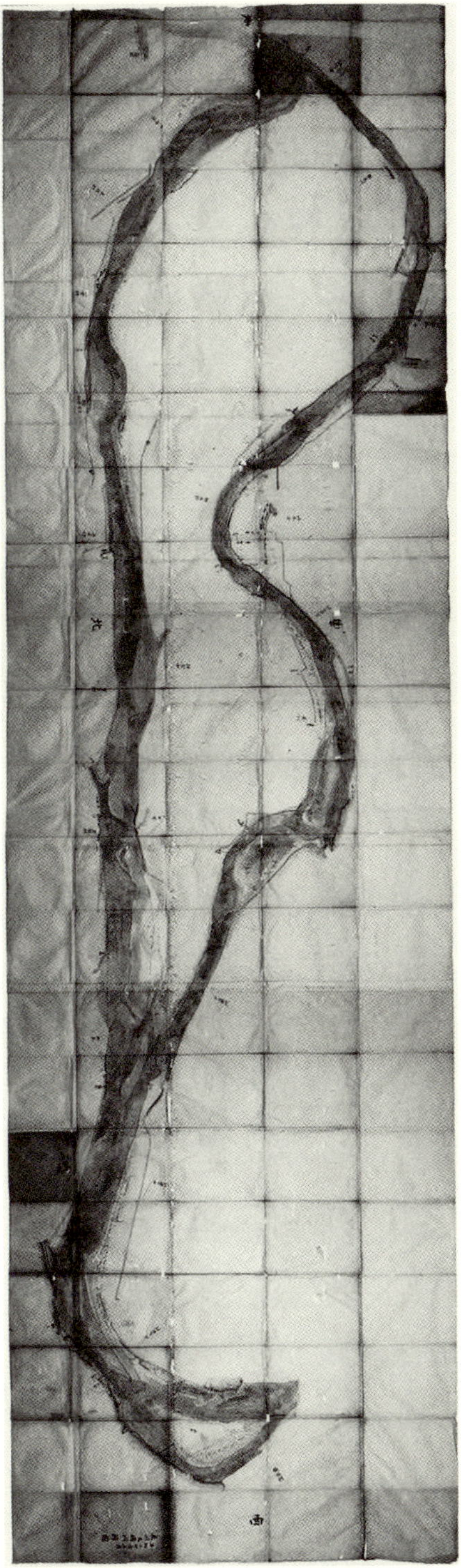
図39　長川及岡川絵図

荘堺が下大野町柴根の東側付近にあったものと想定されるのである。その他、西は那賀川の流路まで、南側も山塊の裾野までが荘域であったと考えられる。

なお、前述してきたように海水域が当荘付近にまで入り込んでいたため、水上交通の掌握が領主層にとっては肝要であったと見え、隣荘である竹原荘内に鎮座する八鉾神社に伝えられた長寛元年（一一六三）九月二五日付の二品家政所下文(8)には「坐庄家要津、而貢物船動入海邑」という文言もみえる。また、那賀川河口付近の平島は、『兵庫北関入船納帳』(9)に材木の積み出し港としてその名が見えることから、那賀川水運を利用した上流域（丹生谷）の材木の切り出しが行われていたことが想定される(10)。

また、当荘付近にも条里地割が残存することから(11)、「和名抄」に「大野郷」とあることとあわせて考えるに、中世初頭には一定の開発が進められていたことが知られるのである。

二、両荘の伝領関係について

大野本荘・新荘の立荘に関する経緯については不詳である。初見は平治元年（一一五九）閏五月の宝荘厳院領庄園注文(12)に「阿波国大野庄　季行卿」と見えるのがそれであり、このことから平治段階では宝荘厳院を本家、藤原季行を領家とする荘園であったことが知られる。季行は大治五年（一一三〇）に阿波守に補任されており（公卿補任）、その在任中である長承元年（一一三二）に鳥羽上皇の御願によって建立された宝荘厳院への大野荘の寄進に関与していたため領家職を保持することになったものと考えられている(13)。

ところが、元久元年（一二〇四）八月二三日の九条兼実処分状(14)には「阿波国　大野庄本・新　件両庄祖母尼公領也、歓楽之後、小童摂政也可知行之旨、先年示置了」とあり、すでに大野本荘・新荘と分かれていたこと、また九条家が保持していた領家職が兼実からその子良経に譲られたことが知られるのである。さらに本荘領家職が良経からその子道家に譲られていたことも建長二年（一二五〇）一一月日の九条道家惣処分状[15]に「阿波国大野本庄宝荘厳院領」とあることより知られる。ところで、京都東山の東福寺はこの道家の開基で知られるが、その落慶供養会は道家没後の建長三年（一二五五）のことであり、一条実経の挙行による。そして、全諸堂宇完成は文永八年（一二七一）のことであるという。こうした背景からか、大野本荘は一条実経の手によって東福寺に寄進される。

弘安三年（一二八〇）五月二日の圓爾請文案には次のようにある[16]。

阿波国大野本庄・、付・常楽庵、可住持三寶之由、謹承候了、永代無牢籠之様可計置候、以此旨、可有御披露
候、恐惶謹言、
　五月二日　　　圓(爾)｜請文
「此案文執筆八本智御房、入筆者方丈自筆也」

これによれば、本荘が弘安三年に東福寺の塔頭であった常楽庵に寄せられたことがわかる。また応安元年（一三六八）閏六月日の大野本荘雑掌祥能申状案[17]にも「普門寺領阿波国大野本庄」は「為後一条禅定殿下御家領、去文永八年御寄附于寺家以来、知行送年序無相違」とあり、文永八年（一二七一）に一条実経が東福寺普門院の常楽庵に寄進したことが記されている。なお、年未詳ながら一三世紀後半のものと推定される一条摂政家所領目録案断簡[18]に「阿波国大野本庄宝荘厳院領」とある肩に「年貢九十一石余」とあり、一条家に納める年貢も当荘には課されていたことも知られる。

また、南北朝期の東寺雑掌申状案[19]には「宝荘厳院領阿波国大野庄本家職事　右当庄者、往昔以来重色之寺領也、而為宝荘厳院興行、以彼執務職、被寄于東寺、被渡御本尊之間、以彼寺領為御願料足、置勧学衆、……」とあることなどとあわせ考えれば、大野本荘本家職については宝荘厳院が、また領家職については九条家から一条実経の手

を経て東福寺に伝領されたことが知り得るのである。

一方、大野新荘については、先述したように元久元年（一二〇四）にはすでに本荘と分かれて立荘されていたことが知られるが、伝領関係については当該時期を通じて九条家が領家職を保持していた。永仁五年（一二九七）八月日の御所大番役定書案[20]にも当荘の名が表れること、建武三年（一三三六）八月二四日九条道教家領目録案[21]にも「左大将家政所注進、御家領事御当知行分」[22]として「阿波国大野新庄領家職」の名が見えること、さらに天正一三年（一五八五）五月一四日の九条殿不知行分目録にも「阿岐(波)国　一、大野新庄」と見えることから、鎌倉・室町期を通して九条家が領家職を保持していたものと思われるが、一六世紀末には領家職得分の収納などを実現し得るような実態的な所領ではなくなっている。

これに対し、地頭職は西遷御家人として薩摩国の入来院に土着する渋谷氏が掌握していた。何故渋谷氏が当地を知行することになるかは不詳であるが、正安元年（一二九九）八月一七日渋谷重世譲状案[23]に、本貫地である相模国渋谷の屋敷・田畠・立野、薩摩国入来院などとならんで、「一所　あわの国大野新庄北方内六方、重世ちきようのふん、し、さかひ、本わけ状にみえて候」とみえ、大野新荘のうち「北方内六方」が重世の知行地であったことが知られる。また前述の元亨二年の渋谷静重譲状によれば、「大野新庄立江内［　　］壱地頭職」を尼教阿が後家分として知行するよう記されている。さらに正慶元年（一三三二）八月日の渋谷重頼外連署紛失状[24]からも、渋谷氏が大野新荘の地頭職を伝領していたことが知られるが、建武元年（一三三四）にはその地頭職をめぐって一族内で抗争が展開している。

和与

渋谷平六重氏今者死去女子等与同重躬子息彦次郎重時今者死去舎弟鬼益丸相論、重氏跡所領等相模国吉田庄内上深屋北尾屋敷田畠立野、美作国河江庄内亀石・土師谷田畠山野、阿波国大野新庄内八分壱、薩摩国入来院内下副田

村田畠在家山野等事、

右、所々者、為重氏死去之跡間、鬼益丸雖帯　大塔宮令旨并吉田一位御牒、所詮、以和与之儀、至永代、子々孫々止彼所々望上裁違乱、付女子方畢、此上為後證一族等所令加連署之判形也、随而、重躬子息鬼益丸所令拝領令旨・御牒等正文、一通不残、女子方令渡進畢、若猶以後日、云重躬子息等余流、於沙汰者、以一族一同之儀、被経　上裁、罪科可被行申者也、仍為後代亀鏡、和与之状如件、

建武元年（一三三四）十二月十九日

鬼益丸代藤原家綱（花押）
沙　彌　定　重（花押）
平　　　重　文（花押）
平　　　重　親（花押）
平　　　重　躬（花押）
平　　　重　房（花押）
沙　彌　定　圓（花押）

これは建武元年（一三三四）一二月一九日の渋谷定圓外六名連署和与状であるが[25]、重氏跡所領をめぐる相論が繰り広げられていたことが記されている。

ところが、この渋谷氏の荘内での活動も室町期以降は確認できない。「故城記」「城跡記」「古城諸将記」[26]などには、いずれも共通して立江に小笠原氏の名が、また大野には仁木氏の名が記されており、織豊期から近世初頭には渋谷氏の名を認めることはできないのである。第四節でふれるように、細川氏の阿波国入部による阿波南方への進出が影響しているのだろうか。

以上のように、大野新荘の伝領関係については、領家職を九条家が、荘内立江地域の地頭職を南北朝期頃までは

渋谷氏が保持していたものと思われる。

三、荘内の城館

「故城記」「城跡記」「古城諸将記」には、大野荘の荘域に所在した城館と武将の名前を、それぞれ次のように記している。

- 「故城記」……「大野殿　源氏」
- 「城跡記」……「大野城　主将仁木左衛門」
- 「古城諸将記」……「大野　大野「仁木右衛門一」　上大野　仁木伊賀守」

また、徳島藩の藩撰地誌である『阿波志』にも同様のことが記されている。

このように、藩政段階では大野荘内に上大野城と中大野城が所在したことが伝えられていた。上大野城については城山に小祠もあり、山裾には「城之内」なる字名もあることからこの地点に同定されるが、中大野城については現況では観察することが困難である。そこで、荘域に関わる地域を小字図に基づいて観察してみよう。図40～図42は阿南市役所蔵の地籍図作成に係る小字図である。本来、この三枚は隣接する地区の地籍図であることから、同縮尺で貼り合わせると接合できるはずであるが、当時の測量事情からか、うまく整合できないので、三点を個別に示すことにした。

これから読みとれることは、城山膝下の「城之内」地名とともに柴根南西付近にも方形区画が看守されることである。前者は城山と一体的な居館であり、後者の地点には現在も龍池山神応院や八幡神社が鎮座するが、ここに中大野城の痕跡を見ることはいかがなものであろうか。

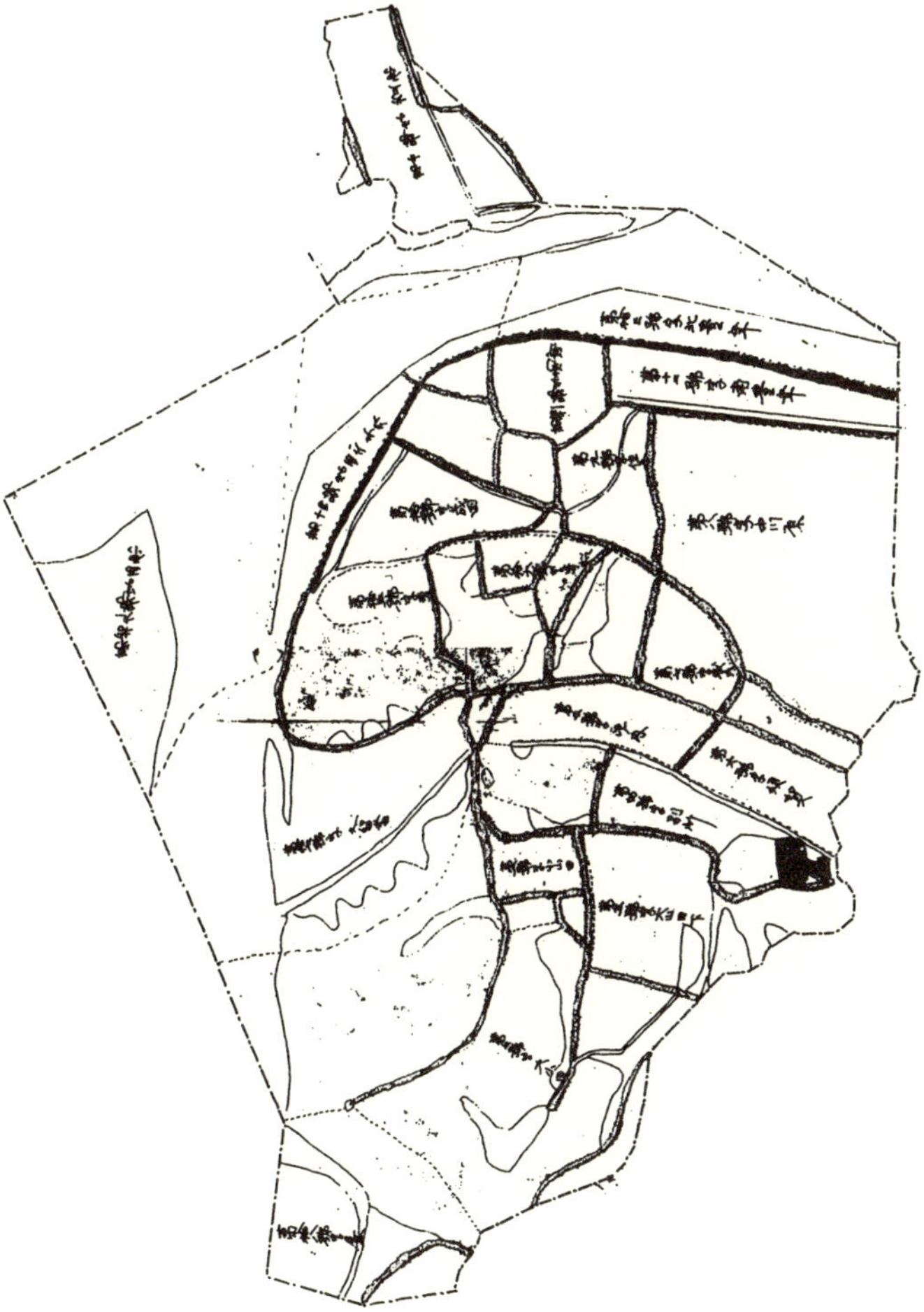

図40　「上大野」小字図

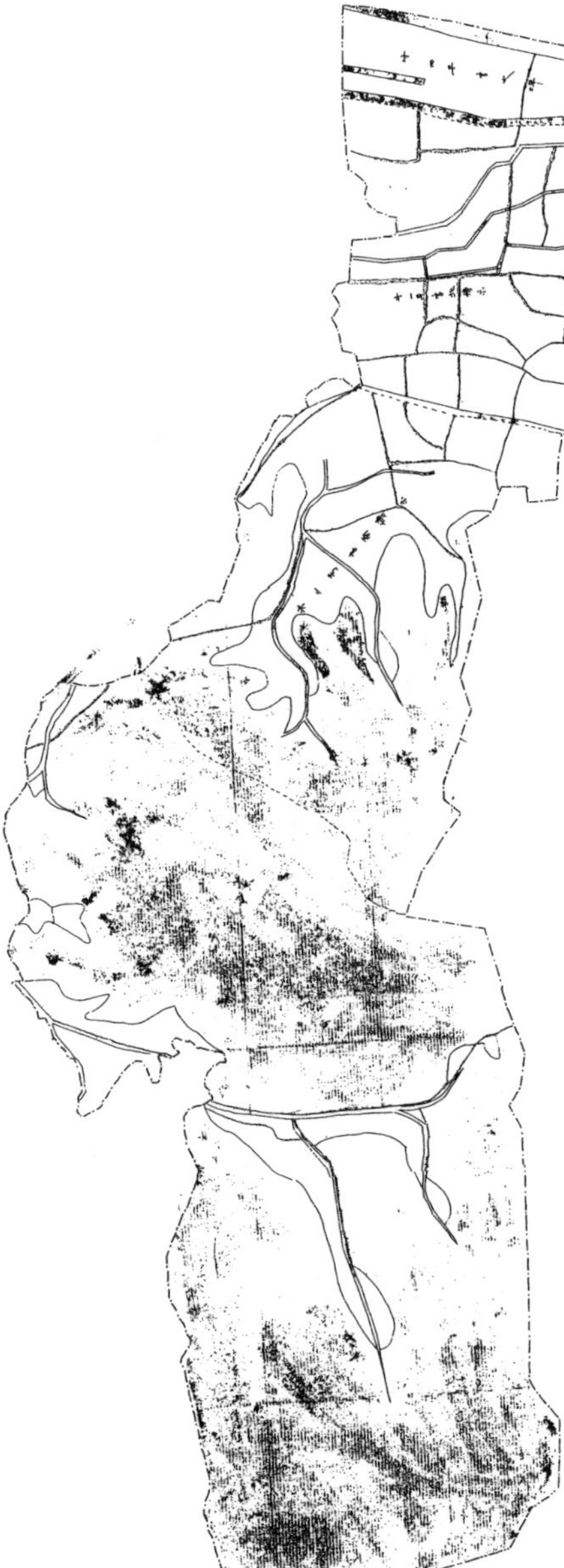

図41 「中大野」小字図

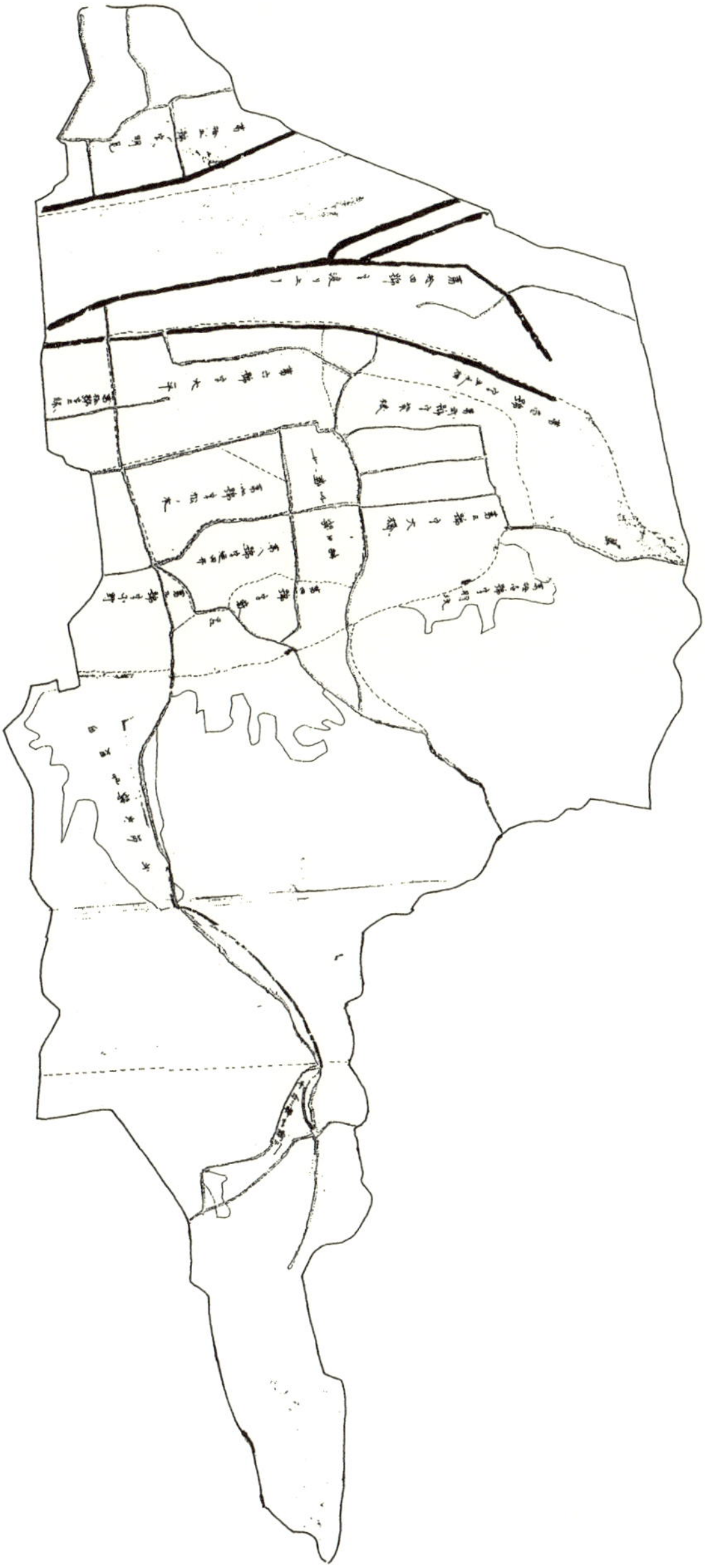

図42 「下大野」小字図

四、細川氏の阿波国入部とその影響

細川氏が阿波国に入部してくるは、建武三年（一三三六）のことである。それと同時に秋月に守護所を構えたと考えられているが、細川氏が当地に守護所を構えた理由としては、鎌倉末期より当荘地頭に足利氏が補任されており、少なからず足利氏の所領化が進んでいたことがあげられている(27)。このことを示すのが、永仁頃と推定されている足利氏所領奉行人交名(28)であり、これに秋月の名が挙げられている。

さて、阿波国南部への細川氏権力の影響は入部当初の一四世紀半ばから認めないわけにはいかない。例えば、鎌倉時代において海部郡内最大の武士団であった海部氏は、正平七年（一三五二）すでに細川氏に従軍し、山城国久世荘内で軍事行動を行っている(29)。

また、建武三年（一三三六）一月一五日の細川和氏・同顕氏連署奉書には「阿波国勝浦庄公文職大栗彦太郎跡肆分壱事」が勲功のため、板野郡内の在地武士であった漆原三郎五郎にあてがわれていることが知られるが(30)、この漆原氏は勝浦川上流域の勝浦山でも押領を謀っている(31)。さらに、桑野保内に所在した海正八幡神社の当該期における神主職の相論についても細川氏の影響が認められる。すなわち、暦応二年（一三三九）八月の奉行祖用宛行状写(32)に「彼神主職免田等ニ、和食入道雖歎申、依無謂棄置畢、致恒光此度々捧下知状間、任道理宛行神主職免田等お者也」と見え、当社の神主職をめぐる相論が展開していたことが知られるが、この康暦二年は細川和之が夢窓国師を招いて細川氏の菩提寺となる臨済宗の補陀寺（秋月に所在）を開山させた年であり、貞和四年（一三四八）二月一三日の都寺昌息等連署充行状写(33)に「宛行補陀寺領桑野保内　橘八幡宮免田　神主職事」とあって、桑野保が補陀寺領となっていることから先の相論には細川氏の阿波国入部が大きく関わっていたことが想定されるのである。

こうした一連の動向は、大野荘内にも及んでいたことが確認される。

次に掲げるのは貞和二年（一三四六）四月一六日法院親海挙状案[34]を具書として副え日野資明に出された同年四月二一日の東寺長者賢俊挙状案である[35]。

宝荘厳院領阿波国大野庄本家方守護押領事、親海法印状副具書如此、子細見状候歟、停止押妨、可沙汰居雑掌於地下之由、被仰武家之様、可有申御沙汰候哉、賢俊謹言、

四月廿一日　法務賢俊

進上　日野大納言殿

これには具体的に大野荘内への「守護押領」が示されている。この「守護押領」のその後の経緯については、光厳上皇の院宣の発給にまで事態が及んでいる。すなわち、同年四月日の東寺雑掌光信申状[36]では「当国守護人細河刑部大輔非分押領」を停止するよう求めているのに対し、同年六月一一日の光厳上皇院宣案[37]ではこの旨が日野資明より勧修寺経顕に伝えられ、七月二三日勧修寺経顕書状案[38]ではこのことが経顕より左兵衛督（足利直義）に伝えられていることがみえる。

しかし、守護方の押領は止まなかったと見え、貞和六年（一三五〇）二月日の東寺雑掌光信申状案[39]では重ねて「守護人非分押領」の停止を訴えている。先述した応安元年（一三六八）の大野本荘雑掌祥能申状案は一三世紀後半に当荘を東福寺の塔頭常楽庵に寄進したことを示す史料であるが、その中で「近日寄事動乱、庄家動相煩之段不便次第也」とも記されており、一連の騒擾が未だ沈静化していなかったことを伝えてくれる。

以上のように、断片的ではあるが、細川氏は阿波国入部直後からその支配を南方地域にまで延ばそうとしていたことが理解されるのである。

なお、応永元年（一三九四）一二月五日の足利義満安堵状[40]及び同二年（一三九五）三月六日の斯波義将施行状[41]で

は当荘などが東福寺に安堵されている。さらに応永三〇年（一四二三）五月一二日には足利義持が[42]、永享七年（一四三五）七月一七日には足利義教が[43]、長禄三年（一四五九）七月一六日及び文明一〇年（一四七八）三月一五日には足利義政がそれぞれ「普門寺領阿波国大野本庄」を安堵している[44]。

むすびにかえて

これまで大野荘・大野新荘については、自治体史などでふれらけるにすぎなかった。本章でも断片的な記述に終始し、これまで考えられてきたことに付加できたものはほとんどないと言ってよい。今後は文献史料のみならず、考古学的な視点からこの問題に迫る機会があれば新たな視角も見えてこようかと考えるが、本章では果たし得ない。今後の課題としたい。

注

（1）沖野舜二『阿波国庄園考』小宮山書店　一九六二
（2）羽ノ浦町誌編さん委員会『羽ノ浦町誌　歴史編第一巻』羽ノ浦町　一九九八
（3）「東寺百合文書」（『平安遺文』六巻二九八六号）
（4）前掲注（2）に同じ
（5）「薩摩入来院岡元氏文書」（『鎌倉遺文』三六巻二八一四二号）
（6）寺戸恒夫「那賀川平野の古地形の復元」『阿南工業高等専門学校研究紀要』二六号　一九九〇
（7）服部昌之「那賀川平野の条里」『広島女子短期大学紀要』八号　一九五七
（8）八鉾神社文書（『平安遺文』三二六八号）

（9）燈心文庫　林屋辰三郎編『兵庫北関入船納帳』中央公論美術社　一九八一
（10）中世における平島も含めた阿波南方の海上交通については、山下知之「中世後期阿波南方における水運の発達と地域社会」『四国中世史研究』四号（一九九七）に詳しい。
（11）福井好行「阿波に於ける条里の遺址」、同「阿波の条里」、ともに同氏著『阿波の歴史地理　第一』一九六四、前掲注（7）服部論文
（12）前掲注（3）に同じ
（13）前掲注（7）服部論文
（14）「九條家文書」（『鎌倉遺文』補遺一巻補四六六号）
（15）「九條家文書」（『鎌倉遺文』一〇巻七二五〇号）
（16）「東福寺文書」（『鎌倉遺文』一八巻一三九五〇号）
（17）「東福寺文書」（『南北朝遺文中国四国編』四巻三六一六号）
（18）『図書寮叢刊「九條家文書」二』
（19）「東寺百合文書」（『南北朝遺文中国四国編』二巻一七九四号）
（20）「九條家文書」（『鎌倉遺文』二六巻一九四三九号）
（21）「九條家文書」（『南北朝遺文中国四国編』一巻四五四号）
（22）『大日本史料　一一編之一五』
（23）「入来院岡元家文書」（『神奈川県史　資料編2』）
（24）「入来院文書」（『鎌倉遺文』四一巻三一八三九号）
（25）「薩摩岡元文書」（『南北朝遺文中国四国編』一巻八七号）
（26）いずれも『阿波国徴古雑抄』（日本歴史地理学会　一九一三）所収、一九七四年に臨川書店より復刻
（27）小川信『細川頼之』吉川弘文館　一九七二
（28）「陸奥倉持文書」（『鎌倉遺文』二四巻一八四四七号）

(29)「東寺百合文書」ホ三十六之五十五（『大日本史料　六編之一六』）は次の通りである。

東寺八幡宮雑掌申山城国久世庄事、副具書如此、早廣田出羽亮五郎相共莅彼所、退濫妨人、沙汰付下地於雑掌、可執
進請取状、使節緩怠者、可有其咎之状、依仰執達如件、
正平七年(一三五二)二月廿五日　陸奥守(細川顕氏)（花押）
海部但馬守殿

(30)「下総染谷文書」（『南北朝遺文中国四国編』一巻二四五号）

(31)福家清司「阿波国〈勝浦山〉について」（『史窓』一六号　徳島地方史研究会　一九八五）によれば、細川氏の被官で板野郡を本拠にしていた漆原氏の一族と思われる漆原兼連が勝浦山で押領を繰り返していた。

(32)「海正八幡神社文書」（『南北朝遺文中国四国編』一巻八八五号）

(33)「海正八幡神社文書」（『南北朝遺文中国四国編』二巻一六一七号）

(34)「東寺百合文書」（『南北朝遺文中国四国編』二巻一四六〇号）。これには次のようにある。

宝庄厳院領阿波国大野庄本家方間事、雑掌光信申状副具書如此、子細見状候歟、早御奏聞候之様、可有申沙汰候
哉、恐々謹言、
卯月十六日　法印親海
謹上　別当法印御房

(35)「東寺百合文書」（『南北朝遺文中国四国編』二巻一四六一号）

(36)「東寺百合文書」（『南北朝遺文中国四国編』二巻一四六三号）

(37)「東寺百合文書」（『南北朝遺文中国四国編』二巻一四六九号）

(38)「東寺百合文書」（『南北朝遺文中国四国編』二巻一四七二号）

(39)「東寺百合文書」（『南北朝遺文中国四国編』二巻一七九三号）

(40)「尊経閣文庫蔵東福寺文書」（太田晶二郎編『尊経閣文庫蔵　武家手鑑釈文　付解題』臨川書店　一九七八）

(41)「尊経閣文庫蔵東福寺文書」（太田晶二郎編『尊経閣文庫蔵　武家手鑑釈文　付解題』臨川書店　一九七八）

(42)「尊経閣文庫蔵東福寺文書」(太田晶二郎編『尊経閣文庫蔵　武家手鑑釈文　付解題』臨川書店　一九七八)
(43)「尊経閣文庫蔵東福寺文書」(太田晶二郎編『尊経閣文庫蔵　武家手鑑釈文　付解題』臨川書店　一九七八)
(44)「尊経閣文庫蔵東福寺文書」(太田晶二郎編『尊経閣文庫蔵　武家手鑑釈文　付解題』臨川書店　一九七八)

補論2　阿波国竹原荘・隆禅寺・宮ノ本遺跡

はじめに

阿波国竹原荘は、那賀川下流域の南岸、現在の徳島県阿南市宝田町・長生町域に広がっていた荘園である。竹原荘についての専論はまだない。ただし、沖野舜二氏の『阿波国庄園考』(1)や『阿南市史　第一巻』(2)で概説的な叙述ではあるが、すでに取り上げられている。

この竹原荘の初見史料は『兵範記』保元二年（一一五七）三月二九日条に引用された三月二五日付の太政官符である(3)。これによれば、保元の乱で藤原頼長が敗死したために没官されて後白河院領に組み込まれていたことが理解されるが、この竹原荘の域内と想定される長生町宮ノ本に所在する宮ノ本遺跡の発掘調査が進展し、竹原荘の開発に関わる重要な論点が提示できる成果が見られる(4)。

そこで、本章ではこの宮ノ本遺跡の調査成果も加味して、この竹原荘の歴史的経緯を確認することを目的としたい。

一、「隆禅寺」と竹原荘の荘域

竹原荘が所在した那賀川下流域右岸には「三条」「九ノ坪」などの条里制をうかがわせる地名が残存し、また、宝田町字郡（こおり）は旧来から郡衙の所在地と想定されてきた場所である（図43）。とくに郡近傍には白鳳期の瓦類が出土している立善寺跡遺跡や石帯が出土した川原遺跡があり、那賀郡の中心的な場所であったと想定されるところである(5)。また、平城京跡から出土した木簡にも「阿□〔　〕竹原郷」とあるのが当所のことと判断されることから(6)、開発行為自体は八世紀以前にはさかのぼるものと見てまちがいない。

本節では立善寺跡遺跡を通して竹原荘の開発の一端を垣間見てみよう。この立善寺跡については当該時期の史料を欠くため十分な検討はできないものの、出土古瓦の年代観より白鳳期にはすでに「隆禅寺」が創建されていたと考えられている。その「隆禅寺」が中近世を通してどのような様相を呈していたのかを、近世地誌類などから素描しておこう(7)。なお、地名表記に関しては、慶長二年（一五九六）の分限帳では「隆禅寺村」と記されているのに対し、天明六年（一七八六）の「那賀郡村々浦里男女改帳」には「立善寺村」という現在の表記につながる地名が用いられており(8)、江戸時代前期に「隆禅寺村」から「立善寺村」に変更があったものと考えられる。

まず始めに、宝永七年（一七一〇）に詮雄上人によって書かれたと伝えられる「阿州那西郡金粟山隆禅寺縁起」により、「隆禅寺」内で語られてきた世界を見ておこう(9)。

「縁起」によれば、隆禅寺は天智天皇創建の伝承をもち、境内は「四維八町」で「七堂重会玉甍三重之三門双瑠璃之軒」を有する壮麗さをほこっていたという。その後は荒廃と再興を繰り返すと記されているが、再興については、白河上皇時代に東寺の長範大僧正による再興と勅願をうけた源頼朝による再興のことが記されている。

図43　竹原荘周辺図

また、「縁起」の世界ではなく余談になってしまうが、伝説として紀州の漁民が隆禅寺の九重塔を焼いたというものがある。(10)

その内容は次の通りである。隆禅寺境内に建てられた九重塔はその頂部に光り輝く玉が取り付けられており、まるで太陽が二つあるかのような状態であった。そして、その光が紀州の海岸までとどき、そこでも人々は目をあけることができないほどであったという。この強い光のため魚も紀州の海岸から逃れていってしまい、漁ができなくなってしまった。漁ができなくなった海岸の村々ではその日の食事にも困り果て、ついに阿波に渡りその玉を取り去るなり、塔を焼いてしまうなりしようという結論になり、若い漁師が隆禅寺にやって来て、ついにはその塔に火をかけてしまうという行為に及んだというものである。

今でも近くに「たまご橋」という名が残っているが、これはその時玉の落ちた場所にあたるためこの名が付けられたと伝えられている。

この話から、紀州と阿波の間に横たわる紀伊水道は双方の文化圏をつなぐ架け橋を果たしていたことが読み取れる。紀州の漁民が阿波に来ることが容易であったからこそこのような伝説になったものと思われるのであり、隆禅寺の壮麗さを伝えるのみならず、海上交通の活発さを反映した伝説と考えられるのである。

前述のような縁起や伝説をもつ「隆禅寺」が近世社会の人々にどう語り伝えられていたのかを次に見ていきたい。

天正一三年（一五八五）に蜂須賀家が阿波国に入部するが、その年の七月一三日付で三箇条の禁制が蜂須賀家政から木の庄村の土豪鎌田縫之助に出されている。(11)藩撰地誌である『阿波志』巻之十一によれば、鎌田縫之助は桑野川右岸に位置する桂国寺（阿南市宝田町）において家政に御目見を許され、山口の里正（政所）に任命されたと伝えられている人物である。(12)「隆禅寺」ではなくその近傍の桂国寺で両者が会合したという『阿波志』の記述にしたがうならば、中世末期の段階で「隆禅寺」の退廃が著しく、桂国寺こそが両者の会合にふさわしい場所であったと推察されるのである。

確かに『阿波志』には、荒廃していた「隆禅寺」を三好氏の家臣佐藤伊賀守が再建したものの、すぐに災禍に会い、寛永五年（一六二八）までの間、泉福寺に居を移すと記されており、天正年間には荒廃していたものと考えられる。一方、『阿波志』の「泉福寺」の項にも「本荘村泉里に在り泉石頗る佳なり隆禅寺に隷す采地三石一斗又廃本副寺あり旧隆禅寺に隷す大悲閣独り存す」とあり、江戸時代には一般的に前代以来隆禅寺と泉福寺の関係が浅からぬものと認識されていたことが読みとれるのである。

ところで、『阿波国徴古雑抄』に収録された隆禅寺所蔵文書は次の四点である。(13)

【史料1】

竹原御庄政所下

定補五ケ所惣講師職事

僧寛賢

右以人、彼職所補任如件、御庄者百姓等、宜於承知、敢以不可有遺失、故補任之、

承元三年（一二〇九）八月　日

御室領所代（花押）

大覚寺頼山（花押）

観王寺山□（花押）

酉酉寺山誉（花押）

五穀寺栄時（花押）

【史料2】

奉寄進阿波国竹原庄本郷恒貞名内畠之事

合貳段在所八幡宮前 又五郎男屋敷内

右又五郎男、依罪科人、所召上公方也、依有忌、所令寄進泉福寺也、仍状如件、

文和三年（一三五四）二月　日

橘　頼貞（安宅頼定）（花押）

清原氏実（花押）

【史料3】

宛行　竹原本郷地頭御方若宮免事

合参段此内田壱段八正清田、畠貳段八敷地　者

右免田畠者、補任泉福寺坊主仁処也、但於社役等社、如先例可有御勤仕候、若又余薫候者、為中連聖霊、忌日霊供一飯并御諷経者、可有御訪候、仍為後代亀鏡、宛状如件、

永和二年（一三七六）二月九日

梵　□（花押）

【史料4】

屋敷五ケ所之儀令寄進候条、得其意可有進退候、為其用一札候、恐々謹言、

天正十六（一五八八）

蜂須賀

十二月廿日

家政御書判

那西郡

泉福寺御同宿中

【史料1】～【史料3】は巻一に、【史料4】は巻五に収められたものであるが、ここにはいずれも「隆禅寺」な

る名称はなく、泉福寺の名が見えている。この両者の関係については、『阿波志』同様、荒廃していた隆禅寺にかわって、その麾下にあった泉福寺がその諸機能を担っていたことが読み取れる。[14] すなわち、これらの文書には「泉福寺」のみで「隆禅寺」の名は見えないことから、三好氏の命による再建前にも、荒廃していた隆禅寺にかわり泉福寺がこの近傍で大きな影響力をもっていたものとも考えられるのである。『阿波志』によれば、福聚院・泉福寺・法偲坊・東光坊が「隆禅寺」の子院であったと記している。ちなみに、「隆禅寺」も創建当初は「方八町竹原郷を領す」というような荘厳な寺であったとの認識が江戸時代の人々にもあったことが『阿波志』からも読み取れるのである。

さらに、阿波藩の国学者野口年長の作である『粟の落穂』にも、「隆禅寺の古瓦」の項で次のように記されている。[15]

那賀郡立善寺村に掘出すもの石のごとくかたしといへりこれも稀にでるかおのれいまだ見ずといへども人の語るまゝに記しおきつるに弘化三年九月彼の処にいたりて里人に問へば近き年ころは甚きれにして得がたしとぞ

この記述によれば、立善寺周辺では江戸時代後期までに盛んに古瓦が採集されていたこと、それが『粟の落穂』が書かれた天保年間頃にはその数が減少していること、また採集された瓦が「石のごとくかたし」と言われているように須恵質の固いものであったことなどが理解できるのである。

以上のように、「隆禅寺」に関しては、中世段階にあっては長期にわたり荒廃していたこと、それにかわり泉福寺がその機能を有していたこと、ただし、江戸時代には古瓦が多く採集されていたことなどが推察できる。このことより考えると、古代社会にあっては「郡寺」「定額寺」として機能していた可能性のある「隆禅寺」もその官寺的性格を求められなくなる中世社会には生き延びれなかったのであろう。すなわち、中世社会の地方寺院は、①在地領主層結集のための郡総鎮守、②荘園支配のための領主層による勧請神、③村落共同体の鎮守神、などにその存在理由が求められようが、「隆禅寺」は中世的変容を遂げることには成功しなかったのである。

しかし、竹原荘内に古代寺院が建立されていたという認識は、江戸時代の人々の間にも、古瓦出土という事実もあって生き続けていたと考えられる。そうしたことが方八町という境内を誇ったという伝承や紀州の漁民の伝説を生み出したのであろう。

以上のように、中世社会に荒廃していた「隆禅寺」も民衆の意識の中では「古代の広大な寺域を誇った寺院」として生き続けていたと考えられるのである。

竹原荘は、古代以来「隆禅寺」の創建に象徴されるように、那賀川下流域における地域支配の拠点的な場所であったのである。

なお、その荘域については、近世に「竹原十八箇村」と称された上大野・中大野・下大野・南島・岡・中原・柳島・今市・立善寺・下荒井・本庄・西方・宮内・三倉・大谷・大原・上荒井・明谷を含む地域が想定されるが、このうち上大野・中大野・下大野は宝荘厳院領大野荘の故地であることから[16]、これを除いた地域が概ね含まれていたものと考えられる（図43参照）。

二、竹原荘の伝領

八世紀以前までにその開発をさかのぼらせて考えることのできる竹原荘域であるが、その初見史料は前述したように、『兵範記』保元二年（一一五七）三月二十九日条に引用された三月二十五日付の太政官符である。これによれば、保元の乱で藤原頼長が敗死したために没官されて後白河院領に組み込まれていることがわかる。立荘の時期については不詳であるが、藤原忠実の日記『殿暦』元永元年（一一一八）九月五日条に次のようにある[17]。

阿波国竹原牧是家庄也、故殿御領也、而阿波国司尹通男也、件事奏院非常之由奏聞、件国司奇恠之由奏、御返事了、内府相具同参院、
内府退出了、不被参内、

これによれば、藤原師実領（故殿御領）であった竹原牧が阿波国司藤原尹通の子尹経によって押領された。こうした確執の中で牧から立荘化への歩みがすすめられたものと考えられる。すなわち、藤原師実領から藤原頼長領へ、そして後白河院領への変遷が確認できる。

その後、承元三年（一二〇九）八月の竹原荘政所下文（隆禅寺文書）では五カ所惣講師職に僧寛賢が補任されている【史料1】。これには御室（仁和寺）領所代（預所代カ）のほか、大覚寺頼山ら四名が連署している。仁和寺の門跡は当時後白河院第八皇子尊性法親王であることから、当荘は後白河院から息子である前御室門跡守覚法親王に伝わり、同法親王から後堀河天皇の兄である尊性法親王に伝領されたものと思われる。

ところで、長元元年（一一六三）九月二五日の「二品家政所下文」には「院御領阿波国竹原野御庄鎮守八桙社神官等」と見え、二品家が当荘の鎮守八鉾神社に金泥の法華経・開結経・阿弥陀経・般若心経とともに荘内の水田五反を寄進し、国家の安泰・皇室の隆盛、自家の幸福・貢納船の安全を祈願しており、海上交通に深く関わっていた当地の様子が看取できる(18)。

この二品家については、平清盛とする島田泉山説と藤原（近衛）基実とする猪熊信男説があるが(19)、その一方で、この下文自体に検討の余地があり、今後検討をしていかなければならない文書であるとの指摘もある(20)。島田泉山は当時家名を官職または位階で称する例があることを根拠として、二品家を称しうる可能性のある複数の家の中から、後白河院との姻戚関係を理由に平清盛が最もそれにふさわしいとされる。一方、猪熊信男氏は二品家と称しうる各氏の花押を比較検討され、藤原基実以外の花押はこの「二品家政所下文」に据えられた花押と一致しないことから、基実こそがここにいう二品家にあたるとされた。唯一花押を確認できなかった基実を二品家と判断する消去法では

あるが、平清盛とする島田説への異論として提唱されたものである。しかし、川上清氏は文書の様式や署名している大江朝臣佐景の実在性に疑問があるとして、この史料そのものを疑うべきものであると結論づけている。[21]

この政所下文そのものは、末尾の大江朝臣の書名形式にも疑問点が残されており、偽文書の疑いが払拭できないものの、八桙神社に金泥の法華経八巻などが残されていることから、内容的にはこの時期の状況をある程度反映したものであると考えることも許されよう。その点を考慮していけば、保元の乱を契機に当所は後白河院領に組み込まれていることから、島田説のように後白河院と姻戚関係をもつ平清盛と考えるのが妥当と思われる。すなわち、「二品家政所下文」の存在や後述する宮ノ本遺跡のあり様は、この時期に後白河院あるいは平清盛がこの地への関与を強めたことを示していると理解できるからである。

さて、「昭訓門院御着帯記」乾元二年（一三〇三）正月二三日条によれば、葉室長隆が前年の冬に昭訓門院（亀山院の后）院庁の年預に補任され、料所として当荘を与えられていることがわかる。[22] また、嘉元四年（一三〇六）六月一二日の昭慶門院領目録案によれば、当荘は安楽光院領として室町院領の内に含まれていたが、その後宗尊親王から亀山院に伝領されて遊義門院（西園寺実氏の孫）領となっている。預所は葉室長隆で、領家は今林准后（四条隆房の孫、西園寺実氏の妻）であったが、西園寺実氏の所領ではなく四条隆房（隆衡の父）の旧領であったという。[23]

この点を少し整理しておくと、一二世紀末に後白河院領であった当荘は、守覚法親王、尊性法親王に伝領されていたが、「持明院」とも呼ばれた安楽光院を創設した藤原基頼の末流である北白川院を母とする後堀河天皇が退位後、安楽光院を御所として院政をおこなっており、その後も後嵯峨院・後深草院も当所を御所としたことから、竹原荘もこの安楽光院領として伝領されたものであろう。その後、後嵯峨院の息子で後深草院の兄である宗尊親王から弟の亀山院に伝領され、後深草院の娘姈子内親王（遊義門院）にさらに伝領されたものと整理できよう。この当時、女院に所領が集積する要因として、野口華世氏は次のように指摘されている。すなわち、女院は父祖の菩提を弔う仏事主催者であり、女院領を伝領することによって、家族の菩提を弔う役割をも相伝したのだとされる[24]。後嵯峨院が皇位継承者を指名しないままに死去したことが朝廷内の内紛を引き起こした大きな理由であるが[25]、この時期に竹原荘が姈子内親王に伝領されたことは、祖父後嵯峨院の菩提を弔うためであったとも推察されるのである。

また、亀山院領時代には昭訓門院（亀山院の后）の年預に葉室長隆が補任されているが、これは本所からあらたに預所職（領家職）が分立してくる事例の一つと見ることができよう。本家職の成立を寄進の中から捉えるのではなく、「鎌倉後期の錯綜した権力構造のなかで体制的に成立した新しい職」と見る高橋一樹氏をはじめとする近年の公家領荘園研究の動向とも関連する事例である[26]。

そして、地頭については、観応二年（一三五一）一月七日、細川頼春が竹原荘内本郷地頭職を安宅須佐美一族中に安堵していることが確認できる【史料5】[27]。

【史料5】

阿波国竹原庄内本郷地頭職事、任先例可有知行之状、依仰執達如件、

観応二年《一三五一》正月七日　　散位《細川頼春》（花押）

安宅須佐美一族御中

このように南北朝期には紀州熊野水軍の中心で、本姓橘氏である紀伊国の安宅氏の一族須佐美（周参見）氏が当荘に入部していたのである。この安宅氏の竹原荘内での動きについては、文和三年（一三五四）二月には橘頼貞と清原氏実が罪科によって没収された荘内本郷に所在した恒貞名内の畠二反（在所八幡宮前又五郎男屋敷内）を泉福寺に寄進するなど（「橘頼貞等寄進状」隆禅寺文書）【史料2】、一定の地歩を固めていたことが読み取れる。

三、宮ノ本遺跡の調査成果

竹原荘内に位置する阿南市長生町の桑野川左岸沿いに宮ノ本遺跡がある。平成一六年からの調査で平安時代後期から室町時代にかけての集落跡が検出された（図44）。

平安時代末期に区画5の地点から南面に庇をもつ五間×四間の大型建物とそれに付随する建物が数棟検出されている。ただし、周辺部については検出された遺構が乏しく、この大型建物が際だった状態である。

さらに、一三世紀代になると、区画溝に囲まれた空間に小規模な建物が多数検出されるようになる。連続した周溝屋敷地で構成される集落景観は、鎌倉時代中期以降における沖積低地での一般的な風景であると考えられることから[28]、この宮ノ本遺跡の事例もその一つに加えることができよう。また、区画4は遺構の検出されない空間であるが、調査区の北側に位置する泉八幡神社の参道ではないかと想定されている[29]。在地産の土師質土器のほか、京都系土師器皿の模倣品や和泉型瓦器・東播系捏鉢・山城産瓦質羽釜・常滑焼甕・青磁椀など多くの搬入品が出土している。

さて、平安時代末期の大型建物の評価であるが、保元の乱で藤原頼長が敗死したことを契機に竹原荘が後白河院領に組み込まれていることから、後白河院領として再開発が進められた段階での開発拠点であった可能性が想定される。

居館とでも想定されるような大型建物が地域開発の拠点となる事例としては、伊藤裕偉氏が伊勢国雲出島貫遺跡などで検討されたものがある[30]。伊藤氏は、居館が地域開発に主導的な役割を果たすものや、領域内物流に主体的に関与するものなどが想定されることから、領域内において複数居館によるネットワークが形成されていたと提唱されている。

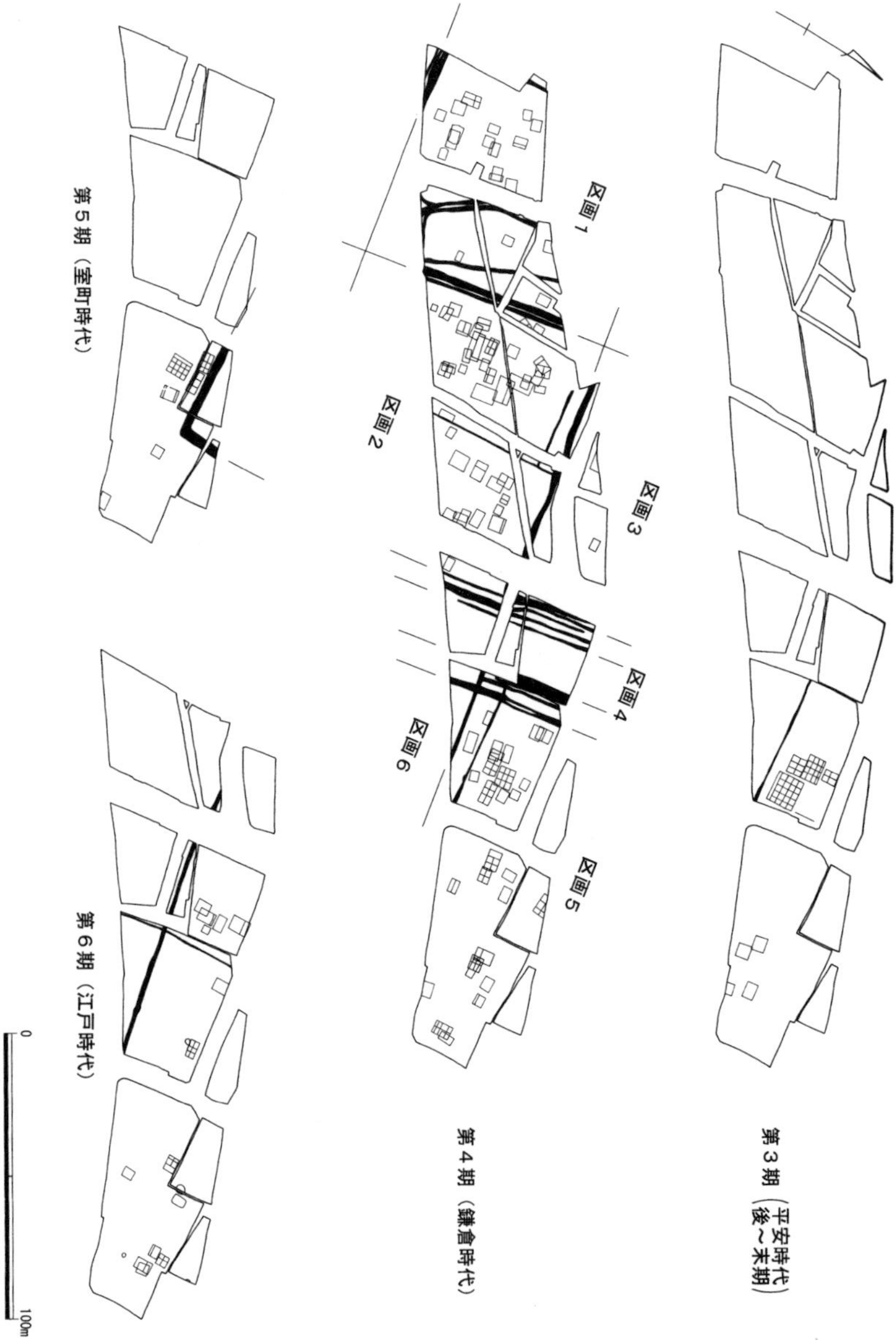

図44　宮ノ本遺跡遺構配置図

この事例に照らせば、宮ノ本遺跡における平安時代末期の単独で検出された大型建物も地域開発の核として領主側が主導的に建設をすすめたものであると評価できよう。現在のところ、明確な船着き場の様相を呈する遺構の報告はないが、桑野川の舟運を利用した流通構造の中に宮ノ本遺跡を位置づけることができよう。前節でふれた「二品家政所下文」でも貢納船の安全が祈願されているように水上交通網のなかで当地を考えていく必要があろう。

この桑野川舟運が活況を呈していたことを示すものに、宮ノ本遺跡からやや上流部の河畔、長生町上荒井の長生橋南岸から出土した長生の大量埋蔵銭がある(31)。桑野川堤防改修工事中に発見されたものであるが、当所は「国高屋敷」ともよばれていた場所であり、長者伝承が伝えられていたところでもあった。

また、区画4を泉八幡神社の参道と評価することによって、当地を泉八幡神社の門前町的なものと見ることも許されるかも知れない。なお、「隆禅寺」の末寺であった泉福寺は泉八幡神社の神宮寺であったことから、現在所在しない泉福寺もこの宮ノ本遺跡の近傍にあったと見ることができよう。しかも、先述したように橘頼貞・清原氏実が竹原荘内の本郷恒貞名の畠二反を泉福寺に寄進していることから、この宮ノ本遺跡周辺にも安宅氏の影響力が及んでいたものと考えられるのである。

おわりに

竹原荘は、白鳳期に創建されていたと伝えられる隆禅寺をその荘域に含み、古代から郡衙所在地として那賀川下流域の中心地として栄えていた。その竹原荘内の一画に位置する宮ノ本遺跡が発掘調査され、平安時代末期から室町期にかけての遺構の変遷が明らかとなったことをうけて、竹原荘の歴史的変遷を整理し、それと宮ノ本遺跡の成果を対応させることができないかどうか、こうした問題関心から本章に取りかかったが、残された史料が少なく断片的な記述となってしまった。平安時代末期の大型建物が後白河院領になったことを契機とする開発拠点であったこと、鎌倉時代以降に見られる溝で囲まれた屋敷地のあり方は西日本の沖積平野にみられる普遍的な集落景観を示す一事例であることなどを確認することができたものと考える。

注

（1）沖野舜二『阿波国庄園考』小宮山書店　一九六二
（2）阿南市史編さん委員会『阿南市史　第一巻』阿南市　一九八七
（3）『兵範記』保元二年三月二九日条（増補史料大成）
（4）島田豊彰他『宮ノ本遺跡Ⅰ　大原遺跡　庄境遺跡』徳島県埋蔵文化財センター他　二〇〇九
（5）拙著『立善寺跡遺跡』徳島県教育委員会・徳島県埋蔵文化財センター　一九九七、阿南市文化振興課「川原遺跡現地説明会資料」二〇〇九
（6）『平城宮発掘調査出土木簡概報15』奈良国立文化財研究所　一九八二
（7）拙稿「伝承の中の「隆禅寺」」（前掲注（5）『立善寺跡遺跡』所収）で同様の観点から取り上げたことがある。
（8）阿南市史編さん委員会『阿南市史　第二巻』阿南市教育委員会　一九九五
（9）当該史料については、阿南市史編さん委員会所蔵
（10）飯原一夫『阿波の民話集　隆禅寺のとう』私家版　一九八一、阿南市女性ボランティア文化財愛護コース編『ふるさと阿南　むかしばなし』阿南市教育委員会　二〇〇五
（11）木の庄村の所在については、現阿南市山口町に比定される。なお、長谷川賢二「忘れられた「きの庄村」についての若干の史料」（『史窓』二二号　徳島地方史研究会　一九九一）を参照のこと。
（12）笠井藍水訳『阿波誌』歴史図書社　一九七六
（13）小杉榲邨編『阿波国徴古雑抄』臨川書店　一九七四
（14）なお、『阿波国徴古雑抄』には隆禅寺什物として、次の泉福寺鐘銘を紹介している。

敬白
阿州南方竹原本郷泉福寺鳧鐘
先別当権律師隆印再興当別当
勧進聖金剛資隆宣
大願主庄主昌隆
明徳三（一三九二）壬申二月九日

(15)『新編阿波叢書　上巻』歴史図書社　一九七六
(16)本書第六章
(17)『殿略』元永元年九月五日条（『大日本史料　三編之二〇』）
(18)「阿波八鉾神社文書」二品家政所下文（『平安遺文』七巻三二六八号）
(19)島田泉山『八桙神社と長国造』泉山会　一九一六、猪熊信男『阿波国八桙神社考』八桙神社研究学会　一九六〇
(20)川上清「八桙神社の二品家政所下文について」『ふるさと阿波』一一七号　阿波郷土会　一九八三
(21)前掲注（20）川上論文
(22)「昭訓門院御着帯記」（『史料纂集　公衡公記　第三』）
(23)「竹内文平氏所蔵文書」昭慶門院領目録案（『鎌倉遺文』二九巻二二六六一号）
(24)野口華世「中世前期の王家と安楽寿院―「女院領」と女院の本質―」『ヒストリア』一九八号　二〇〇六
(25)市沢哲「鎌倉後期公家社会の構造と「治天の君」」『日本史研究』三一四号　一九八八
(26)高橋一樹「鎌倉後期〜南北朝期における本家職の成立」『国立歴史民俗博物館研究報告』一〇四集　二〇〇三
(27)「紀伊安宅文書」細川頼春奉書（『南北朝遺文中国四国編』三巻一九二八号）
(28)本書第一章、拙稿「中世低地集落の歴史的位置」『中世集落と灌漑』大和古中近研究会　一九九九
(29)前掲注（4）報告書
(30)伊藤裕偉「中世前期の「屋敷」と地域開発」『ふびと』五三号　三重大学歴史研究会　二〇〇一、同「地域におけ

る居館の意義」『第9回東海考古学フォーラム尾張大会資料集　東海の中世集落を考える』二〇〇二

(31)　吉見哲夫「富岡町長生地域における発掘古銭の史的研究」『徳島教育』六一～六三号　徳島県教育会　一九五五、前掲注（2）『阿南市史　第一巻』

第Ⅲ部　中世民衆の生活文化

第七章　中世村落と作手

はじめに

「作手」の研究において一つの画期をなしたのは稲垣泰彦「律令制的土地制度の解体」(1)であろう。従来、請作地に対する田堵の権利が作手であり、治田・墾田活動によって永代的所有権である永作手が成立すると捉えられてきたが、それに対し稲垣氏は次のように指摘された。

作手あるいは永作手は、貴族寺社が非合法に百姓の治田・口分田を囲い込んで荘園化していく中で成立する。そして、この囲い込みも従来富豪層や百姓が所有していた私地の所有権を完全に否定することが困難であったため、「その所有の事実はそのまま認め、荘園領主の上級所有権がその上に設定された」とする。また、「本来私地として所有権をもちながら、その上に上級所有権を設定された場合、重層的田主権を認めない律令制、ないしはそれを意識の上で継受する荘園領主の立場から、所有権は荘園領主（あるいは国）にありとし、下級所有権を作手と称されたのであり、作手という言葉からの類推として、耕作権と考えることは誤りである」と述べ、作手及び永作手の内容について大した相違は認めがたく、「両者は本質的に同一のものと考える」(2)とされた。

この稲垣論文以降、作手が下級所有権であることを再確認した奥野正己氏や中野栄夫氏(3)、あるいは作手は耕作権

表1　作手史料分布表

	大和	山城	摂津	和泉	河内	近江	伊賀	伊勢	若狭	不詳	計
1012～1020				1							1
1021～1030	1										1
1031～1040	1										1
1041～1150	2		1							2	5
1051～1060	1					1	1			1	4
1061～1070	2						1			2	5
1071～1080	3				1						4
1081～1090		1						2		3	6
1091～1100			1							1	2
1101～1110	5						2				7
1111～1120	5						2				7
1121～1130	4	1					1			2	8
1131～1140	3						2			2	7
1141～1150	1						3			2	6
1151～1160	2	2									4
1161～1170	9	1			1		3			3	17
1171～1180	4	2	1				5			1	13
1181～1190	3	1			1		3	1		1	10
1191～1200	8	3	2				2				15
1201～1210	3	2	2				1				8
1211～1220	5	4	6					2		1	18
1221～1230		4	6				2			1	13
1231～1240	8	7	15				2	1		2	35
1241～1250	1	2	3				3				9
1251～1260	1	2	7				1				10
1261～1270	3	1	3		1		1			1	10
1271～1280	2	3	6				2		1		14
1281～1290		3	5				1				9
1291～1300	1	1	10		2		2	1			17

（注1）『平安遺文』『鎌倉遺文』1～27巻によって作成した。
（注2）「燈炉御作手鋳物師」などの職人を示すものは省略した。
（注3）寛喜年間に作手史料が急増するが、飢饉の発生により再生産の維持が困難となり、年貢完納ができず、作手を手放すことが多くなったためであると考えられる。

をも含む強固な土地所有権であると主張された稲葉伸道氏(4)の研究などによって稲垣氏の見解が支持されてきた。
だが、その一方で稲垣説を否定する見解もある。すなわち、作手は耕作権であり、「所有」といっても得分の取得（得分権的所有）にすぎず、売券・売買によって論ずる所有は得分権の存否を問う所有論であるとする蔵持重裕氏(5)、請料の問題から請作について言及され、作手の権利は一年という期限付きの耕作権であったとする吉田徳夫氏(6)、また作手は基本的には開発請負によって成立し開発権（散田権）を意味したとする鈴木哲雄氏などの研究(7)がそれであり、いま一度作手の基本的性格を再検討する時期に来ているように思われる。

そこで本章では中田薫氏以来の諸成果をふまえて(8)作手の基本的性格について再検討を加え、なお作手史料が畿内近国に偏在することの理由、また一三世紀末から一四世紀にかけ作手が消滅していくことの原因についても論及していきたいと思う（表1参照）。

一、作手の成立と基本的性格

作手がいかなる経過で発生するかは、次にあげる治暦二年（一〇六六）の「元興寺大僧都房教所下文案(9)」から、基本的には開発（再開発も含めて）に一元化できると考えられる。

（端裏）「伊賀国簗瀬庄本券 寺家充文 治暦二年」

下　為延所

早可令開発之田代荒野等事

合壹處者於 在見作田拾漆町貳段余歩 残无数荒野也、

在名張郡簗瀬郷内

四至（略）

右件田代荒野等、神戸住人実遠朝臣負物代、元興寺大僧都御房辨進地也、而為令開発、所丈部為延充行也、者開発三ケ年間、地利免除、其後者於官物者可辨済国庫、於壹段別一斗御加地子者、可辨進領家者也、於作手者、可為延之子孫相伝ニ領知也、仍為後日沙汰、所御下文成給御也、者存此旨、可令開発之状、下智如件、

治暦二年（一〇六六）三月十一日

房官上坐大法師在判

この史料はこれまでしばしば検討されてきたが、開発主体である丈部為延が得た権利は三年間の地利免除（その後は官物は国衙に、段別一斗の加地子は領家に納める）と作手の子孫への相伝権である。ここで留意すべきは鈴木哲雄氏も指摘するように(10)、この開発行為の前提として「充行」が行われたことである。この「充行」については永保二年（一〇八二）の宛行状に「右、件荒田畠、僧知増所充行也、早令開発、為作手可為永預知之状如件、但於御年貢𦮛、可辨進之状、敢不可違失、故充行(11)」とあることからも理解できるように、開発行為で作手が発生する際には請作による充行がその前提になっているのである。

次に作手の初見史料である寛弘九年（一〇一二）の「和泉国符案(12)」をあげるが、これからも宛行が必要だったことが看取できる。

国符　諸郡司

可普仰大小田堵去作外令発作荒田事

右興復之基唯在勧農、公私之利又據作田、爰此国所部雖狭、居民有数、半宗漁釣之事、無好耕耘之業、浮浪之者適有其心、則依無作手不便寄作、富豪之輩素有領田、亦偏称墝埆歴年荒棄、国之難優民之少利、多莫不據斯焉、今案事情、政有沿革、随時弛緩、既謂公田、何有私領、然則寛弘五年以往荒廃公田者、縦是雖称大名之古

作、可令許作小人之申請、但有本名不荒古作、猶共欲加作者、郡司慥検其新古之坪、可停他名之申請也、偏開荒田、有捨去作者、事違所仰之旨、更欲尋徴其官物、仍須去作之外加作、彼以往之荒田者、先除田率之雑事、重可免官米内五升也、是則欲反国於淳素之俗、同民於陶朱之輩而已、仍所仰如件、郡宜承知、依件令励作、若有称己去作、猶又妨荒之輩者、注名言上、随将勘決、事在優復、莫敢忽諸、符到奉行、

守源朝臣　寛弘九年（一〇一二）正月廿二日

これによると、荒廃のつづく和泉国では「浮浪之者」が耕作（開発）に乗りだそうとしても作手がないためそれができないという現状である。それに対し「寛弘五年以往荒廃公田者、縦是雖称大名之古作、可令許作小人之申請」とあり、「申請」があってはじめて「許作」が得られることがわかる。この国符からも作手は請作にともなうものであることが確認できよう。ところが、「五代相伝作手」とあったり(13)、作手の売券が多数存在したり、あるいは嫡子への作手の譲状が存在すること(14)から作手はこれまで農民的（下級）所有権の範疇で捉えられてきた。しかし、建久二年（一一九一）の「大和姉子等連署處分状(15)」から相伝の際にも宛行が必要であったことがわかる。

謹　宛行處分田畠立券文事
　合壹段佰捌拾歩者
一所　今北垣内一段東一
一所　山田佰捌拾歩東西
「八幡宮御経大札此文書〃写了、可無用、」
右件田畠、元者大和為行先祖相伝所領也、而今逝去之後、依遺言、諸子相共加判行、二男僧寿実限永年作手、宛行事已畢、但於本券者、面書毀畢、仍為後代沙汰、立券文之状如件
建久貳年（一一九一）二月九日
　一男大和（略押）
　三男大和（略押）

大和姉子（略押）

右の史料に「宛行事已畢」とあるように宛行をふまえたうえで相伝が可能だったことがわかる。また後述するように年貢対捍や罪科がなければ丈部為延のように作手の相伝権が与えられたので、そこから「五代相伝作手」という言葉が生まれたのである。したがって「五代相伝作手」といえども自在に処分し得る権利ではない。笠松宏至氏が遷代の職から永代の職は生まれないと指摘されているように(16)、作手は相伝を繰り返しても請作権にしかすぎず、そこから所有権が発生するとは考えられない。「右、件御領田、年来作手也、仍所請申如件(17)」とあるように相伝された作手であっても請文の提出が必要であった。

次に掲げる史料は文治三年（一一八七）の「伴良志等畠請文写(18)」であるが、作手に改易があることを示している。

伴良志等解申請畠地事

合□段者

在継橋郷阿多気村

右、件畠地□令澤相伝所領居住也、而定永財、船江大郎大夫殿所沽渡進也、而依有便宜所申請也、為作人、所当雑公事等、無懈怠□□可辨進、若雖一事有対捍之時者、慥作手可召上之状如件、仍為後代請文、以解、

文治三年《一一八七》十月三日

伴良志

女子伴孫犬

夫橘清次

これによると伴良志らは年貢を対捍した場合作手が没収されることを認めているのである。すなわち年貢の対捍があれば作手は改易されるものであった。このことは反対に年貢対捍がなければ作手の改易・請作関係の消滅はなかったことを示している。したがってこの史料から請作者自身が作手の継続について十分な認識をもっていたことを

うかがうことができるのである。

さらに、応保二年（一一六二）の「春日社領下文案」[19]をみると年貢の対捍をめぐって次のように記している。

（端裏）「案文　石名庄」

春日御社下　神人光吉等所

可令早行向山辺郡中小太郎名領主御許、触申子細辨済年〻所当御供米事、

右、件中小太郎名等中来無沙汰之間、所当御供米遅進之条、社司中件小太郎名證文各依不帯、沙汰遅〻之間、不辨済御供米、然則於致対捍輩、作手者以御榊加制止、於　殿下政所、可切事也、兼又於承引人〻者、取請文、令催進御供米、可令耕作田畠之由、作人等可宛行之状、所仰如件、不可違失、以下、

応保二年（一一六二）二月　日

預正五位上中臣朝臣在判芋八口

これによると年貢を対捍した者は榊で田畠を区切られ作手が制止されてしまうことがわかる。また、保元三年（一一五八）の「鳥羽天皇宣旨案」[20]にも「猶対捍為宗、依為催使陵礫、其輩□作田等所立御榊也」とあり、同様のことが記録されているが、作手改易の作法として田畠の堺に榊を立て結界をつくる行為があったことがわかる。

なお、罪科によっても作手は没収される。そもそも年貢対捍がそれ自体罪科であると認識されていたことは次にあげる伊賀国黒田荘の源雲に関する事例から理解できる。源雲が法華堂に寄進した四町四段の田地が学生供米の未進によって注連を立てられる事態が発生した[21]。その後、文永七年（一二七〇）にこの一件をめぐり次のような袖判御教書が出されている[22]。

（花押）

條〻

一、源雲寄進法花堂領四町四段事
右、依源雲之罪科、黒田庄沙汰人等没収彼僧領之尅、件四町四段、源雲為作手職之上者、可令没収之旨、沙汰人雖令申之、去正嘉二年先師僧子御房御任、可止源雲作手職之由、被仰下之後、于今停止彼僧作手之由、当参堂衆令書進起請文、仍於今度之、被止没収之儀了、向後可有違失之儀者、可有尋御沙汰者也、

ここに示されているように未進は「罪科」であり作手の没収につながるのだが、次のように盗犯の罪科によって作手を失った事例もある。

永　避渡名畠事（裏）「小坂畠二段作手去文」

合貳段者

在箕曲郷字小坂畠者郷券案相副也、

右、件畠地者、本作人能満法師入請料、為永作之名主、令耕作之處、依盗犯事、前政所之時所致没収也、而為彼處分之内、令進止也、爰僧定慶依有申請之旨、所令避渡也、仍為後日、与状如件、

寛喜参年（一二三一）十月二日

□従八位大中□□在御判(23)

これによると、請料を納めることで耕作が可能になったとあり、「作手は請作にともなうもの」という考えを補完してくれる。また罪科を犯せば作手を手放さねばならなかった状況をも語っているが、このように、作手は請作関係によって生じるのであり、年貢対捍・罪科がなければ相伝が認められた。そこから「五代相伝作手」などが発生したが、相伝の際にも上級領主の宛行が必要であり、作手は自在に処分し得るような所有の対象ではなかったのである。

では作手を保持することによる権利内容とは何かを次に検討したい。次にあげる貞永二年（一二三三）の「茨田

安弘畠地売券案」[24]が具体的にそれを示してくれているので長文だが引用しよう。

謹辞　売渡進永年作手畠立券文案

合玖拾歩者（略）

四至（略）

直銭陸貫文也、早速請取了、安弘在判

右件畠、元者珍為弘先祖伝私領畠也、而今直依有要用、限永年作手、四条入道沙弥西願、売渡進処明白実也、若於此畠者、有他人妨者、茨田安弘并僧行円諸共可返進壱倍之直物者也、又於加地子者、不言旱損水損、現地壱段、可弁進陸斗宛者也、全不可有懈怠者也、又不可非法公事、又於本券文者、依有類地之、不相副進処也、仍為後日証文、放新券文、売渡進状如件、但於本地子者、加地子外、作人可成之者也、

貞永二年（一二三三）正月十五日

売人茨田安弘在判
嫡子茨田源七判
同二郎源六　判
同三郎八郎　判
本主女子　判
本主嫡子弥太郎判

一、件畠者、於本作人者、茨田安弘請申、若有旱損水損、現地一段ニ可弁進陸斗宛者也、於此地者、茨田安弘嫡子同二郎三郎いたり候とも、加地子一段ニ六斗宛、不可懈怠者也、若至懈怠時ハ、本直ニ加一倍、可弁進者也、出羽介嫡子二郎三郎いたり候とも、此地ヲ不作思者、直物加一倍、可弁進者也、

一、件畠者、下現地合二段半也、

貞永二年(一二三三)壬巳正月十五日　出羽介判

二石一斗米ハきやうへうしやうしまいらせ候也、

これによると作手の買主である西願は「下現地合三段半」に対して段別六斗の加地子、すなわち二石一斗米を得ている。すなわち作手保持者の権利は加地子得分権であった。このことは前述の丈部為延が加地子を領家に弁進しなければならなかった事例と矛盾するようだが、西谷地晴美氏によると、(25)開発の功に対して国衙が私領主得分である「加地子」の認可を行い、「官物の外」としての「加地子」(官物の減免分)が成立する。これには国司の代替わりごとの国司庁宣の獲得、「加地子」解文の提出が必要であったという。このように生産の拡大にともなう名主加地子とは異なる中世成立期の「加地子」の存在が先述のような相剋を生んでいるのである。したがって、作手保持者の権利は加地子得分権としてあやまりないものと考える。

そもそも中世社会は「「私領」に地作一円あるいは地主職のものが相当の割合であったことは、(中略)庄園公領制という中世国家の土地所有体系がその発足時から多量の耕地を摑みそこねて収取体系の外に取り残していた(26)」という安田次郎氏の指摘をまつまでもなく、多くの剰余を在地に残していた。大和国室生荘の事例を検討した山崎ゆり子氏によれば、収穫の八〇%が在地に残されているし、(27)正安元年(一二九九)の「正妙田地作職請文(28)」にも「有限御年貢備進之条者、不論年之不熟損亡、九月中必可致其沙汰候也、其故ハ、彼田以余作成下作得分之間…」と述べられているように上級領主に認められた「余作」が存在するのである。このように、中世初期から在地に残された「富」が加地子として作手保持者に付与される形で展開していたのである。

二、作手の地域性と時代的変容

表1に示したように作手史料の残存は畿内近国に限られている。この地域差を具体的に追及した研究はないが、基本的には畿内近国と辺境地域の経営形態（規模）の違いにその理由を求めることができると思う。例えば、大和国などの均等名が平均二町歩であるのに対し、建久八年（一一九七）の「薩摩国図田町写」[29]に見られる阿多郡内の久吉名は一四五町四段であり、中間地帯といわれる備後国太田荘でさえ桑原方福富名は一三町六段余、太田方宮吉名は一二町である。[30]このような相違がもたらす状況はいかなるものであろうか。

まず先行研究の豊富な上野国新田荘の場合を見てみよう。[31]新田荘は未墾地をふくむ広大な地域を囲い込みそれを一族に分与する形で経営が行われていた。これは「在地領主としての庶子家の分出は勧農機能を媒介とする村落支配を実現するための最も有効な方法であった[32]」のであり、そこでは下人・所従を使役し、佃を耕作する状況が広範に展開されていた。扇状地地形がひろがり、故に用水不足の著しかった新田荘域においては領主による勧農機能なしに開発・再開発は実現しなかったのであり、「いわば丸抱え的な村落の構成員である在家農民の隷属性はきわめて強固であった[33]」のである。したがって一筆毎の請作関係は成立しなかったと考えられるので作手の発生はみられないのである。

だが、このことによって東国地域において請作関係がなかったと指摘することはできない。「去留の自由」の問題として考察の対象となっている御成敗式目四二条が端的に請作の存在を明示しているからである。次に式目の四二条をみながらそれをのべよう。

一、百姓逃散時、称逃毀令損亡事

右諸国住民逃脱之時、其領主等称逃毀、抑留妻子奪取資材、所行之企甚背仁政、若被召決之処、有年貢所当之未済者、可致其償、不然者、早可被糺返損物、但於去留者宜任民意也、[34]

これによると年貢さえ完納すれば農民に移動の自由が認められている。このことは農民の土地「所有」の意識が希薄であった、あるいは「所有」そのものがあり得なかったことを意味していると理解できる。すなわち、土地を「所有」していないからこそ移動の自由が可能だったのである。

土地の「所有」が確立していたなら、地頭との間で移動の自由が問題となることはなかったと考えられるので、この条文の存在こそが請作関係の広範な展開を示しているといえるである。鈴木哲雄氏も「式目四二条の「去留の自由」は、請作者たる中世百姓の性格を物語るものとして解釈されるべきであり、中世百姓は年貢所当の未済さえなければ、去留は自由であったと考える[35]」と述べている。年貢を完納した場合、次にどの地主に対して請文を提出するかという自由が農民側に認められていたことを示しているのである。したがって、この式目四二条は請作関係の問題として考察する必要があり、農民を下人・所従化するレベルの問題として解釈するべきではないと考える。

このように請作が展開していたと考えられる東国社会において作手史料が見られないのはなぜか。それは先述したように、請作といえども上級領主の勧農機能に立脚しなければ再生産が維持できなかったことに理由がある。この勧農をめぐる点こそ、請作関係の存在にもかかわらず加地子得分権である作手を生じさせない理由であると考えることができる。

次に、作手の時代的変容について考察していこう。表1に示したように作手史料は一三世紀末にかけて減少傾向を示している。この点について永原慶二氏は「一四世紀頃には作手という言葉はほとんど消滅してしまうという事実がある。それはおそらく名田に対する作手保持者がその作手権を名の管理権と一体化した私領権として処分しうるようになったため、永作手と作手を区別する必然性も失われ、むしろ名主職という権利表示に一元化しうる状態となった結果かと推測される」[36]とし、また泉谷康夫氏は作手から作職への変化は生産経営の変化・発展にともなうもので、荘園制的支配の弱体化、在地の農民の所有権の増長による、と指摘している。[37]この作手史料の減少も、前節で述べたように作手は一筆毎の請作関係によって生ずるものであるから、請作関係の変質・消滅という点から考察しなければならないであろう。この変容の最大の原因は在地の「自立」に求められる。例えば、この時期は起請文に在地の神が登場したり、[38]殺生禁断イデオロギーを梃子とした排他的領域観が生成されたりする。[39]また村落が村落空間の所有主体となり、[40]さらに山野を自力によって領有（占有）したりしているのである。[41]このような在地の「自立」が百姓請（地下請）を生み出すことになる。近江国菅浦においては永仁三年（一二九五）に、[42]丹波国大山荘においては文保二年（一三一八）に百姓請が達成される。[43]百姓請の成立によって基本的には一筆毎の請作関係が不要となり、作手の減少が促されたのであろう。また、田村憲美氏も「惣によって執行される辻祭（勧請掛）は、このような百姓らによる「領域」形成のひとつの可視的な帰結であった。いまや、定住・耕作・採取領域を含んで形成された村落「領域」の存在を村落自らが自前の宗教的装置によって内外に顕示できるようにった[44]」と指摘している。このように在地が「自立」することで、上級領主は「一筆毎の耕地」の把握ではなく、村落を「総体」として把握することをせまられるのである。ここに作手にかわって「職」が登場する背景があると思われる。すなわち、従来の荘園公領制の変質によって重層的な中間収取権の客体化を許容しなければならなくなり、村落内部に「職」が登場することになるのである。したがって、在地における「職」は上級領主が直接農民を個別に支配できなくなった段階で登場することになる。いわば領主支配を継続するための譲歩であると捉えることができる。

なお、勝尾寺周辺においては文明年間まで作手史料が確認できる。[45]これは「金丸名御年貢、炭壱籠、焼米壱升也、宿久方御米壱斗壱升、里米漆合、粟生公方米壱斗也[46]」、「課役者、所当弐斗五升、向惣持寺可有御弁、春日社御年貢炭一籠、上分焼米壱升者、金丸名可有沙汰也[47]」などと記されているように、国衙・春日社・総持寺、そして勝尾寺の作手集積があり、複雑な領有関係が単独領主による一円的領有支配を実現させず、中世後期に至るまで一筆毎の把握が行われたためと考えられるのである。(48)

以上のように、一三世紀末から一四世紀にかけて作手史料が減少・消滅していく原因は、在地の「自立」にともなって上級領主が一筆毎の耕地の把握が不可能（一筆毎の請作関係の消滅）となり、村落を「総体」として捉えなければならなくなったからである。

むすび

最後に作手についての私見を簡単にまとめてむすびとしたい。これまで述べてきたように、作手とは稲垣氏らが説くような（下級）所有権などではありえず、たんに耕作を請け負うことによって得分として加地子を得られるにすぎない権利だと考える。ただし、年貢対捍や罪科を犯さないかぎり改易（没収）はなかったので「五代相伝作手」などが生じたのであり、作手と永作手に段階差を設けるべきではない。「永作手宛行状」もあるように「作手」「年来作手」「永作手」のいずれに表現されていてもそれは請作権にしかすぎず、両者は本質的に同じものである。作手は請作関係によって生じるものであるゆえ下人・所従が労働力の担い手となった地域―一筆毎の請作関係の生じない地域―においては作手は生じない。なお、御成敗式目四二条の記述から請作関係の広範な展開を指摘したが、これは上級領主が勧農機能を掌握しているために作手の成立が見られないものと私は考えている。また、畿内では地下請の獲得にともない一筆毎の請作がなくなり、故に作手は消滅する。そしてそれにかわって新たな領主支配の槓杆として職が登場してくることになるものと考えられる。

注

（1）稲垣泰彦「律令制的土地制度の解体」竹内理三編『土地制度史Ⅰ』山川出版社　一九七三。同「中世の農業経営と収取形態」（『岩波講座日本歴史6　中世2』岩波書店　一九七五）も参照のこと。ともに後に同氏著『日本中世社会史論』（東京大学出版会　一九八一）所収

（2）奥野正己「作手の特質」『歴史研究』一五号　一九七七

（3）中野栄夫「「名」と「作手」」『中世荘園史研究のあゆみ』新人物往来社　一九八二

（4）稲葉伸道「鎌倉期の伊賀国黒田庄の一考察」『年報中世史研究』七号　一九八二、後に同氏著『中世寺院の権力構造』（岩波書店　一九九七）所収

（5）蔵持重裕「中世の土地所有観と名田」『史苑』四六巻一・二号　一九八七、後に同氏著『日本中世村落社会史の研究』（校倉書房　一九九六）所収

（6）吉田徳夫「請作と請料」『津田秀夫先生古稀記念　封建社会と近代』同朋社　一九八九

（7）鈴木哲雄「日本中世の百姓と土地所有」『歴史学研究』六一三号　一九九〇、後に同氏著『日本中世の開発と百姓』（岩田書院　二〇〇一）所収

（8）作手研究の主要なものとして次のような成果がある。中田薫「王朝時代の庄園に関する研究」『国家学会雑誌』二〇巻三号〜一二号　一九〇六、後に同氏著『法制史論集　第二巻』（岩波書店　一九三八）所収、村井康彦「田堵の存在形態」『史林』四〇巻二号　一九五七、後に同氏著『古代国家解体過程の研究』（岩波書店　一九六五）所収、入間田宣夫「黒田庄出作地帯における作手の成立と諸階層」『文化』二九巻三号　一九六五、後に同氏著『百姓申状と起請文の世界』（東京大学出版会　一九八六）所収、永原慶二「名と作手」『日本の中世社会』岩波書店　一九六八、井上寛司「永作手の成立について」『日本史研究』一〇二、一〇五号　一九六九、泉谷康夫「作手に関する一考察」『日本歴史』二八二号　一九七一、後に同氏著『律令制度崩壊過程の研究』（鳴鳳社　一九七二）所収

（9）『平安遺文』三巻一〇〇二号

（10）前掲注（7）鈴木論文

(11)『平安遺文』四巻一一八九号
(12)『平安遺文』二巻四六二号
(13)『鎌倉遺文』六巻四一六四号など。
(14)『平安遺文』六巻二五七三号など。
(15)『鎌倉遺文』一巻五〇六号
(16)笠松宏至「中世の政治社会思想」『日本中世法史論』東京大学出版会　一九七九
(17)『平安遺文』四巻一二九一号
(18)『鎌倉遺文』一巻二七〇号
(19)『平安遺文』七巻三一九〇号
(20)『平安遺文』六巻二九三四号
(21)『鎌倉遺文』一〇巻七六一九号。この事件については、前掲注（4）稲葉論文で検討されている。
(22)『鎌倉遺文』一四巻一〇五七九号
(23)『鎌倉遺文』六巻四二二八号
(24)「勝尾寺文書」一一一号（『箕面市史　史料編一』）
(25)西谷地晴美「中世成立期における「加地子」の性格」『日本史研究』二七五号　一九八五
(26)安田次郎「大和国東山内一揆」『遥かなる中世』五号　一九八二
(27)山崎ゆり子「中世の年貢率」『奈良歴史通信』八号　一九七六
(28)『鎌倉遺文』二七巻二〇三〇六号
(29)『鎌倉遺文』二巻九二三号
(30)『鎌倉遺文』四巻二三五二号、二三五三号
(31)新田荘に関する研究に、永原慶二「農奴制形成過程における畿内と東国」『日本封建制成立過程の研究』岩波書店　一九六一、小山靖憲「東国における領主制と村落」『史潮』九四号　一九六六、後に同氏著『中世村落と荘園絵図』（東

京大学出版会　一九八七）所収、峰岸純夫「東国武士の基盤」稲垣泰彦編『荘園の世界』東京大学出版会　一九七三、後に同氏著『中世の東国』（東京大学出版会　一九八九）所収、佐藤浩子「東国の在地領主と農民」『歴史評論』三四三号　一九七八、黒田日出男「中世成立期東国の郷・在家史料」『日本中世開発史の研究』校倉書房　一九八四、などがある。

(32)　前掲注（31）小山著書一〇二頁

(33)　前掲注（31）小山著書一〇〇～一〇一頁

(34)　『中世政治社会思想　上』岩波書店　三一一頁

(35)　前掲注（7）鈴木論文七七頁

(36)　前掲注（8）永原著書一〇一～一〇二頁

(37)　前掲注（8）泉谷論文

(38)　黒川直則「起請の詞」『日本史研究』一一九号　一九七一、同「惣的結合の成立」『歴史公論』五巻九号　一九七九

(39)　伊藤喜良「南北朝動乱期の社会と思想」『講座日本歴史4　中世2』東京大学出版会　一九八五

(40)　田村憲美「山林の所有・開発と中世村落の展開」『ヒストリア』一二五号　一九八九、後に同氏著『日本中世村落形成史の研究』（校倉書房　一九九四）所収

(41)　藤木久志「境界の裁定者」『日本の社会史2　境界領域と交通』岩波書店　一九八七、同「村の当知行」永原慶二・所理喜夫編『戦国期職人の系譜』角川書店　一九八九

(42)　倉田悦子「菅浦庄に見る惣の展開」『史艸』一一号　一九七〇

(43)　大山喬平「鎌倉時代の村落結合」『史林』四六巻六号　一九六三、後に同氏著『日本中世農村史の研究』（岩波書店　一九七八）所収

(44)　田村憲美「畿内中世村落の「領域」と百姓」『歴史学研究』五四七号　一九八五、後に前掲注（12）同氏著所収

(45)　「勝尾寺文書」一〇〇七号（『箕面市史　史料編二』）は、次のような記載である。

（端裏書）「白土松前」

売渡　永作手新券文事
合壱段者
右件田元者自勝尾寺正氏買得相伝私領也、雖然本堂修理田之由候間、如元勝尾寺江現銭七貫五百文仁限永代、
本文証一通相副売渡申処実也、毎年加地子壱石五斗無懈怠可被召者也、此上者経未来済類中他人妨不可有候、
仍為後日売券如件、
文明十四年（一四八二）壬寅十一月廿日　売主垂井三郎衛門尉
正氏（花押）

(46)「勝尾寺文書」一八二号（『箕面市史　史料編二』）
(47)「勝尾寺文書」二七四号（『箕面市史　史料編二』）
(48)勝尾寺周辺の領有関係の複雑さについては、『箕面市史　第一巻』一九六四、西谷地晴美「国衙領粟生村に関する一考察」『神戸大学史学年報』創刊号　一九八六、などを参照のこと。なお、「勝尾寺文書」の検討を通して農民的土地所有の問題を論じたものに、山崎ゆり子「中世前期の土地所有」『寧楽史苑』二一・二二号　一九七七、佐々木宗雄「荘園制下の土地所有形態の一考察」『ヒストリア』八〇号　一九七八、奥山研司「中世北摂における名の構造と土地所有形態」『史学研究』一四四号　一九七九、などがある。

第八章　作職の成立

はじめに

農民的土地所有の観点から論議されてきた中世の作手について、私は前章でそれが、
①耕作を請け負うことで得分としての加地子を得る権利にすぎないこと、
②年貢対捍・罪科などがない限り改易がなく「五代相伝作手」「永作手」などが生じたが、請作に伴う権利においてかわりはなく、「作手」と「永作手」は本質的に同じであること、
③畿内とその周辺部に偏在すること、
④地下請の成立とともに一筆毎の請作がなくなり「作手」が消滅すること、
などの点を指摘した。

「作手」の消滅についてはなお検討の余地はあるが、前々から指摘されているように[1]、田畠に対する権利表記が「作手」から「作職」に移行、変化していくことは間違いない。だが、これまで作手から作職へのそれを論理的に説明した研究はなく、それ故、佐藤和彦氏の「中世前期村落と後期村落をつなぐ論理がない」との問題提起[2]に対し未だ答えが出ていないというのが実状である。

そこで本章では、「作職」の成立と権利内容について再検討し、作手から作職への変化の意味を考えながら、佐藤氏の問題提起に応えてみたいと思う。まず作職の成立を名主職の分解に求める須磨千頴氏以来の説や作職は売買されるものゆえ荘園制的な職の体系とは異なるとする安田次郎氏の説[3]などを検討し、なぜ作職が「職」という用語で表現されねばならなかったのかという基本的な問題から究明を試みたいと思う。

「作手」から「作職」への変化が認められる一三世紀末から一四世紀前半は、畿内近国においては惣の形成とそれに伴う百姓身分の変質[4]、排他的領域観の形成[5]、代銭納荘園の拡大[6]、さらに集落景観上の変貌が確認されるなど[7]、荘園が内部から大きく変わりつつあった時期で[8]、こうした荘園自体のあり方から見ても「作手」から「作職」への変化の解明は荘園史における根本的な課題の一つといえるであろう。

一、作職成立に関する諸見解

作職の成立について最初に具体的に論じたのは須磨千頴氏である。須磨氏の「職の分化」論によると、鎌倉時代後半以降の農業生産力の上昇を前提として名主職が加地子名主職（名目的な加地子得分権）と作職に分化するという。そして「作職というのは、荘園制的秩序の中における名主職そのものの分化形態以外の何ものでもない」と指摘する[9]。

農業生産力の上昇を基とする考えは、永原慶二氏も、作職は「形式的にはひとしく「職」という荘園制的表現をとるが、実体的には荘園制的支配体制を後退させるなかではじめて成立してきた農民的権利の表現に他ならないのである」と述べ、須磨氏の見解を支持される[10]。

しかし、この時期生産力の上昇とそれに伴う職の分化が生じたとする考えは、中世成立期の「加地子」が官物減免分であり、国司免判を前提とした開発私領主の得分権であったことを論じた西谷地晴美氏の研究[11]、また大和国室生荘の年貢率を検討し、在地に多量の剰余が残されていたことを立証した山崎ゆり子氏の研究[12]などから見直しが必要なことは明白であろう。

さらに、畿内同様生産性が高かったと想定される北部九州等に関連史料の欠けていることも生産性の向上から作職の成立を見ようとする立場には否定的な材料になると思われる。すなわち、職の分化とは稲垣泰彦氏が指摘した通り、荘園における年貢徴収形態の変化に過ぎないと考える[13]。

また、「職の体系」のなかで説明を試みる網野善彦氏は、職を①荘園制的な「土地の論理」（＝得分権的・都市的側面）と②封建的な「人の論理」が統一されたもので、中世前期は②が強く、次第に①が強まるなかで職の均質化が見られるようになるとした上で、作職などを「もはや完全に得分権と化したものと見て、初期の国家的性格をもった職と本質的に区別しようとする見方がある」が、「職が職である限り、補任され、また召し放たれる性格は、たとえそれが潜在して表面に現われぬ場合でも最後まで存在していたと思われる」と指摘する[14]。これに対し、村田修三氏は「直接耕作者の権利がゲヴェーレ化（耕作権の確立）によって下から職が形成されてくると考える」と述べ、作職の成立を農民的成長による結果と把握する[15]。同様に、森川英純氏も大和国の作主職は直接耕作者の有していた占有権から発生するとし[16]、久留島典子氏も現実の一片一片の耕地の所有権を作職とし、そこから加地子名主職が分離するとしている[17]。

このように網野氏と村田氏らの見解は、作職の成立について根本的に相反する認識といえる。前述の永原氏の見解も領主制論の立場から後者の理解と共通するものである。

ただし、網野氏の説に立てば、誰が作職を補任するのか、また「人の論理」から「土地の論理」への画期は何かといった点を説明できていないし、村田氏の説の場合でも、どういう段階で「職」になるのか、何を指標に耕作権の確立というのかといった問題を克服できていないように思われる。

この他、留保付寄進行為ならびに作人得分の商品化運動と、その前提としての百姓職補任による作人の立場の文書化の結果「作職」が成立するとされる西谷正浩氏の説[18]なども作職の成立について言及したものである。しかし、西谷説では作手を加地子得分権をともなう地主的権利であると把握するが、作手は請作権にすぎないと考えられること、また「作職は作手と全く別個で、自由に売買されており、作手所有者は作職の進退権を持っていない」と指摘する一方で、一四世紀前半には「下の権利の呼称については、当初の、作手の名称として淘汰された下作職・作職・作主職などが、実験的に使用されていた段階から、一の合意が形成され、作職の名称が選択され固定化するにいたる」と述べるなど、作手と作職の関わりに統一性の認められない部分もある。

また、薗部寿樹氏は中世の百姓身分を論じる中で、本来名の収取にともなう身分であった百姓職＝名主職が、加地子名主職の出現に伴って名主職が拡散したことにより、その実体が作職に変化したとする[19]。そして、「加地子名主職（加地子得分）の出現、それに連動する百姓職の出現とその作職化、百姓役の名主課役との乖離（百姓役の名抜き課役化）。これらの現象は、百姓の身分（所職）や課役が名主よりも下位の所職や課役となったことを意味する」と述べ、当初の百姓身分が実質的に形骸化したことを指摘する。だが、この薗部氏の見解も百姓身分の変質という点に関しては説得的であるものの、作職の成立に関してはやや説明に欠ける。

さらに、安田次郎氏は大和国の地主職・作主職を分析される中で、作手所有者は中間得分権者として地主―作手―直接耕作者という関係に位置しており、それが一三世紀末に作主職という名称で呼ばれるようになったとする。すなわち「作主職は、作職より放出されてくること、あるいは作手に他ならない」と指摘し、職務的側面をもたない作手は「職の体系」の枠外に位置していたが、鎌倉中期以降荘園制の動揺に伴い荘園領主層がこの中間得分権を「職の体系」内に取り込むようになったのだとする[20]。

以上のように、作職の成立をめぐっては、先学が検討を加えてきたものの、未だ成立の画期が必ずしも明瞭ではなく、また農民的下級土地所有権という理解についても再検討が必要と思われる。

　そこで、次節では作職の概念を史料に則して再確認し、こうした問題に検討を加えていくことにしよう。

二、作職の概念

　作職が農民的下級土地所有権という視角から論議されてきたように、それが売買・相伝の対象となる物権化したものであることは確かで、数多くの売券類などがそのことを示している。例えば康暦元年（一三七九）一二月二六日の小野原彦九郎田作職売券案[21]に「売渡進……、右件之田作職者、彦九郎先祖相伝之作職也」、弘安五年（一二八二）卯月一七日の丹治末国田地売券[22]の端裏書に「無懈怠不調之時者、子ニ相伝シテ、作人色ノ事、不可有相違之状如件」などとあり、また長享二年（一四八八）一〇月一〇日の弥三郎作職売券[23]にも「作職徳分ハ段別五斗宛」とあり、作職保持者に一定の得分権が付与されていたこともわかる。

　しかし作職保持者の土地に対する権利が脆弱であることも看過できない。先の小野原彦九郎田作職売券案には「但此田之主ハ勝尾寺ひワ本之坊之地也」とあり、同じく丹治末国売券案にも「作人與於所当、若懈怠対勘之時者、速可令改定給」とあることからも作職保持者の田地に対する権利は一定の制限が加えられていたことがわかる。それは作職が請作の関係から生じていたことによる「制限」であった。この点については、請料の視角から中世の請作について論じた吉田徳夫氏の研究に詳しいが[24]、延慶二年（一三〇九）の沙弥道蓮田地寄進状[25]にも「毎年加地子米壱石可弁進者也、若有懈怠之時者可被改替作人之職」とあるのをはじめ、文和三年（一三五七）二月六日字源三作職加地子米請文[26]には「右件御加地子米毎年八斗無懈怠可沙汰進候也、若未進難渋仕候時、不日可奉被取作職上候」とあり、加地子米を懈怠したならば作職が召し上げられることが記されている。また長享元年（一四八七）の四郎次郎請文(27)には「外院庄内勝尾寺領、四王供田三段之内壱段作職之事、請申候、年貢毎年壱石分納可申候、若未進懈怠仕候ハ、作職之事被取放可申候」とあるのを始め、長享三年（一四八九）池殿内新左衛門作職預リ状(28)にも年貢を未進したならば「作職之事者何時にても可召放候其時一言之子細不可申入候」などとあることから、所当や加地子を懈怠しない限りという条件が付く。さらに、応永二五年（一四一八）二月五日の平三郎田地作職預リ状には醍醐寺に上納すべき加地子を怠ったならば「何時にても候へ、とりはなされ候て、いつれの御百姓をもつけられ候へく候、其時更〻一言ノ子細申ましく候」とあり(29)、文安四年（一四四七）の上久世庄下作人等申状にも「既になゑをすえ、あせをぬり、こゑはいを入候て作し候」土地で、夫役も勤め「なにのくわたいも候ハぬニ」作職を召し上げられてしまうこともあったことを示す文言がある(30)。こうした事例が示すように、畿内村落では文安年間にいたっても請作が行われていたし、請作によって実際に田畠を耕作しているものの権利は脆弱な側面もあった。

このように請作関係によって作職が成立するものである以上、懈怠をすれば改易されるのは当然であるが、問題は誰が作職を宛行うのかということである。そこに作手と作職の相違があると思われる。

これについては、加地子を懈怠しない限りにおいて作職が認められていたことに象徴的に伺えるように、加地子得分権者との関わりが注目される。次に掲げる作人職宛行状は勝尾寺文書の中で最初の作職宛行状である(31)。

（端裏書）「戸々口町券」

宛行戸々露町壱段上黒崎壱段作人職事

守永

右件於作人職者、依有其由緒、所宛給者也、然間、無本所当、炭、上分米、御加地子等之懈怠者、限永代不可有相違之由、被仰下之上者、以其旨、可令領作之状如件、

正応三年（一二九〇）正月廿二日　守永（略押）

重舜（花押）

右の史料は重舜が守永に宛てて戸々露町一反・上黒崎一反の「作人職」を宛行ったものだが、この重舜については、すでに鈴木国弘氏が、自ら所領開発をも行い得るような中世前期村落の共同体的性格を体現していた「村落領主」と位置付けている(32)。重舜の名は永仁六年（一二九八）一〇月の惟宗延末紛失状(33)にも「小犬名主代重舜」、「法橋重舜之住居焼失之、彼証文等令焼失畢」と見えることから、開発領主であるとともに荘官も務めて文書類を保管していたことが知られる。すなわち、作職を宛行っているのは荘園領主ではなく、重瞬のような開発領主＝「地主」的な立場に立つ者であったという事が理解されよう。

次に掲げるのは文応元年（一二六〇）の右馬寮牧下司沙弥信念下知状(34)である。

（端裏書）
「右馬寮御牧下司下知」

勝尾寺衆徒訴申燈油田間事

右衆徒申云、天王寺塔内専阿弥陀仏、去宝治二年四月十三日、以私領田三段、令寄進当寺内本寺観音堂之分弐段一段与町領　一段東光寺領、西谷阿弥陀堂之分一段与町領、各為燈油用途所被寄進也、且寄進状二通副本証文等如此、仍寄進以後、段別所当下作人沙弥専念、無懈怠弁来之処、本主禅尼逝去以後、去建長年中、専念致不法沙汰之間、改作人職宛行他人之刻、専念参詣当寺、頻令懇望之間、以優如之義、如本宛賜彼作人職畢、其後又本寺之分、寄事於損亡、不究済所当之上、西谷一段之分、去年正元元年一向令抑留所当之条、不当所行也、専念為与町住人之上、為彼公文職云々、件寄進田又与町之最中也、然者、令究済所抑留之所当、於作人職者、可為寺家進止之由、欲被成敗云々、

（中略）

文応元年十一月十二日（一二六〇）　　右馬寮御牧下司沙弥信念（花押）

これによれば、専阿弥陀仏が摂津国右馬寮御牧内の三段の田を勝尾寺観音堂と西谷阿弥陀堂の燈油料として寄進したが、作人職を有していた沙弥専念が勝尾寺への所当を怠ったため、勝尾寺が作人職の改易を行ったことを伝えている。このことから右馬寮内の所領で、剰余得分権しか有さないはずの勝尾寺が作職の進退権を握っているということがわかる。それ故、作職を「職の体系」内で把握しようとする考えには賛意を示し得ないのである。この他にも勝尾寺が加地子得分権を集積し、なお作人の進退権を保持する事例が多く見られる。「右件加地子米、毎年別無懈怠可弁進者也、若致懈怠者可放作人職候(35)」、「作職可為御寺家進退候也(36)」、「下作シキイカナルチカイメ候ハ、寺時僧御シムタイト可有者也(37)」、「下作職田事、寺家御進止勿論事候歟(38)」などと見えるのがそれだが、これらはいずれも荘園制的所職にもとづく得分ではなく、中世的な地主―小作関係下における「地主得分」といえるのである(39)。ここに荘園領主権力との関わりが前提となる作手との相違が見出されるのである。

ところで、勝尾寺文書を通して永作手を分析された奥山研司氏は、粟生村内押谷の同一の土地一段に関する次の三点の（A）～（C）の売券・寄進状を通して、以下のような見解を述べている(40)。

（A）

（端裏書）「おしたにのけん」

謹辞　売渡進田新立券文事

合壱段者直乃米参斛陸斗請取畢

在摂津国嶋下郡中条粟生村十一条二里廿三坪公田也

四至　限東谷河　南限光吉名際目

西限熊丸際目　北限堤

右件田地、元者林守友先祖相伝之私領田也、而依有直要用、于中臣友永、限永代作手、所売渡進明白也、於本公験文者、依有類地、不能相副進、兼又金丸名御年貢炭壱籠、焼米壱升也、宿久方御米壱斗弐升白米四合、粟生公方米壱斗也、無懈怠可令勤仕者也、仍為後日沙汰、新立券文状如件、

（一二三一）
寛喜三年二月十日　　　　　売人　林（略押）(41)

（B）

（端裏書）
「粟生ヲシ谷券」

謹辞　売度進田新立券文事

合壱段者　直米斛肆伍斗請取畢、

在摂津国嶋下郡中条粟生村十一条弐里廿三坪ヲシ田

四至　東限谷河　　南限光吉名際目

　西限熊丸際目　北限堤

右件田地、元者中臣友永相伝私領田也、而今依直要用有、尼禅阿弥陀仏、所売度進明白、兼又金丸名御年貢、炭壱籠、焼米壱升也、宿久方御米壱斗弐升、里米漆合、粟生公方米壱斗也、仍無懈怠、可令勤仕者也、為後日沙汰、新券文文状如件、

（一二四八）
宝治二年後十二月四日

中臣友永（略押）

中臣友兼（略押）(42)

中臣為永（略押）

（C）

（端裏書）
「曼陀羅堂田地寄進状香田　金丸名内ヲシ谷云々」

寄進　勝尾寺曼陀羅堂田地事、
合壱段者加地子壱石寺家斗定
在摂津国嶋下郡中条粟生村内字押谷
副進本券文二通
右奉寄進意趣者、比丘尼蓮阿弥陀仏、并沙弥西仏、為滅羅生善、離苦得楽、往生極楽、頓証菩提、所奉寄進彼曼陀羅堂也、以件田地、限永代、可付山籠之依怙、毎日焼香不可有懈怠者也、両人没後、於曼荼羅堂、日別令伝読阿弥陀経、可奉祈両人之後生菩提矣、於此旨趣、雖経未来際、不可有相違、若於背此遺約之輩者、可蒙権現観音冥罰、又作人者、可為寺家成敗、仍奉寄進之状如件、
建長七年（一二五五）三月廿二日
比丘尼蓮阿弥陀仏（花押）
沙弥　西仏（略押）
勧進聖栄全（略押）(43)

史料（A）は林守友の私領田（永代作手）が中臣友永に売却されたこと、（B）は同地が中臣友永から尼禅阿弥陀仏に売却されたこと、（C）は同地の加地子一石が勝尾寺曼荼羅堂に寄進されたことを示しているが、奥山氏は同地にかかる炭以外の負担が（A）（B）では粟生公方米一斗、焼米一升、宿久方御米一斗二升、白米（里米）四合の計二斗三升四合であるのに（C）では加地子一石という多額なことから「この加地子一石というのが、この寄進の時点でにわかに剰余生産物として成立したとは考えがたく、従って前者売券の寛喜三年あるいは、その後の宝治二年の売買の段階においても一石近い剰余生産物が潜在的に存在したものと考えられる」と指摘し、「永作手」という表示のもとで売買される内容はその田地からあがる剰余生産物（加地子得分）であったとも述べている。そして（C）に「又於作人者、可為寺家成敗」などとあることから、鎌倉初期の段階から「永作手」は「その下に作人をかかえ、

加地子得分収取を主とする地主的土地所有権」として展開していたと結論づける。

しかし、史料に則して考えれば、「永作手」の見える（A）（B）には本年貢等の記載はあっても加地子や作人の沙汰に関する記述はないこと、一方（C）は加地子の寄進についてのみふれたもので、本年貢等の負担に関する記載がない。こうしてみると、（A）（B）は荘園制的支配秩序の枠内での議論であり、（C）は加地子得分権のみを問題とする中世的地主―小作関係の枠内で議論すべきものと考えられるのである。

さらに、こうした加地子得分権集積の動きが広範な諸階層に及ぶことにも留意する必要がある。例えば「国人」ともよばれた近江国朽木氏をはじめ[44]、山城国西岡の革島氏[45]などの小領主層、さらに大徳寺真珠庵[46]や本章で見ている勝尾寺などの地方寺社など、幅広く加地子得分権が集積されているのである。

このように見てくれば、加地子得分権に関わる作職は荘園制的な秩序に伴うものではなく、在地における請作関係で把握できるものという理解が成り立つ。この点については、加地子の収取保障体制として土豪層の連合組織としての性格を強めていった惣の実態に注目される藤田達生氏の指摘にもある通りである[47]。したがって、宛行状の発給者が地主（加地子得分権者）であったり、作職売券が当事者同士で作成されていることの問題の整理がこれで可能となろう。『大乗院寺社雑事記』文明九年（一四七七）六月一一日条に「作職事ハ地主計也」と記されているとおりである。

なお、作職宛行状は剰余部分を物権化してゆく際に任意に作られたものとも考えられる。

以上のような事例から作職の概念を再度確認しておこう。それはまず第一に所有者が自由に使用・売買・相伝・寄進できる物権化したものであること、また「作職得分」も認められてはいたが請作に伴う権利であったと考えるべきで、請作者は本年貢・名主得分・加地子を負担するべき立場にあり、それを対捍すれば改易されたのである。また、それは荘園制的職秩序によるものではなく、中世的な地主―小作関係を前提としたものであり、これが作手との相違点と考える。

おわりに

旧来、加地子得分権をめぐる議論は戦国期村落を主な対象とし、在地小領主層がその集積につとめている実態の究明に焦点があてられてきた。また加地子収取権の保証体制も整えられ、「地域的一揆体制」とも呼ばれる在地小領主層の連帯の様相も明らかにされている(48)。

しかし、加地子得分と不可分の関係にある作職については必ずしも明確ではない部分を内包していた。そこで、これを本章の課題としたが、十分な結論を得たとは言い難い。しかし、今後の議論のため今一度本章での論点を最後に整理しておきたい。

まず、作職の成立過程について、旧来の須磨説のような生産性の向上によって「職の分化」が見られるという理解は、中世成立期段階から在地に多くの剰余が残されていたという事実や、名が必ずしも経営単位ではないこと、作職史料の地域的偏在性の説明に欠けることなどより成り立ち得ないものと考える。また、作職が改易されるものであるという「請作」の視点をふまえて検討することも必要であり、作職の進退権をもつものが加地子得分権者である地主階層であることより、中世的な地主―小作関係のなかで作職を捉えるべきであると指摘した。このことは、中世後期にいたっても「請作」が広範に展開していたことや作職宛行状に本所が登場しないことからも、作職が在地内で収拾のつくものになっていたことを示していると思うのである。特に第二節でみた「右馬寮牧下司沙弥信念下知状」が語るように本所ではない勝尾寺が作職の進退権を握っていることに、このことが端的に示されていよう。

作職をこのように捉えて、前章で検討した作手との関わりも含めて、次のように整理しておきたい。

中世後期にかけて本年貢そのものは村請制というシステムの中で完結するようになる。その他の村落内剰余をめぐって作職が問題とされる。領主は荘園制的秩序の解体（荘官層の在地領主化＝私領の拡大）に対応するために加地子得分権（＝加地子名主職・作職）の集積に努める。請作関係に基づいたいわゆる地主的支配を強化するのである。すなわち、作手が国衙領掌内の「私領」で生じた権利であるのに対し、作職は中世公田体制外の問題であり、在地社会での私的関係を表現したものと整理できる。したがって、農民的権利が作手から作職に呼称変化したと単純には説明できない。そこには荘園制的職秩序の弛緩とそれに伴う領主支配の変質が内在しており[49]、そうしたなかではじめて作職が成立するのである。それ故作職は「職の体系」の枠外の存在と捉えられる。したがって当初から物権化したものではあるが、請作関係に基づくために地主が作人の進退権をもつのであり、このことから擬制的に「職」が用いられたと考えられる。

注

（1）泉谷康夫「作手に関する一考察」『日本歴史』二八二号　一九七一、後に同氏著『律令制度崩壊過程の研究』（鳴鳳社　一九七二）所収、佐川弘「作職」『国史大辞典　第六巻』吉川弘文館　一九八五

（2）佐藤和彦「中世村落史研究の視点」『歴史評論』三七四号　一九八一。また鈴木国弘氏も「前期村落に関する研究史と、後期村落に関する研究史との間に介在している数々の困難な問題が主たる原因となって」、中世前期型村落から中世後期型村落への歴史的移行については、「必ずしもなお定説を得るに至っていない」と指摘されている（「摂津粟生村の中世村落―ある「村落領主」一族の盛衰―」『日本歴史』四七八号　一九八八）。なお野高宏之「中世村落史研究の現状と課題―六〇年代の枠組みを中心として―」（『新しい歴史学のために』一七九号　一九八五）にも同様の指摘がある。

（3）安田次郎「百姓名と土地所有」『史学雑誌』九〇編四号　一九八一

（4）田端泰子「中世後期における領主支配と村落構造―惣荘・惣郷の機能と役割―」『日本史研究』一八七号　一九七八、後に同氏著『中世村落の構造と領主制』（法政大学出版局　一九八六）所収

（5）薗部寿樹「中世村落の諸階層と身分」『歴史学研究』六五一号　一九九三、同「中世後期村落における乙名・村人の署判について」『米沢史学』一二号　一九九六、ともに後に同氏著『日本中世村落内身分の研究』（校倉書房　二〇〇二）所収、同「中世前期の百姓身分について」『日本史学集録』二〇号　一九九七、後に同氏著『村落内身分と村落神話』（校倉書房　二〇〇五）所収

（6）伊藤喜良『日本中世の王権と権威』思文閣　一九九三

（7）佐々木銀弥『中世商品流通史の研究』法政大学出版局　一九七二

（8）第一章～第三章及び拙稿「中世低地集落の歴史的位置」『中世集落と灌漑』大和古中近研究会　一九九九

（9）須磨千穎「山城国紀伊郡における荘園制と農民」稲垣康彦・永原慶二編『中世の社会と経済』東京大学出版会　一九六二

（10）永原慶二「中世農民的土地所有の性格」『一橋論叢』五九巻三号　一九六八、後に同氏著『日本中世社会構造の研究』（岩波書店　一九七三）所収

（11）西谷地晴美「中世成立期における「加地子」について」『日本史研究』二七五号　一九八五

（12）山崎ゆり子「中世の年貢率」『奈良歴史通信』八号　一九七六

（13）稲垣泰彦「中世の農業経営と収取形態」『岩波講座日本歴史6　中世2』岩波書店　一九七五、後に同氏著『日本中世社会史論』（東京大学出版会　一九八一）所収。この中で稲垣氏は、「名主職は一定の得分権をともなうとはいえ、本来荘園領主が補任する職務で、原則としてその分解はありえない」、「名田の分解といわれる現象は年貢徴収単位である名という外被におおわれていた事実上の年貢納入者＝作手の所有者が名単位の徴税機構の廃止にともなって表面にあらわれたものであり、荘園における年貢の徴税形態の変化にすぎない」と指摘されている。

（14）網野善彦「「職」の特質をめぐって」『史学雑誌』七六編二号　一九六七、後に同氏著『日本中世土地制度史の研究』（塙書房　一九九一）所収

(15)　村田修三「中世後期の階級構成」『日本史研究』七七号　一九六五
(16)　森川英純「興福寺領における作主職の成立と郷村制」『ヒストリア』六六号　一九七五
(17)　久留島典子「東寺領山城国久世庄の名主職について」『史学雑誌』九三編八号　一九八四
(18)　西谷正浩「「名主・百姓」体制の成立と土地所有」『九州史学』九三号　一九八八、後に同氏著『日本中世の所有構造』（塙書房　二〇〇六）所収
(19)　前掲注（5）薗部寿樹「中世前期の百姓身分について」
(20)　安田次郎「百姓名と土地所有」『史学雑誌』九〇編四号　一九八一
(21)　「勝尾寺文書」七五七号（『箕面市史　史料編一』、以下「「勝尾寺文書」」の引用は同書及び『箕面市史　史料編二』による）
(22)　『鎌倉遺文』一九巻一四六一三号
(23)　「東寺百合文書」シ―一三
(24)　吉田徳夫「請作と請料―作手所有の性格について―」『津田秀夫先生古稀記念　封建社会と近代』同朋社　一九八九
(25)　「勝尾寺文書」四三七号
(26)　「勝尾寺文書」六七七号
(27)　「勝尾寺文書」一〇一一号
(28)　「大徳寺文書」八四一号（『大日本古文書　大徳寺文書之二』）
(29)　「醍醐寺文書」七三四号（『大日本古文書　醍醐寺文書之四』）
(30)　「東寺百合文書」二一七号（『大日本古文書　東寺百合文書之六』）
(31)　「勝尾寺文書」三三四号
(32)　前掲注（2）鈴木論文
(33)　「勝尾寺文書」三七〇号

(34)「勝尾寺文書」二一八号
(35)「勝尾寺文書」四二九号
(36)「勝尾寺文書」一〇九三号
(37)「勝尾寺文書」四四〇号
(38)「勝尾寺文書」五五六号
(39) 西谷地晴美氏は、加地子＝地主得分の歴史的淵源について、「地主―作人間での田地の一年年紀の売買価格が、地主が作人に経営を請け負わせた場合の地主得分（加地子）の歴史的淵源の一つであった」と指摘されている（「加地子と出挙」『岩波講座日本通史7　中世1』岩波書店　一九九三）。
(40) 奥山研司「中世北摂における名の構造と土地所有形態」『史学研究』一四四号　一九七九
(41)「勝尾寺文書」九五号
(42)「勝尾寺文書」一八二号
(43)「勝尾寺文書」二〇二号
(44) 朽木氏の売券集積については、藤木久志「戦国の動乱」『講座日本史3』東京大学出版会　一九七〇、同「畿内型の在地領主と高利貸機能」『戦国社会史論』東京大学出版会　一九七四、仲村研「朽木氏領主制の展開」及び「中世後期の村落」『荘園支配構造の研究』吉川弘文館　一九七八、高村隆「中世後期における近江国朽木氏の村落支配について」『豊田武博士古稀記念　日本中世の政治と文化』吉川弘文館　一九八〇、湯浅治久「中世後期における在地領主の収取と財政―朽木文書の帳簿類の分析から―」『史学雑誌』九七編七号　一九八八、後に同氏著『中世後期の地域と在地領主』（吉川弘文館　二〇〇二）所収などを参照のこと。
(45) 神田千里「戦国期における山城国革島氏の活動基盤」『史学雑誌』九六編九号　一九八七
(46) 稲葉継陽「戦国時代の村請制と村―地主真珠庵と市原野を中心に―」『歴史学研究』六八〇号　一九九六、後に同氏著『戦国時代の荘園制と村落』（校倉書房　一九九八）所収。稲葉氏は、真珠庵の所領経営を「名主職・百姓職得分＝戦国期的「年貢」の集積による地主経営」と規定している。また「地主制とは本来的に、零細な個々の耕地の個別的買得によって形成される〝所有〟制度である」と指摘されている。

(47) 藤田達生「中世後期の村落」『日本村落史講座4　政治Ⅰ』雄山閣　一九九一、後に同氏著『日本中・近世移行期の地域構造』（校倉書房　二〇〇〇）所収

(48) 黒川直則「十五・十六世紀の農民問題」『日本史研究』七一号　一九六四、藤木久志「戦国期在地領主の動向」『戦国社会史論』東京大学出版会　一九七四、尾藤さき子「畿内小領主の成立」宝月圭吾先生還暦記念『日本社会経済史研究・中世編』吉川弘文館　一九六七、原田信男「戦国期の村落における本年貢と加地子—泉南・紀北地方を中心に—」『日本史研究』二六三号　一九八四、三浦圭一「惣村の起源とその役割」『中世民衆生活史の研究』思文閣　一九八一、宮島敬一「荘園体制と「地域的一揆体制」」『歴史学研究』別冊　一九七五年度大会報告、同「戦国期における在地法秩序の考察」『史学雑誌』八七編一号　一九七八、藤田達生「地域的一揆体制の展開—菅浦惣荘における自治—」『日本史研究』二七三号　一九八五、後に前掲注（47）同氏著に所収

(49) 吉田徳夫氏は、この時期荘園領主が下地進止権を獲得することによって田主と作人の関係に大きな変化があった—荘園領主側が作人の進退権を強化した—と述べる（前掲注（24）吉田論文）。

第九章　銭を掘り出した人々
――出土銭の性格――

はじめに

紀元前のメソポタミア・エジプト・ペルシアなどでは、社会の諸活動全般を国家（帝国）が把握しており、私的な諸関係が自立的に発展することは阻害されていた。例えば、ユダヤ人やフェニキア人による商業活動も条約に基づく商業であり、政治権力によって管理されていた。このことは彼らの個々の取り引きのなかで、流通手段としての貨幣を一度も発行しなかったことによっても明らかである。

また、ミシェル＝アグリエッタ、アンドレ＝オルレアンによれば、商品関係が生み出す対立関係を調整できるのは貨幣だけであり、したがって理論的には「貨幣が商品経済に先行し、商品経済の土台となるのであって、その逆ではない」と述べている(1)。

すなわち、必ずしも銭貨の普及＝商品経済の進展と捉えることはできず、そこに歴史的な段階差を設けなければならないのである。事実、日本の社会においても和銅開珎以来皇朝十二銭は「国家的支払い手段」として鋳造されたものであり、商品経済を下支えするものでなかったことは栄原永遠男氏の一連の研究によってすでに明らかにされている(2)。

栄原氏によれば、律令国家は国家荘厳費・内廷費・軍事費を中心に増大していく経費に直面し、租税収入とのギャップを補塡するために銭貨発行収入の確保と民間私富の導入という方策をとった。まず銭貨を発行することによってそれを雇傭者の功直などとして支払うことにした。ところが、流通経済の進展度を上回る大量の発行はインフレを引き起こし、銭貨価値が下落したので新貨の発行を繰り返すことになったのである。一方、民間私富の導入は「売位」を典型とする。私富蓄積者は位階官職を得るために私富を「寄付行為」として提供したのであるが、これは私富の献納＝売位は俸禄支払い保障による民間私富の借入れにほかならず限界性を内抱した政策であった。このように律令社会においては「国家的支払い手段」として銭貨が発行されたのである。

本章ではこのような律令社会における銭貨機能（「国家的支払い手段」）を前提として中世における銭貨（出土銭）の諸側面を垣間見ることにしたい。

一、「銭の病」の発生

「近日。天下上下病悩。号之銭病」。これは『百錬抄』の治承三年（一一七九）の記事である。一〇世紀末から日宋貿易が盛んに行われ出し、平氏の擡頭とともにそれがより一層盛行したことは周知の事実である。また、律令国家は延久四年（一〇七二）や治承三年（一一七九）などにたびたび禁令を発布し、繰り返し渡来銭の流通を禁じようとするほど銭貨がひろまったことも事実である。しかし、このことをもって商品経済の発展や銭貨の全国への浸透がうながされたと捉えることには躊躇しなければならない。

東寺領丹波国大山荘内にあって唯一大山川の恩恵にあずかれず、隣荘宮田荘からの取水（「以宮田庄河水之余流、可引懸于大山庄」[3]）によって灌漑を行っていた西田井村は、両荘の対立にともなって再三荒廃を余儀なくされた地域である。この西田井村百姓等が正和四年（一三一五）に代銭納の要求を行っている。そして、二年後の文保元年（一三一七）には大山荘内他地域が現物納（米）であるのに対し、西田井村だけが代銭納であったことが確認できるのである。こうした事象をふまえて、大山喬平氏が、西田井村百姓の性格の一面を「おそらく商業・手工業・林業・交通業等のどれかに従事するものであったか、ないしは近郷土豪・富裕百姓の直営田に雇傭される農業労働者であった」と捉えたうえで、「自然と社会の環境が稲作経営以外の生業を強制するような地域と階層が、銭貨をまず最初に吸引する」と説いているように、銭貨の流通を、地域・階層を捨象して一律に論じることはできないのである[4]。

表2　売券に見られる支払手段

年　代	米		銭		絹　布	
	件数	%	件数	%	件数	%
1185～1200	65	71	10	13	5	6
1201～1210	44	76	10	17	4	7
1211～1220	70	66	29	28	6	6
1221～1230	85	55	66	42	5	3
1231～1240	106	59	71	39	3	2
1241～1250	56	57	42	42	1	1
1251～1260	39	36	68	64	0	0
1261～1270	53	43	71	57	0	0
1271～1280	59	33	118	67	0	0
1281～1290	56	32	119	68	0	0
1291～1300	43	29	105	71	0	0
1301～1310	52	29	126	77	0	0
1311～1320	45	25	135	75	0	0
1321～1330	24	19	104	81	0	0
1331～1333	14	20	57	80	0	0

さて、『鎌倉遺文』より売券を抽出し、その代価が何で支払われたかをまとめたのが表である。表2は松延康隆氏が『鎌倉遺文』一巻～三八巻によって作成したもの[5]に三九巻～四二巻所収の売券を加えて改作したものである。

これによれば、松延氏もすでに指摘されているように、支払い手段としての銭貨の需要が増していく状況が読み取れる。一三世紀半ばには完全に絹布の機能を吸収し、一四世紀前半にかけて米の機能をも吸収していくのである（ただし、米は織豊政権期でも支払い手段としての機能は保持している)。さらに、松延氏は「用途」という言葉に着目し、それが平安期には単に「費用」を意味していたものが、次第に銭そのものを意味するようになっていくことを追求している。そして、その時期は一三〇〇年代であるとし、「貨幣機能中最大の意義をもつとされる価値尺度機能が、鎌倉末期、特に一三〇〇年代にきわめて急速に銭によって統合されることは、この時期が価値の観念の急激な転換期であったことを暗示している」とまとめられている。すなわち、銭貨が富としての機能をもつようになるのはこの一四世紀初頭の時期だというのである。

また、鎌倉期の譲状・処分状に銭貨を記載したものがほとんどないことも未だ銭貨が富として相続の対象になっていなかったことを示しているとし、一三世紀段階では「銭は財貨として保持され、必要に応じて使用されるものではなく、必要に応じて購入され、使用されるものであった」と結論付けられている。

代銭納荘園が全国的に拡がるのが一三世紀七〇年代であることを考えれば(6)、少なくともこの時期まで銭貨＝「国家的支払い手段」である観念が生き続けたものと思う。そして、代銭納荘園のシステムの形成を前提に銭貨＝富という観念が生じたものと判断したい。

そこで、この銭貨にたいする観念の変化をふまえて出土渡来銭との関わりを見ていきたい。

是光吉基氏によれば(7)、出土銭の時期区分及び特徴として、一四世紀までの段階は東日本に多く西日本に少ないという様相を呈しており、殊に京都市内では一例のみしか検出されていない。また、一四世紀後半になると瀬戸内海沿岸や四国の太平洋沿岸・日本海沿岸の各地から検出されるようになることから水運の発展に伴う蓄財現象であろうとされている。さらに、一五世紀後半以降は北海道から九州まで広範に見られるようになり、銭量も数十万枚におよぶ遺跡が現れるようになるという。そして、一六世紀後半以降になると銭量も遺跡数も減少してくるということである。このうち、一箇所から比較的大量に出土したものを、時に「備蓄銭」とよんでいる。是光氏も水運の発達によってこのような現象がもたらされたのであろうと述べている。「備蓄銭」の意味するところは「万一の場合に備えて、たくわえておく銭」ということになろう。大量の銭貨は一四世紀後半になって埋められたであろうとい

図45　銭を掘り出す人々の図（『一遍聖絵』より）

う発掘成果から、松延氏は「銭貨＝富」とする観念が一四世紀初頭に形成されていたことと符合すると捉えられる。

しかし、銭貨を埋めるという行為には次節でみるように特別の意味あいが含まれていたのであり、「備蓄銭」とみることはできない。出土銭に対する民衆の心性は次節にゆずるが、その前に正安元年（一二九九）八月二三日の奥書をもつ『一遍聖絵』を見ておきたい。一遍の一族である聖戒が描いたとされる『一遍聖絵』には溝から銭貨を掘り出す人々の姿が描かれている（図45）。この図に描かれた銭貨は紐に通されたものであり、一枚や二枚という端数ではなかったことが見て取れる。したがって、この図は「銭貨＝富」という観念が生まれる前から既に多量の銭貨を埋める行為があったことを示唆しているのである。

それでは、次節で出土銭に対する民衆の心性を見てみることにしたい。

二、掘り出された銭貨の行方

建武二年（一三三五）、東寺領若狭国太良荘において、借上石見房覚秀とその母が二五貫文の銭を掘り出し、それを東寺に報告、提出したことがすでに網野善彦氏によって紹介されている。(8) 網野氏はこの事例から掘り出したものは神物・仏物であり私有権は及ばないとされている。まさしく、これは笠松宏至氏が、中世には「仏物」・「僧物」・「人物」の三界があり、これを犯すことを「互用の罪」として非難するような法理があったとされる論理(9)を具現した事例と見ることができる。

興味あることに、これと同様の事例が平安期から江戸時代にかけて見受けられるのである。

永延元年（九八七）、賀茂上社の禰宜であった賀茂在実が社頭の鳥居側から七八二文の古銭を掘り出したことを仗座で報告した上で公家に献じている。これによって神祇官が陰陽寮に召され卜占が行われたのである。(10)

また、『慶長見聞集』には次のようにある。

町には舟町と四日市のあひに、ちひさき橋只一ツ有、是は往復の橋也、文禄四年の夏の比、此の橋もとにて銭がめを掘出す、永楽京銭打まじりて有しを、四日市の者共、此の銭がめを町の両御代官板倉四郎右衛門殿、彦坂小刑部殿へさゝげ申たり、夫より此橋を銭がめ橋と名付たり、

文禄四年（一五九五）段階でも掘り出された銭貨は自らのものとはせず、代官板倉四郎右衛門・彦坂小刑部に提出されているのである。

その他、正徳二年（一七一二）常陸国久慈郡増井村の禅院である正宗寺の仏殿修造に際し縁の下から多くの古銭が出土した時も、住持より源粛なる者へ献じられているし、(11) 元文四年（一七三九）江戸牛込の禅宗済松寺境内から

出土した多くの古銭も奉行大岡忠相に差し出されている(12)。

さらに、文化二年（一八〇五）近衛家領であった摂津国河辺郡伊丹外崎村でも南蛮焼きの大壺に入った「古銭貳萬三千七百五十疋餘」が掘り出され、前年にも掘り出されていた二八五〇〇疋余の古銭とあわせて「近衛殿御宝庫」へ納められた。しかも、これは「洪武永楽銭一銭も無之、仍而其以前」に埋納されたものであり「石灰を以相納候と相見え、銭面白く、毛頭腐損之銭無之」とも記されている(13)。「腐損之銭無之」という事例は、「備蓄銭」の中には悪銭はなかったとする桜木晋一氏や鈴木公雄氏の報告と通底するものであろう(14)。

次の話は銭貨を掘り出した事例ではないが、本章のテーマに関して興味深いものである。鎌倉武士・青砥藤綱が燧石袋に十枚の一文銭を入れていたが、夜間それを川に落としてしまった。彼は、川に落とした銭貨は〝天下の宝物〟であるとして、五十文を投じて松明を入手し探したというのである(15)。

以上の諸事例が示すように、古代から近世まで一貫して出土銭は掘り出した者の個人的所有物に帰することなく「公家」や「代官」・「奉行」・領主「近衛家」に納められているのである。まさしく、「仏物・僧物・人物」の論理が生き続けたことを示していよう。

そこで問題となるのが「万一の場合に備えて、たくわえておく銭」という、いわゆる「備蓄銭」の概念である。埋めてしまえば所有権が移ってしまうという観念のあった中世社会に生きた人々が銭貨を埋めることによって「備蓄」したとは思えない。そもそも埋めることは「備蓄」どころか所有権を放棄しなければならなかったのであるから。

それでは大量の銭貨が埋納される原因は奈辺にあるのか検討していきたい。香川県さぬき市志度町の長福寺から出土した古銭には「九貫文花厳坊賢秀御房」「文明十二年三月十九日敬白」とある木簡が添えられている。また石川県白山市鶴来町から出土した古銭も「仏供箱　劔宮行所方　天文廿四年十二月日」と墨書された木箱に納められていることから、これは神仏に供えた埋納銭であろうと石井進氏が述べている(16)。

写真6　神宮寺遺跡銭貨出土状況

また、『中外銭史』の中で、寛政六年（一七九四）に次のことが記されている。大和国西大寺において「本願称徳天皇御建立大伽藍之内西塔跡土中ヨリ南ヨリ金銭出、開基勝宝、但重四文目八分、北ヨリ銅銭出、萬年通宝、神功開宝、地鎮埋、平地ヨリ凡七尺餘下、土中ニ在ルコト千貳拾九年也」。すなわち、地鎮のための銭貨の埋納だったのである。先に紹介した事例が「銭がめ橋」のたもとであったり「正宗寺」「済松寺」などであることも地鎮の可能性を示唆していよう。

なお、一九九一年度徳島県埋蔵文化財センターが調査を行った板野郡上板町の神宮寺遺跡からも紐を通した痕跡のある銭貨が出土した[17]。これは中世に建立されていたであろう神宮寺跡の柱穴から出土しており、地鎮にともなうものと判断される（写真6）。

ところで、最も多くの銭貨が出土した北海道志海苔館跡付近の事例も「径約一m、深さ一ないし一・五mのピットを海浜性砂層に掘り込み、その壁に沿って泥土やこぶし大の礫を詰め、甕を直立安定させていたことが確認[18]」されており、戦乱や災害によって偶然埋まったものではなく、意図的に埋められたものであることは明らかである。これは推量の域をでるものではないが、この遺跡が志海苔館跡よりも海岸側、まさしく波打ち際に位置することから、海に向かって執り行われた何らかの祭祀―例えば戦勝の祝い、戦勝祈願、葬送儀礼、津波災害を鎮めるための祈願など―にともなう可能性があると考えておきたい[19]。なお、徳島県海陽町大里でも海岸際の砂丘から常滑甕に納められた七万枚余の銭貨が出土しており[20]、同様のことが考えられる。

以上のように、銭貨を埋納することは呪術性（聖性）をともなうものであり、「仏物・僧物・人物」の論理から、意図的な「備蓄」のための埋納はなかったものと考えたい（偶然による埋没は「備蓄銭」と呼ぶべきではない）。商品経済の発達・代銭納荘園の拡がりによって銭貨が普及し、それにしたがって銭貨を蓄える者も現れたであろうが、それは〝土の中に埋める〟ということ以外の手段で蓄えたに違いない。何と言っても埋めてしまえば「人物」ではなくなってしまうのだから。

むすび

最後に今一度本章での主張点を記してむすびとしたい。

第二節で述べたように、銭貨は埋められた時点で「人物」から「仏物」・「神物」に転化するのであり、それがたとえ大量であっても「備蓄銭」という概念で捉えるべきではない。銭貨を埋める行為は何らかの呪術性にともなうもの（地鎮などの祭祀や葬送儀礼、津波災害を鎮めるための祈願等）であったに相違ない。「備蓄」ということが目的ならば、近世の埋蔵銭も発見されてしかるべきである。なぜなら「備蓄」は貨幣経済発展後においては超歴史的（超時代的）営みと考えるからである。しかしながら、是光氏の報告にもあるように大量の出土銭が見られるのは中世という時代に限られており、近世になれば極端に少なくなる。そこに中世人特有の銭貨に対する心性を読み取る必要性がひそんでいると考えるのである。

さらに付言すれば、経済活動の中心となったであろう京都をはじめとする都市での発掘事例に乏しいことも「備蓄」行為と捉えるには否定的な材料となろう。

なお、中世末から近世にかけての六道銭や現代でも見られる賽銭行為・墓前への献供等から考えて、一貫して銭貨に対するある種の聖性を人々は持ち続けていたのであろう。

以上のように、「万一の場合に備えて、たくわえておく銭」という意味での「備蓄銭」という捉え方は避けなければならないものと考える。

注

（1）ミシェル＝アグリエッタ、アンドレ＝オルレアン『貨幣の暴力』法政大学出版局　一九九一

（2）栄原永遠男「律令国家と銭貨―功直銭給をめぐって―」『日本史研究』一二三号　一九七二、同「和同開珎の誕生」『歴史学研究』四一六号　一九七五、同「律令中央財政と銭貨に関する試論」『社会科』学研究』二号　一九八一、同「律令国家の経済構造」『講座日本歴史1』東京大学出版会　一九八四、同『日本古代銭貨流通史の研究』塙書房　一九九三

（3）徳治三年（一三〇八）五月　大山荘用水契状（『兵庫県史史料編　中世六』）

（4）大山喬平「中世村落における灌漑と銭貨の流通」『日本中世農村史の研究』岩波書店　一九七八

（5）松延康隆「銭と貨幣の観念」『列島の文化史』六号　一九八九

（6）佐々木銀弥「荘園における代銭納制の成立と展開」『中世商品流通史の研究』法政大学出版局　一九七二

（7）是光吉基「出土渡来銭の埋没年代」坂詰秀一編『出土渡来銭―中世―』ニュー・サイエンス社　一九八六、同「出土銭」坂詰秀一編『歴史考古学の問題点』近藤出版社　一九九〇

（8）網野善彦・石井進・福田豊彦『沈黙の中世』平凡社　一九九〇
（9）笠松宏至「仏物・僧物・人物」『法と言葉の中世史』平凡社　一九八四
（10）『日本紀略』永延元年（九八七）三月一六日条
（11）『新安手簡』四
（12）『吹塵録』九
（13）『一話一言』二十六
（14）桜木晋一「九州地域における中・近世の銭貨流通―出土備蓄銭・六道銭からの考察―」『九州大学九州文化史研究所紀要』三六号　一九九一、鈴木公雄「出土備蓄銭と中世後期の銭貨流通」『史学』六一巻三・四号　一九九二、同『出土銭貨の研究』東京大学出版会　一九九九
（15）三上隆三『渡来銭の社会史』中央公論社　一九八七
（16）前掲注（8）に同じ
（17）早淵隆人他『神宮寺遺跡』徳島県教育委員会・徳島県埋蔵文化財センター他　一九九四
（18）森田知忠「志苔館の四〇万枚の古銭」菊池徹夫・福田豊彦編『よみがえる中世4　北の中世　津軽・北海道』平凡社　一九八九
（19）白山友正氏は、志海苔出土銭の埋納理由を「一は、強大なアイヌの襲撃から免れるための隠匿」、「二には、倭寇による南朝党から委託された貨幣を南北合一により、北朝方に奪取されるのをおそれて埋蔵した」という二つの可能性を提示されているが、これは推論を重ねたもので、論証を欠いた結論である（「志海苔古銭の流通史的研究」『日本歴史』二八三号　一九七一）。
（20）徳島県海南町教育委員会『大里古銭報告書』一九八五、岡本桂典「四国地方」坂詰秀一編『出土渡来銭―中世―』ニュー・サイエンス社　一九八六、兵庫県埋蔵銭調査会『阿波海南　大里出土銭―海南町中世期埋蔵銭の報告書―』海南町教育委員会　一九九四

補論3　一括埋納銭研究補考

はじめに

宋銭や明銭など中国からの渡来銭が一括して大量に出土することがしばしばある。こうした出土銭貨に対しては考古学のみならず、文献史学や民俗学の分野からもアプローチが試みられており、出土銭貨研究会の結成や機関誌『出土銭貨』の発行、兵庫埋蔵銭調査会による『中世の出土銭――出土銭の調査と分類――』『中世の出土銭――補遺I――』『近世の出土銭I――論考篇――』『近世の出土銭――資料篇――』などの報告書刊行に結実している。

このうち考古資料としての出土銭貨に対して社会経済史的視点から分析を加えたのが鈴木公雄氏である。鈴木氏は一括して大量出土した「備蓄銭」の事例を検討され、それぞれ埋められた年代を初鋳年に基づいて一三世紀後半から一六世紀までの間に八期に分類できることを指摘された(1)。

また六道銭についても分析を加えられており、一五世紀以降にこの習俗が盛んになることを確認するとともに、江戸時代初頭の渡来銭から古寛永への移行の問題を含めた徳川幕府の銭貨政策についても言及されている(2)。

このような鈴木説に対して、前者に対する疑問として私は大量出土銭貨は「備蓄銭」ではなく「埋納銭」と捉えるべきであると考えている。この点については本書第九章で述べたとおりである。また、後者の問題についても大分県女狐近世墓地の事例(3)が鈴木説への疑問を提示する。すなわち、女狐墓地においては六道銭の組み合わせとして、

①古寛永＋文銭＋新寛永、②古寛永＋文銭＋新寛永＋鉄銭、の2パターンがあるが、墓標と対比すれば①が一七三〇年から一九〇一年まで存在することが確かめられた。さらに明治以降も寛永通宝を副葬する風習が残ることも報告されている(4)。このことは銭の鋳造年代が必ずしも埋没年代と一致しているわけではないことを示しており、遺構間の新旧関係を決定する材料にはなり得ないことをも示している。

その他、出土銭貨に対する研究視角として「模鋳銭」の問題も提起されている。現在、京都・鎌倉・堺・博多の4都市遺跡から銭の鋳型が出土しているが(5)、これなども銭貨の初鋳年代が遺構の時期決定に必ずしも絶対的な要因とはなり得ないことを示すものである。

なお、「模鋳銭」は銭文が不鮮明で裏面も平坦、厚みも薄く直径も小さいという外観上の特徴を有するが、これまでの出土銭貨を掲示した報告書では必ずしもその分類に努めてきたわけではない。しかし、近年「模鋳銭」研究も化学分析や技術論もふまえて急速に進化しているので、今後は十分な分類作業が求められよう。

また、包含層出土の銭貨も含めて単独で出土したすべての「個別発見貨」についても流通経済実態解明の素材となるべき研究視角を小畑弘己氏や柴田圭子氏が提言している(6)。

一九九〇年代に入り大きく進展した考古資料としての出土銭貨研究は、「備蓄銭」か「埋納銭」かという論議、銭貨の鋳型の出土と「模鋳銭」についての論議、そして着実な出土事例報告などが相俟って新たな研究段階に進んできている。そこで、本章では「埋納銭」についての論議の再検討を行いつつ、出土銭貨研究の今後の方向を考えてみたい。

一、大量出土銭の性格について

私は一括大量出土銭を「埋納銭」と捉えるべきであると考えるが、荒川正夫氏も銭貨が埋納された「甕・壺」に着目し、これが祭祀において重要な役割（神が降臨する場）を果たしていたことを確認した上で、「銭貨が経済・流通面で価値尺度の機能を確保した時、銭貨は「富・徳」の象徴となり、その祭祀・呪術的面を顕在化したと考えられる。その端的な行為が「銭貨の埋納」という形で中世に現れた。そこに古代以来の神への捧げ物・供物の性格があるが、さらに中世の「有徳人」たちの願いである富の増大、永遠性を希求する声が聞こえてくるように思える」と述べられている[7]。また、橋口定志氏も「多量の銭貨を地下に埋納する行為は、中世における土地と人との関係から生じたものであり、出土状況が一定の類似性をもつことから推測するならば、新たな土地の開発行為、屋敷地（城館を含む）・墓地などの一定の土地の新たな占有を伴う行為などに際してその土地の地主神との契約行為として実行されたのではないか」、「銭貨を媒介として、人が地主神から一定の土地の独占的使用を認めてもらうということが、その意味するところだった[8]」とまとめられるなど、このような考え方に一定の評価が与えられたものと思われた。

さらに、京都市東塩小路遺跡で、他遺構に切られているにもかかわらず多量の銭貨が掘り出されていない事例を[9]知るにおよんで、「埋納銭」の考え方に力を得たのであるが、従来から「備蓄銭」と主張されてきた鈴木公雄氏は、「備蓄銭の性格に関して、これを貨幣の隠匿、再利用を中心に考える立場と（鈴木公雄　一九九二）、呪術的・祭祀的目的による埋納と解釈する立場とがあるが（石尾和仁　一九九二、橋口定志　一九九三）、いずれか一方のみの解釈ですべての備蓄銭を考えるのは正しい理解とはいえない」と述べつつも[10]、「備蓄銭が近世になって消滅したのは、より高額の金・銀貨へと備蓄の対象が移ったからにほかなりませんし、社会全体の治安が相対的に安定したことや、また土蔵建築の発達といった点などを考慮に入れれば、近世になって備蓄銭が消滅することは何の不思議でもないと考えられるからです。ですから、私は大多数の大量埋納銭貨は再度の使用という意図をもった備蓄銭として捉えるのが最も自然だと考えています」とも指摘する。(11) そして、その後も考古学専攻者の間では、概ね「備蓄銭」なる用語が頻繁に使われている。(12)

殊に、桜木晋一氏は、「学術用語として中世の一括出土する多量の銭貨（一貫文＝一〇〇〇文以上）を「備蓄銭」と規定して使用すれば、問題はないと考える」、「縄文土器に必ずしも縄目模様がついていないのと同様に、必ずしも備蓄という語にこだわる必要はない」とまで述べられ、「備蓄銭」という用語の使用にこだわりを示されている。また、「備蓄ならば近世にも継続するという意見にたいしては、近世における蔵の存在を指摘しておきたい」として、「埋納銭」説に対する批判を述べられている。(13)

しかし、備蓄目的以外の出土銭貨に対してまで「備蓄銭」と呼称する必要は殊更なく、用語の使用に関しては厳密であるべきだろう。例えば、考古学上の用語が厳密さを欠いたまま使用されている例として、関和彦氏は次のように述べられている。「考古学の世界では「竪穴」を掘った瞬間に、その「竪穴」が本当に「住居」であったかどうかを確認することなく「住居」と断定する極めて奇妙な「習慣」がなぜか伝統化しているのである」。(14) この関氏の指摘にもあるように、言葉の襞に分け入っていく文献史学と考古学の考え方の相違によるのかもしれないが、用語の使用には厳密でありたい。(15)

また、橋口氏が、鈴木説を、「動かすことに意味のある「祠堂銭」をなぜ地下に埋めるのか、そして大量の銭貨がなぜ掘り出されずに残されたのかという点についての説明はない」と批判された上で、「こうした一括銭の埋納行為は、基本的には特定の土地に対する「ヒト」の働きかけの最初の段階で行なわれるものであり本来的に掘り出されるものではない」と述べられている。(16)

そもそも「貨幣とはそれ自体に価値があるのではなく、貨幣としての機能をはたしているから価値があるとするならば、貨幣とはたえず交換を媒介し、たえず貸し出しに廻されなければならない存在」であり、「貨幣をそのまま蓄えることは、なんの価値も生んでくれない」のであり、[17]「備蓄銭」と捉える場合、「一体何枚以上の銭が出土したら備蓄銭と評価できるのかは、積み残された課題」であるという橋口氏の指摘[18]にも答えねばならないであろう。

さらに、石井進氏も「銭の多くは「さし銭」の状態で、立派な木箱やかめなどに密封された形で地中にうめられている、その際、何らかの儀礼を行ったような考古学上の痕跡はきわめて乏しい、だからこれらの銭貨は再利用を目的とした経済行為として埋納されたことは動かしがたいのだ」という論法に疑問を提示し、「まさに近現代人の意識による「近代主義的解釈」ではないのかという疑い」を明示されている。[19]

このような見解もふまえつつ、私は現在でも大量の出土銭貨であっても基本的には「埋納銭」と捉えるべきだと考えている。

そこで、桜木氏の指摘された中世の「倉」の有無について若干の事例を提示し、「備蓄銭」という捉え方について再考を求めたいと思う。

平安時代末期の作とされる『粉河寺縁起』には河内国の長者の屋敷の一画にあった倉が描かれている（図46）のをはじめとして、「倉付」「土倉」「蔵本」などの言葉が示すように、中世では多くの史料から倉が確認される。

例えば、高野山領大田荘の倉敷がおかれた尾道には、永仁～正安年間に預所となった淵信の本拠があったが、正安二年（一三〇〇）卯月の年号をもつ「備後国大田荘々官百姓等解」[20]によれば、淵信は「栄耀余身、過差無比、有何不足」といわれ、「費数百貫文之銭貨、借上自国他国之庄薗哉」というような金融活動もしていたが、財産は「財宝雖満倉、依為在家人……」という状況であった。ここにも財産管理としての倉の存在が看取できる。[21]

また、「白玉かなにぞと人の問ひし時露と答へて消えなましものを」と歌われている『伊勢物語』第六段には、「雨

図46　長者の蔵（『粉河寺縁起』より）

もいたう降りければ、あばらなる蔵に、女をば奥におし入れて」と記されているし、『宇津保物語』に登場する紀伊国の長者神奈備種松の館の内にも一六〇もの倉をはじめとして政所・大炊殿などの施設が記されている。「この作品の持つ空想性を考慮する必要もある[22]」との評価もあるが、地方の在地領主層の館には多くの付属する建物が存在したことは間違いなかろう。そして、建武式目の「可被興行無盡銭土倉事」という条文や応永三四年（一四二七）の「洛中洛外酒屋土倉条々」、長禄三年（一四五九）の「洛中洛外諸土倉利平事」などをはじめとする室町幕府の追加法に頻出する土倉関係の条文を考えれば「土倉」の存在は相当数にのぼっていたに相違ない[23]。

さらには、近年とみに増加している中世集落遺跡の発掘事例も示唆にとむ。遺構の状況から集落遺跡を分類した広瀬和雄氏の整理によると次の四類型にまとめられる[24]。

①小規模な建物が数棟集まったもの（経営基盤の弱い下層農民層）
②大小の建物が2棟前後で構成されるもの（家族労働力を中心とした上層農民層）
③傑出した大規模建物に中小建物が付随したもの（④の原型）
④堀や塀をともなった広い空間に巨大な屋敷を中心として周囲

にいくつかの建物を配したもの（領主の居館）これらの分類にあるように、単独で一棟のみの建物は見られず、大小の違いはあれ、いずれも二棟以上の複数の建物で構成されている。これらが全て母屋であったとは想定し難く、倉のようなものも存在したであろうと判断されるのである。

事実、倉庫と想定されている中世の掘立柱建物や　列建物・方形竪穴建物址などがいくつも報告されているのである。(25)

そして、堺環濠都市遺跡のSKT八四地点からは「蔵」の内部から二九〇枚の銭貨が出土したことも報告されている。(26)また、領主の収納の倉についても久留島典子「領主の倉・百姓の倉」(27)に詳しい。さらには、『吉記』治承五年（一一八二）五月の条には「凡去年十二月廿八日以後至今年三月、南都国中、幷京都大略大觸穢也、然国中有徳者、被召兵粮米之間、件所々官兵使等乱入、或付封於倉、或倉供給物、件有徳之輩、為遁事」とあり、有徳人層は官兵の使によって検封されるべき倉を保持していたことがわかる。

このように、大量の出土銭貨が中世にのみ集中的に見られ、近世になると見られなくなる理由として桜木氏のように「近世に倉があるから」などと説くのではその理由にならないことは明らかであろう。やはり、そこには中世を生きた人々と近世を生きた人々との観念上の大きな相違に着目しなければならない。その最大のものとして、ここでは土地に対する観念が大きく変化したことを指摘しておこう。

この点に関して示唆深いのは「普請」という言葉である。道路の建設、橋の架設、川の付け替えなど自然景観の変更をともなう活動を「普請」とよんだが、(28)その「普請」の前提となったのが「勧進」行為である。「勧進」とは、勧進聖や勧進上人が勧進帳を携えて諸国を遍歴して人の集う宿や関・門前などで種々の芸能を行い、寄付を募るものである。

このような勧進方式が社会に定着していくのが一二世紀以来のことであるが、(29)逆にこれが終息するのも、東大寺大勧進が大永七年（一五二七）に途絶えることに象徴されるように、中世の末である。また、世阿弥に代表される芸能民の一部も室町幕府などの保護のもと、民衆に対して芸を演じていたが、網野善彦氏は「そこには、なお「勧進」の形式が保たれつづけてはいるが、戦国期に入るころ、こうした人々も自らを「公界人」と称するように」なったと述べられ、勧進体制の変化がこの時期にあったことを示唆されている。(30)すなわち、「普請」という開発行為の前提となる勧進行為は、中世という時代の特質を色濃く持ち合わせたものであったことを一先ず確認することができるのである。

そして、この勧進の担い手として、中国大陸の思想・文化・技術の導入にも中心的な役割を果たしていたのが禅律僧である。彼らが、神仏のための勧進の形式をとり、港湾の整備・架橋をはじめとする「普請」を行ったことは従来より指摘のあるところである。(31)

このように、中世では開発行為である「普請」は勧進行為と一体化しており、そこに宗教者としての禅律僧が深く関わっていたのである。

そして、その「普請」行為の前提として銭貨が埋納されたと考えられる事例も報告されている。橋口定志氏によれば、岩手県花巻市の笹間館址から検出された銭貨は普請に伴う整地層中からのものであるし、一乗谷の朝倉氏遺跡二九次調査で見られた砂利敷の道路上で検出されたものも道路普請に伴うものと判断されている。(32)

ところが、近世初頭にいたると開発のあり方が大きく変容する。例えば、塚本学「用水普請」(33)によれば、近世の開発状況は一七世紀中の耕地拡大が最も大きく、その背景として、領主権力を主体とした用水普請の役割の大きさを指摘されている。近世初頭においては、「用水普請をめぐる技術は、支配者としての大領主の手に集中されていた」とも述べられている。同様の指摘は黒田日出男「近世初頭における開発」(34)においてもなされている。黒田氏によれば、慶長・元和年間の庄内平野では、青竜寺川や中川堰・大町溝・北楯大堰などの用水路の開削・改修が行われ、その結果大規模な開発が展開された。特に北楯大堰の開発は「新村を次々に生み出していった（略）近世初頭における画期的な大規模開発といえるであろう」と評価されている。そして、この庄内平野をおさえることが最上氏の領主権力確立にとっていかに重要であったかも論じられている。さらに、和泉清司「近世初期関東における新田開発と地域民衆」[35]においても、「慶長段階では在地の土豪層や有力寺院等による自然堤防上の古村周辺の持添新田的開発が中心」であった関東地方東部でも、幕府代官を中心に河川改修・用排水路開削が行われ、新田開発が活発にすすめられたこと、また、その労働力として「古村の隷農層や二、三男百姓、帳はずれ、さらに牢人等の地域民衆を広く募集し、他地域からの来住を奨励」しながら確保していることなどが明らかにされている。

ここで示された労働力の確保のあり方などは大規模開発を進める際の実態を示したものと考えられ、示唆深い。以上のように、近世初頭になれば、中世までの勧進行為を前提とした開発ではなく、領主層による大規模開発が盛んとなる。このような開発事業のあり方の変化は当然民衆の土地に対する観念を変容させたであろうし、殊に土地に対する畏敬の念が大きく変わったのではないかと考える。

こうした変化が当然銭貨の埋納行為の消滅につながったであろうし、銭貨そのものに対する観念を大きく変化させたのではないだろうか。この近世前期という時期が、「それまで僧侶・寺社と深く結びつくことによって機能していた貨幣と資本の、世俗的なそれへの転化の画期であり、そこに中世から近世への転換を見出だすこと」[37]ができる時期であると、岩井克人「西鶴の大晦日」[36]を引用しつつ網野善彦氏が指摘されているとおりである。岩井氏は、井原西鶴の『日本永代蔵』巻一―一「初午は乗って来る仕合せ」という物語を検討され、「観音の銭」として庶民の宗教的な信仰を集めていた水間寺の祠堂銭を元手に高利貸活動を展開した江戸小網町の舟問屋の動きから、「拝金思想」から「貨幣の論理」への転換を見出だされている。すなわち、「貨幣は金銀銭それ自体に価値があるから価値があるという「拝金思想」から貨幣が貨幣だから価値があるという「貨幣の論理」への転換」を近世初頭の時期に読み取られているのである。

また、銭貨はどこに埋められたのか、「場」の問題も検討しなければならない。

浪岡城跡や境関館をはじめとする青森県内から出土した銭貨の事例を検討された工藤清泰氏によれば[38]、中野豈任氏が呪術的儀礼の行われるとされた三つの場所[39]、すなわち、①住居（家屋）とその外の世界を画する境界、②屋敷地（家屋とその周囲の敷地）とその外の世界を画する境界、③村落（共同体の居住地域と観念される地域）とその外の世界を画する境界、から出土しているとのことである。

確かに、『一遍聖絵』に描かれている溝から銭貨を掘り出す場面（第九章図45　249頁）をながめても、描かれたその溝は屋敷と外界を画するものであるし、北海道志海苔の事例[40]や徳島県海陽町大里の事例[41]は海洋に臨む場所、同じく徳島県の阿南市長生の事例[42]は河原、大阪府能勢町吉野の事例は峠に近い集落の縁辺であることなどを見ても[43]、出土事例の多くが上記の三つの場所に限定されることに今更がら気付かされるのである[44]。

また、出土銭に関しては周知の遺跡からではなく、よく道路工事等にともなって偶然発見されることが報告されているが、これも集落の屋敷地内ではなく境界的な場に埋められたことが多かったことの一つの表れではないだろうか。

ところで、井戸跡からの出土例もしばしば報告されている。例えば、武蔵国葛西城八三号井戸跡の事例や一乗谷朝倉氏遺跡の町屋群建物の一角に見られたSE一三五三、上級クラスの武家屋敷内にあるSE三四一九などの事例がよく知られている[45]。このような井戸の廃棄に際しては、種々の呪儀が行われている。よく報告されている例としては、節を抜いた竹筒を埋め込んだというものがある。このような竹筒を埋め込むことと並んで銭貨も埋納されていたことが『吉田家日次記』応永一〇年（一四〇三）一月一九日条の記事から知ることができる。

今日埋東庭古井。日来以木構之。連々破損有煩之間、談合在方朝臣、中央立丸竹ヨヲ通ス埋之了。俗説入銭一文云々。

ここでは「銭一文」としか記されていないが、少なくとも備蓄のためではなく井戸に銭貨を埋納する風習の存在したことは看取できよう。

網野善彦氏によれば、道・橋・市・宿・関・渡・津・泊・墓所などは、人間の力をこえた畏敬・畏怖すべき「聖」なる自然と人間社会をつなぐ境界的な「場」であった。これらは「聖」なる場、神仏などと接し得る場所として意識されていたのであり、垣根などによって「仕切られ、限定された空間」である屋敷・田畠とは明らかに区別されていたのである(46)。埼玉県内の出土事例を集成されている栗原文蔵氏によれば、それらが鎌倉街道沿いに集中しているとのことであるし(47)、茨城県総和町小堤出土の事例を検討された内山俊身氏も、小堤が鎌倉街道脇に成立した在地領主居館とそれに付属する持仏堂を基本的な空間構成要素としていたことを指摘されている(48)。もちろん、このような街道沿いからの出土事例を貨幣経済の浸透の問題と直結させるわけにはいかない。なぜなら、街道沿い・交通の要衝からの出土といえども、先述したように網野善彦氏が説かれる境界的な場であることを看過してはならないからである。なお、内山氏は小堤出土銭について、「私は再利用を目的とした「備蓄銭」ならば、何よりも、現在の倉庫の如くの保管性と、さらに埋納場所の安全性が最も優先されるのが常識と考えるが、城館など居住空間の場合は特に、主体居住者の建造物下もしくはそのごく近辺の埋納であることが自然であり、また再利用を意図するならば常識的に考えて耐久性・永続性のある容器（壺・甕）を用いるはずと考える」と述べ、「備蓄銭」という把握を否定される。そして、イエ空間の北西地点からの出土であることから「戌亥の隅」＝招福信仰における神（祖霊神）への捧賽物であったとされている。

そもそも、貨幣の浸透は自給経済の困難な山間部などから広がっていくという指摘もあり、十分な検討をふまえる必要があろう。大山喬平氏が、宮田川を眼下に見下ろす台地上に位置し、常々取水に困窮していた丹波国大山荘西田井村が荘内で最も早く代銭納を求めていくという事実に対して、「社会的生産力水準の一般的上昇が社会的分業の進展に媒介されて、自然と社会の環境が水稲経営以外の生業を強制するような地域と階層から銭貨の浸透がはじまる」と指摘されている通りであろう(49)。

こうした境界的な「場」の特殊性を考慮すれば、そのような場所に限定的に埋納されている銭貨には、単なる備蓄という経済行為を越えた何らかの宗教性を見ないわけにはいかないと考えるのである。

出土銭貨をめぐる議論を今後深化させていく最大の課題は、銭貨の出土状況を調査担当者がいかに正確に把握できるかにつきるであろう。出土状況を正確に摑むことによって、その「場」に銭貨のある理由が解せるようになると考えられる。そうした意味から、内山俊身氏が民俗学的視点も含みつつ、丹念に出土状況を追う作業を試みられているのは評価されよう(50)。

ただし、一括大量出土銭が「埋納銭」であったとしても、決して鈴木公雄氏が社会経済史的視点から分析された銭貨流通状況を示す結論が否定されるものではないということは確認しておきたい。

二、模鋳銭研究・「個別発見貨」研究について

模鋳銭の鋳型の出土については、先述したように京都・鎌倉・堺・博多の各都市遺跡から出土しており、すでにそれぞれについて検討が加えられている。それらは各都市の職人町域からの出土であるとともに、鋳られた銭貨も「政和通宝」や「洪武通宝」など当時の流通銭貨の多寡を反映したものであると考えられている。

一方、化学分析によって堺で生産された模鋳銭・無文銭は鉛・スズが含まれず銅の純度の高いことがわかってお

り、渡来銭が銅・鉛・スズの三元素から成る合金であるのと好対照をなす成果も得られている。

こうしたことから、室町期以降都市部での銭貨需要が高まっていたことを知ることができるとともに[51]、今後は模鋳銭と思われる銭貨について化学分析を加えることによって堺を軸とした模鋳銭の流通にも迫ることが可能となるであろう。

また、柴田圭子氏は「銭貨流通が、いつ頃からどのように開始され、いかに浸透するのか、という問題に関して、遺跡から出土する銭貨は、文献と並んで実体解明のための重要な物証となり得る可能性があり、それを解明していくための方法が模索されるべきであろう」と提起し[52]、いわゆる「個別発見貨」の資料化の試みをなされている。この点については、すでに小畑弘己氏が九州・沖縄の出土銭貨を素材に、銭貨流通の実態を明らかにされているが[53]、今後各地において同様の試みがなされる必要があろう。そのような取り組みが地域間の流通実態の相違や特性を明らかにしていくものと期待される。

おわりに

本章では銭貨埋納行為には何らかの呪術性がともなうものであるということを確認しようとしているにすぎないのであり、貨幣経済の進展を否定しようとするものではない。銭貨にしろ、米・絹にしろ、何らかの交換価値を必要とする経済的諸関係の変化は当然であり、ここではあくまで銭貨を埋めるという行為そのものに呪術性を見たいのである。

そもそも銅銭は、非還流的性格が強く退蔵され易いために、一旦各地域に投下されるとそのまま地域内に滞留し、しかも市場に再登場しにくいという性質を有すると考えられていることも看過してはならないであろう[54]。

また、模鋳銭研究や「個別発見貨」研究に見られるとおり、出土銭貨は新たな研究視点を組み込みつつ長足の進歩を遂げている。各地の調査事例もその集成が図られており、今後さらなる進展が見られるものと思われる。

なお、中世社会に渡来銭が流通した背景を中国側の諸状況から説きおこした大田由紀夫「一二—一五世紀初頭東アジアにおける銅銭の流布」[55]も多くのことを教えてくれる。旧来宋銭が日本国内に流通する画期として、一二一五年頃と一二七〇年代が指摘されていた[56]。例えば一二一五年頃には絹布にかわり銭貨が代価として支払われるようになることが売券類より確認し得るし、一二七〇年代には代銭納荘園の広がることが確認されている。

これに関して、大田氏は、一二一五年の画期の背景には金王朝が貞祐三年（一二一五）に鈔専用化にともなって銅銭の使用を停止したことがあげられるし、一二七〇年代の画期の背景には南宋をも併合したモンゴル帝国が中国全土での交鈔専用化をすすめたことがあると指摘されている。

興味ある指摘であり、貨幣経済の進展を考えるには東アジア全域の諸情勢を視野に入れなければ問題を深めていくことができないことを痛感させられる。

注

（1）鈴木公雄「出土備蓄銭と中世後期の銭貨流通」『史学』六一巻三・四号　一九九二、同「出土銭貨からみた中世後期の銭貨流通」網野善彦・石井進・萩原三雄編『「中世」から「近世」へ』名著出版　一九九六、同『出土銭貨の研究』東京大学出版会　一九九九

（2）鈴木公雄「出土六道銭の組合せからみた江戸時代前期の銅銭流通」『社会経済史学』五三巻六号　一九八八、同「渡来銭から古寛永通宝へ—出土六道銭からみた近世前期銭貨流通史の復元—」坪井清足さんの古稀を祝う会編『論苑考古学』天山舎　一九九三、ともに前掲注（1）同氏著書所収

（3）高橋徹他編『九州横断自動車道関係埋蔵文化財発掘調査報告書（5）　机張原遺跡女狐近世墓地　庄ノ原遺跡群』

大分県教育委員会　一九九六
（4）小畑弘己「九州・沖縄における出土銭貨研究の現状と課題」『先史学・考古学論究Ⅱ』熊本大学文学部考古学研究室・龍田考古会　一九九七
（5）宗臺秀明「中世の模鋳銭と社会―鎌倉の事例を中心として―」『中世都市研究』三号　一九九四、嶋谷和彦「中世の模鋳銭生産―堺出土の銭鋳型を中心に―」『考古学ジャーナル』三七二号　一九九四、山本雅和「平安京左京八条三坊出土の銭鋳型」『(財）京都市埋蔵文化財研究所研究紀要』三号　一九九六、嶋谷和彦「中世出土銭貨研究の現状―国内模鋳銭を中心に―」『帝京大学山梨文化財研究所研究紀要』八集　一九九七、同「中世における国内模鋳銭の生産と流布」『お金の玉手箱―銭貨の列島二〇〇〇年史―』国立歴史民俗博物館　一九九七、桜木晋一「中世の銭貨鋳型についての一考察」『古代』一〇三号　一九九七、などの他、兵庫県埋蔵銭調査会『中世の出土銭』（一九九四）所収の論考でもふれられている。
（6）小畑弘己「出土銭貨にみる中世九州・沖縄の銭貨流通」『(熊本大学）文学部論叢』五七号　一九九七、柴田圭子「中世の遺跡と銭貨」『地域・文化の考古学』下條信行先生退任記念事業会　二〇〇八
（7）荒川正夫「七つ甕と銭貨」『桜井清彦先生古稀記念論文集　二十一世紀への考古学』雄山閣　一九九三
（8）橋口定志「「埋納銭」の呪力」『新視点　日本の歴史4　中世編』新人物往来社　一九九三。なお同「銭を埋めること」『歴史学研究』七一一号　一九九八、も参照のこと。
（9）京都文化財団『平安京左京八条七坊』一九八八、前掲注（8）橋口論文
（10）鈴木公雄「出土銭貨研究の諸問題（1）」『出土銭貨』二号　一九九四
（11）前掲注（1）鈴木「出土銭貨からみた中世後期の銭貨流通」
（12）栗原文蔵「川島・上伊草出土の備蓄古銭」『埼玉県立歴史資料館研究紀要』一六号　一九九四、桜木晋一・市原恵子「阿蘇郡長陽村出土の備蓄銭」『九州帝京短期大学紀要』六号　一九九四、桜木晋一・赤沼英男・市原恵子「洪武通宝の金属組成と九州における流通問題」『九州帝京短期大学紀要』七号　一九九五、戸根与八郎・鈴木俊成「小重遺跡出土の備蓄銭」『(財）新潟県埋蔵文化財調査事業団研究紀要　一九九五』、など

(13)　前掲注(12)桜木・市原論文

(14)　関和彦「古代史研究者と文化財」歴史学研究会編『遺跡が消える』青木書店　一九九一

(15)　なお、伊藤裕偉氏は「考古学では「備蓄銭」という用語が、あまり目立った批判もなく使われてきた。これには、用語に対する厳密さを求めても仕方ないという理由以外に、新造語を用いることによって必要以上に用語上の混乱を招くことに対する忌避があるものと考えられる。しかし、考古学で積極的か消極的かを問わず用いられている「備蓄銭」の用語は、歴史学会一般で用いられているわけではなく、文献史学では「埋蔵銭」と呼称されていたりする」と状況把握をした上で、「埋蔵蓄銭」と呼称することを提示されている(「三重県下の埋蔵蓄銭」『摂河泉文化資料』四四号　一九九五)。

(16)　橋口定志「埋納銭」『日本中世史研究事典』東京堂出版　一九九五

(17)　岩井克人「西鶴の大晦日」『現代思想』一四―一〇　一九八六

(18)　橋口定志「「埋納銭」研究の現段階」『帝京大学山梨文化財研究所報』一八号　一九九三

(19)　石井進「「中世」から「近世」へ」網野善彦・石井進・萩原三雄編『「中世」から「近世」へ』名著出版　一九九六

(20)　『鎌倉遺文』二七巻二〇四二九号

(21)　小山靖憲「備後国大田荘から高野山へ―年貢輸送のイデオロギー―」『国立歴史民俗博物館研究報告』六〇集(一九九五)や中島圭一「地方から見た土倉」『年報三田中世史研究』七号(二〇〇〇)などで信淵の活動が具体的に考察されている。

(22)　原田信男「食事の体系と共食・饗宴」『日本の社会史8　生活感覚と社会』岩波書店　一九八七

(23)　室町幕府法については、『中世法制史料集　第二巻　室町幕府法』岩波書店　一九五七

(24)　広瀬和雄「中世への胎動」『岩波講座日本考古学6　変化と画期』岩波書店　一九八六、同「中世村落の形成と展開」『物質文化』五〇号　一九八八。なお中世集落遺跡については本書第一章から第三章も参照のこと。

(25)　堀内明博「穴蔵に関する遺構群をめぐって―中世から近世に至る京都検出の地下式土壙群の類型化と変遷―」『関西近世考古学研究』Ⅲ　一九九二、飯村均「陸奥南部の竪穴建物跡を主体とする集落」『中世都市研究三　津泊宿』

一九九六、続伸一郎「収納する場としての蔵―堺環濠都市遺跡の事例を中心として―」『地方史研究』二八一号　一九九九
(26) 近藤康司「堺環濠都市遺跡出土の大量埋納銭」『摂河泉文化資料』四四号　一九九五
(27) 久留島典子「領主の倉・百姓の倉」『歴史を読みなおす一三　家・村・領主　中世から近世へ』朝日新聞社　一九九四。他に久留島氏には「倉に関する二つの史料について」『歴史科学と教育』六号　一九八七　もある。
(28) 三鬼清一郎「普請と作事」『日本の社会史8　生活感覚と社会』岩波書店　一九八七
(29) 松尾剛次『鎌倉新仏教の誕生』講談社　一九九五
(30) 網野善彦「境界領域と国家」『日本の社会史2　境界領域と交通』岩波書店　一九八七
(31) 網野善彦「貨幣と資本」『岩波講座日本通史9　中世3』岩波書店　一九九四
(32) 前掲注(8)橋口「「埋納銭」の呪力」、岩手県文化振興事業団埋蔵文化財センター『笹間館跡発掘調査報告書』一九八八、福井県教育委員会『一乗谷朝倉氏遺跡X』一九七九
(33)『講座・日本技術の社会史6　土木』日本評論社　一九八四
(34) 黒田日出男『日本中世開発史の研究』校倉書房　一九八四（初出は一九七五）
(35) 地方史研究協議会編『「開発」と地域民衆』雄山閣　一九九一
(36) 前掲注(17)岩井論文
(37) 前掲注(31)網野論文
(38) 工藤清泰「城館生活の一断面」網野善彦・石井進編『中世の風景を読む1　蝦夷の世界と北方交易』新人物往来社　一九九五
(39) 中野豈任『祝儀・吉書・呪符』吉川弘文館　一九八八
(40) 森田知忠「志苔館の四〇万枚の古銭」菊地徹夫・福田豊彦編『よみがえる中世4　北の中世　津軽・北海道』平凡社　一九八九
(41) 徳島県海南町教育委員会『大里古銭報告書』一九八五、兵庫県埋蔵銭調査会『阿波海南大里出土銭』海南町教育委

員会　一九九四、永井久美男「渡来銭と大里出土銭」『海南町史　上巻』徳島県海南町　一九九五

(42) 吉見哲夫「富岡町長生地域における発掘古銭の史的研究」『徳島教育』六一～六三号　一九五五

(43) 小林義孝「吉野備蓄銭の発見」『出土銭貨』三号　一九九五

(44) なお、河原の場合は後掲注(46)太田順三論文で、橋脚の立柱の際の地鎮の習俗として、律宗教団による橋梁架設のあり方から勧進聖による橋勧進に変化していく一四世紀以降、「人柱」の慣習に変わるものとして「埋銭」が登場するという指摘や、「はじめに」でふれた文禄四（一五九五）年「舟町を四日市のあひに」あった橋のたもとから銭貨が掘り出された事例などとあわせ考えれば、橋脚立柱のための地鎮にともなうものであるとも考えられる。

(45) 葛西城址調査会『葛西城』一九八三、谷口栄「東京低地の中世遺跡」葛飾区郷土と天文の博物館編『東京低地の中世を考える』名著出版　一九九五、荻野繁春「壺・甕はどのように利用されてきたか」『国立歴史民俗博物館研究報告』四六集　一九九二、月輪泰「朝倉氏遺跡出土の銅銭について」『朝倉氏遺跡資料館紀要　一九八九』一九九〇。その他井戸からの出土例については『出土銭貨』一一号（一九九九）で特集が組まれている。

(46) 前掲注(30)網野論文。その他、橋という場のもつ意味については、西垣晴次「民衆の精神生活─穢と路」『歴史公論』一〇一号　一九八四、同「橋・境界・橋占」『日本学』九号　一九八七、根井浄「橋と勧進聖」『印度学仏教学研究』三九巻一号　一九九〇、太田順三「中世の橋をめぐる習俗について」『専修大学社会科学研究所社会科学年報』二五号　一九九一、も参照のこと。

(47) 栗原文蔵「埼玉出土の中世備蓄古銭について」『埼玉県立歴史資料館研究紀要』六号　一九八四

(48) 内山俊身「総和町小堤出土の中世埋納銭について─下河辺荘小堤郷の中世的景観から─」『茨城史林』一九号　一九九五

(49) 大山喬平「中世村落における灌漑と銭貨の流通」『日本中世農村史の研究』岩波書店　一九七八（初出は一九六一）

(50) 内山俊身「下妻市大木出土の中世一括埋納銭─『一遍聖絵』銭出土シーンとの関連から─」『下妻市ふるさと博物館研究紀要』一号　一九九八、同「埋められなかった中世一括埋納銭」『茨城史林』二二号　一九九八

(51) 銭貨が中世の流通経済に果たした役割については、中島圭一「日本の中世貨幣と国家」(『歴史学研究』七一一号

一九九八）において全般的な整理が試みられている。
(52) 前掲注（6）柴田論文
(53) 前掲注（6）小畑論文
(54) 黒田明伸『中華帝国の構造と世界経済』名古屋大学出版会　一九九四
(55) 大田由紀夫「一二―一五世紀初頭東アジアにおける銅銭の流布」『社会経済史学』六一巻二号　一九九五
(56) 滝沢武雄「鎌倉時代前期の貨幣」『続荘園制と武家社会』吉川弘文館　一九七八、佐々木銀弥「荘園における代銭納制の成立と展開」『中世商品流通史の研究』法政大学出版会　一九七二

第十章　中世におけるムラの「記憶」と「語り」

はじめに

事実の積み重ねが「歴史」になるのではなく、記録されることによって「歴史」が生まれる。例えば、武士のイメージ（歴史像）もそれぞれの時代背景の中で大きく変容してきた。源義経像や楠木正成像もそれぞれの時代のなかで多様なイメージが創造されてきた。同時代の義経に対するイメージと『義経記』が流布して以降の義経像の違い、また近代教育のなかで典型的な忠臣としてのイメージが形成されてきた楠木正成像など、多くの歴史的な人物や事象が後世の創造物であることは自明のことであり、各時代背景の変化のなかで歴史の語られ方も変容していくことになるのである。もちろん、「皇国史観」も近代帝国主義のなかでしか理解できないものであろう。これらはいわば「創られた歴史」であり、私たちが持っている歴史観も、いつかの時点で形成されたイメージ（歴史像）にもとづいたものであると考えるべきである。

こうした歴史を編む行為については、律令制下の「六国史」や鎌倉幕府の『吾妻鏡』、さらには江戸時代の『徳川実記』などの為政者の手になるものばかりではなく、ボブズボウムらの『創られた伝統』の刊行以後、(1)「由緒」の創造から近世社会の実相をえぐる山本英二・岩橋清美・久留島浩・米家泰作氏らの成果がすでに公にされているように、[2]村社会のなかからも「歴史」は創造されるものであることが明らかになっている。例えば、久留島氏は、近世社会を「由緒の時代」ととらえて諸社会集団が由緒によって権利を主張していた時代と指摘されている。そして、由緒は地域社会の歴史を通して創られる「自己認識」でもあるとされる。

本章では村社会が「歴史」を創造するのはいつ頃からか、自らの社会集団（地域社会）を他集団との関係性のなかで認識し始めるのはどのような契機によるものか、またその意図はどこにあったのかに視点をおいて若干の事例を紹介していきたい。

一、ムラの「歴史」と「語り」――若狭国太良荘の場合――

福井県小浜市に所在した若狭国太良荘は開発領主出羽房雲厳によって開かれた。元来国衙領であったが、歓喜寿院領として立荘され、国衙の収公を経つつも仁治元年（一二四〇）には領家職が東寺に寄進され、以後天正一六年（一五八八）の浅野長政による太閤検地まで東寺領荘園として存在した。この太良荘については、東寺に残された大量の史料群から数多くの研究成果が積み重ねられてきたが、[3]ここでは百姓層の歴史認識を示す二点の史料に限定して検討していこう。

まず第一は末武名をめぐる相論のなかで百姓層が記した申状に、彼らの歴史認識を読み取ることができるものがある。

雲厳旧領を含む末武名をめぐる相論は、雲厳からの相伝を主張する宮河入道乗蓮と若狭国在庁稲葉時国の孫中原氏女の間で争われ、乗蓮死後も乗蓮の娘藤原氏女とその夫藤原師総が相論の担い手となり、中原氏女とその夫脇袋範継との相論が継続した。ところが、文永七年（一二七〇）になって勧心ら百姓層が「譬雖有相伝之由緒、田地之法、数十ケ年之経年序上、指無謂被上取之事、無傍例者也」(4)と主張し、末武名は百姓名であるとして相論に加わることになった。そしてこの末武名の〈歴史〉を百姓層自ら語ったのが文永八年（一二七一）二月二七日の太良荘百姓勧心等申状である。(5)

畏申上候、勧心・真利罷のほりて、末武名の子細、委細に可申之由蒙仰之事、以前に度ゝ子細申上候上者、可有御　迹之処ニ候者哉、

一成正平大夫殿先祖の末武名なり、乗語御房に譲まいらせ候、乗語阿闍梨御房死去後、刑部卿法橋御房へ譲る、其後領家□夫進殿御得替之後、国司御子息大煩殿法印御房当庄御知行之時、其時大煩殿法印御房ハ西塔の御住侶にて御座候き、刑部卿法橋御房東塔東谷御住侶御座候き、すへて此三塔のしんたうにて御座候き、これ両人中あしくて候折節、山僧我御領之百姓に無詮とて、領家へ刑部卿御房名田被召上畢、其後、所に子細知たる物やある、まいりて子細可申之由被仰下付て、出羽殿まいりて子細を申上て、彼名田畠を自領家之給候ぬ、此も所当御公事不可有懈怠之由申上て、彼名田に被付畢、下野殿御代官ニりやうす房、この次第の証文たいしてひろめ申さるゝ間、百姓等子細承及候、其後大煩殿法印御房、別に土門民部卿三位殿御知行之時、御代官に土佐殿被知行候了、其時聊依有子細に、出羽殿彼名田を被召上了、爰に中村尼前頭職にて御座時候、彼名田を被召候を不安と候て、いたん譲状を給候とゆへとも、彼名田に一歩にも更にいろいなし、此ハ健保年之比、其以後経年序、無別違乱て、領家御進止候て于今無妨、其後代ゝ領家預所殿雖被知行、敢以無違乱、此時乗蓮房出来て、平新左衛殿付まいらせて、称御家人之跡、致沙汰之処、六波殿御前ニて不及問注之事切畢て、領家御進止之処に、今方ゝよりいろいをなして有□沙汰之由承及候之間、度ゝ以折紙を子細申候了、まかりのほりて候をも、このむねをこそ申上まいらせ候ハんす候、所詮者、如本領家御進止とて、此則被停止非文之輩等之競望、且依先例、且任傍例、如本云廿石所当、云御公事、惣て所当御公事無懈怠て、

御領無煩、末代可為穏便御計者也、仍恐〻謹言、

二月廿七日　　勧心上

真利〻

進上　寺家政所へ

ここでは「成正平大夫殿先祖の末武名なり」とあり、雲厳の乳母成正が末武名の祖であると主張する。そして、その後の領有の変遷を書き記し、元のように「領家御進止」を求めている。

高橋敏子氏は、「荘や名の歴史を認識し、それを利用して自分たちの歴史に書き直そうとする意図が百姓たちのなかにあったことは確認できる」と評価している。(6)

そして、第二の史料として注目されるのが正安二年（一三〇〇）五月七日の源國友由緒書上である。(7)

聖徳太子天王寺御建立年丁未二月廿二日より若狭國遠敷郡平庄打開輩次第、

（中略）

此平庄ヲハ朝高ヨリシテ國友マテ讓渡候事、顕然候、

正安二年五月七日（一三〇〇）　　源國友（花押）

聖徳太子が天王寺を建立した丁未年（五八七）二月二二日から開発が始まって國友の代まで書き記した名の歴史は、網野善彦氏によって、荒唐無稽ではあるが何らかの史料に基づいた創作であると評価されており、こうした歴史を作るようになった百姓の姿に時代の変化を見通されている。(8)明らかに百姓層が「創られた歴史」の担い手となっているのである。

二、ムラの「歴史」と「語り」――紀伊国鞆淵荘の場合――

石清水八幡宮領として立荘された紀伊国鞆淵荘は[9]、荘内に勧請された鞆淵八幡宮に対して安貞二年（一二二八）に石清水八幡宮から神輿が送られるなど、石清水八幡宮との関係を維持していくが、一四世紀になると下司を解任された鞆淵氏の一族と思われる孫太郎左衛門丞景尚（西念）と荘民の間で激しい対立がおこり、神人（荘民）が殺害されて神輿が焼かれるという事件が発生する。

さらに、元弘三年（一三三三）にいわゆる「御手印縁起」の四至内であるとして、後醍醐天皇によって当荘が高野山領に寄進されるが、貞和・観応期になると下司鞆淵景教が、「ダウジヤ・ブツカク・シヨダウ・ザイケユヤニイイルマテヤキ、ユヤカマヲウチワリモチトラレ候」と惣置文に記されているように[10]、荘内の堂舎・仏閣、在家、湯屋を焼き払い、百姓十二人を殺害するという事件をおこした。このことについて景教は百姓らが本宅に押し寄せ、ことごとく焼き払ったことに対する行動であったと主張しているが、百姓らは八人の指導者を得てこの紛争の処理にあたった。

高野山はこの八人を「骨張之仁」とみなして捕らえたが、百姓等は「肆拾貫文」を準備し、この八人を救出している。その時の高野山の対処を示すのが「月預篋聖等連署下知状」である。

□、鞆淵薗百姓八人注文、御下知の旨にまかせて□□等其沙汰を致へき処、百姓歎申間、聞召開かれ、三□□御口入として被八人注文被召返、庄家ニ下さるゝ所也。□□者当庄番頭・百姓等早安堵の悦をなし、大小御公事□悉可致其沙汰者也。

（中略）

観応三年壬辰八月十五日（一三五二）

月預賢金（花押）
月預重然（花押）
月預篋聖（花押）

ここに見られるように、「骨張之仁」とされたいわゆる八人の百姓注文を庄家に戻すことにより、「番頭・百姓等」も安堵し喜び合っている様子が看取される。また、次の「権預沙汰人連署用途請取状」では、「八人百姓」を救出するための用途を惣として準備したことを示している。

請取　用途事

合肆拾貫文者。

右用途者、鞆淵薗百姓八人注文、依三供僧之御口入、権預等依令返上之、番頭・百姓等成安堵之悦、為酒肴析、沙汰進之間、所請取之状、如件

観応三年壬辰八月十五日（一三五二）

浄円（花押）
瀧願（花押）
権預沙汰人　慶順（花押）
浄見（花押）

ただし、この高野山の行動の背景には、崇敬を集める「八人百姓」を媒介にして在地支配を強化しようとした意図があったのではないかと池田寿氏は指摘されている。すなわち、「高野山は鞆淵動乱という在地の情勢を利用して闘争の指導者層であった「骨張之仁」＝「百姓八人」を意識的に取り込み、政治的に組織して、荘内における「沙汰人」として新たに位置付けたのである」と述べられている。(11)その当否はともかく、ここで確認しておきたい点は、百姓層の「八人百姓」に対する崇拝が後世にまで語り継がれていくことになつたことである。いわば、村の危機を

救った「英雄」を讃えることで、惣結合の永続性を企図したのである。
そのことは、「八人百姓」が正平十二年（一三五七）の鞆淵八幡宮の遷宮に際して作られた「鞆淵惣荘置文」においても十二人番頭よりも上段に署判していることからも推察される。

定　鞆淵庄置文事
　条ゝ
一、鞆淵トウラムノ時、田畠等ノ文書ヲアルイハ山野ニカクシテ、アメツユニヌラシ、アルイハヒキ失、フルヤニ取ヲトシテ焼失候事、其ノカスヲ不知候。カヤウ時他所エ□取レ文書アリトカウせム人ニヲキテハ、任置文ノ旨、不可用之。アルハ質ニヲキタルトモ申、又ユエナクせウコ不分明シテ文書アリト申トモカラニヲイテハ、永庄ケ一同ニ不可用之。
一、フ物事、カリタル人ヲイタル人不分明候ワムヲ、イカナル高所ニモツケテ有其沙汰イウトモ、庄家一同ニ不可用之。
右件之置文ハ、以前テウ〳〵ノ宗ヲソムカス、田畠フ物ノ文書等ヲ自他所モ付ヨ、地家ノトモカラモ申、□家・百姓一同ノ置文ノ上ハ、永不可用之。此置文ヲソムカムトモカラニヲイテハ、上者奉初梵天・帝・四大天王、惣者日本国中之大小神祇、別ハ当庄八幡大菩薩之部類眷属御罰ヲ、庄官・百姓一同ノ四十四ノツキフシ、八十三ノソリホネ、九億ノモウクニマカリカウリテ、今生ニテハ白ライ・コクライノ病ヲウケ、未来ニハ無ケムチコクニヲツヘク候。置文之状如件。
正平十二年（一三五七）丁酉三月三日　　則行（筆軸印）
　　宗久（略押）　　久重（略押）
重金（花押）　　国行（筆軸印）　　国光（筆軸印）

行兼（筆軸印）　国恒（略押）
安長　秀久（略押）
景行（花押）　秀国（花押）
教信（花押）　守行（筆軸印）
吉則（略押）　則景（略押）
友貞（略押）　十念（花押）
信行（略押）
吉兼（略押）
貞善（略押）

さらに、百年後の遷宮に際して作られた「鞆淵惣荘置文」でも十二人番頭らよりも上段に「八人御百姓」と記されているのである。

右当社八幡宮御社余に及大破候間、地下・高野の氏人参会致評定、地下若子之物とうの新足お三ケ年間寄進申候て、不足之所お又、地下の分心おちにすゝめ被仕、社当建立仕、目出度候事

（中略）

毛屋川番頭
堂本　番頭
在カし番頭
八人御百姓　久呆　番頭
御棟上時番頭衆　古林　番頭

馬一疋宛

御引候て如此候。

古屋　番頭

古田　番頭

中南　番頭

遊本　番頭

新　　番頭

屋那瀬番頭

大西　番頭

障子

使者

宥音

宗覚

寛正三壬午（一四六二）三月七日　誌之。

この二点の置文は鞆淵荘の歴史をひもとく時には必ず用いられるものであり、多くの論稿でこれまでにも言及されてきた史料である。本章で取り上げた意図は、これらの置文が、百姓層が自らのムラの歴史を書き留めた事例であり、それを意図的に語り継がんとしたことを具体的に示しているからである。

三、ムラの「歴史」と「語り」──近江国菅浦の場合──

かつて、林屋辰三郎氏によって、「郷土に対する愛情の急激な高揚、あるいは庄民の主体的活動による自治組織としての惣の結成」の典型例として取り上げられた近江国菅浦は、[12]惣結合の代表的な事例として多くの論稿でその実態が究明されてきた。[13]

その菅浦では、一五世紀半ばの文安二・三年（一四四五・六）と寛正二年（一四六一）の二度にわたって隣荘である大浦荘と武力衝突を引き起こし、それぞれについて合戦記を書き残している。[14]

まず始めに、文安六年（一四四九）に「越後公」なるものによって記された「菅浦惣庄合戦注記」を見ていこう。この文書は旧来から「合戦記」の名前で呼ばれてきたものであるが、蔵持重裕氏の指摘にあるように置文とよぶのがふさわしい史料である。[15]

冒頭で「文安二年乙丑就日差・諸川公事出来由来者、同年の三月比、敵方大浦より状をこし、大浦山へ地下人不可入由状付了」と記し、事件の発端は大浦側が山留めをしたことにあったと説明する。そして、両荘の境界に位置する日差・諸河の領有をめぐって対立が深まり、菅浦と大浦が敵対したため仲介を行おうとする人も登場する。柳野の中峯殿の聟が媒酌人となって一度は解決したかに見えたが、その後も抗争は続き、それぞれが援軍を得て争ったが、菅浦に助力してくれた「柳野・中嶺殿一そく九人まて」が「うたれさせ給う」結果となったので、「此恩末代まてわするへからす」として、争いのなかで味方になってくれた近郷のものへの恩義を忘れてはならないと注意を喚起する。その後、京都での訴訟となった経緯なども記されるが、その勝利した要因を次のように分析する。

公事無為之趣をたつぬれは、山門花王院御力を得、山の使節の挙状をとり、官領へさしつけ列参仕、それより奉行へ申、道理ある支證等も数通さしいたす、雑掌ハ清検校と申人、粉骨至はしまわる間、任先規道理令安堵者也、又京にてハ　内裏　山階殿御代官大澤長門守、奉行飯尾ひせん殿と知音ニよんて無御等閑、その雑掌ハ田中兵衛也、かやうにひきまわし候て落居仕者也

すなわち、訴訟がうまく進展した背景に山門花王院の協力が得られたこと、京都では「山階殿御代官大澤長門守」らとの関係を取り結ぶことができたことがあったと記している。

このように指摘した上で、「自今以後も若此公事出来候ハヽ、如此京都をもつくろい、地下人もけなけニつをくもち候へく候」と示唆を与えている。そして、詳細にその経緯を記した最後に次のように締めくくっている。

七八十の老共も弓矢を取、女性達も水をくミ、たてをかつく事なり、後も如此ふるまい候へく候、京都の入目代ハ二年ニ二百貫也、地下兵粮五十石、酒直五十貫文なり、此入目ニ五六年ハ地下計會して借物多く候也、為向後心得如比書付畢

文安六年（一四四九）二月十三日　菅浦惣庄

年寄も戦いの場に臨み、女性もそれを支え、さらに京都での訴訟に用いた費用についても書き記し、今後の備えのために注意を喚起している。また、文末には異筆で「執筆越後公也」と見える。このように、今後に備え、ムラとしてどのように対処すべきかを具体的に書き残しているのであるが、これは、惣としての備忘録としての性格をもつものである。この点について、三浦圭一氏は次のように述べて高い評価をしている。(16)

菅浦惣住民の立場に立ったこの合戦記は、日本中世民衆の最古の地域史であるといってよい。もちろん誇大さがあり、非常事態のなかで郷土意識の高揚を説く一面性があるにしても、惣の屈辱をふまえながら惣の未来に対する政治的・軍事的策をのべ、たんなる郷土自慢に終始してはいない。菅浦惣住民の分に応じた決起・協力を力説し、郷土の防衛のため犠牲になろうとした代表者に賛辞を送り、惣村全体の存続のためには政治的に一

歩後退がありうることを示している。ここには地域社会に対するより正確な現状認識に近づこうとする素朴ながら科学的精神がある。

しかし、ここには菅浦惣の一つの転機を如実に物語っていることを読み取るべきであろう。菅浦の田地開発が狭小な菅浦の地から広がりを見せ始めた結果が日差・諸河をめぐる対立を誘発したのであり、地域社会が外の世界に向かって一歩大きく踏み出したことが背景にある。すなわち、菅浦惣が再編されるなかで、再度結びつきを確認する必要から記された置文であると評価することもできよう。

おわりに

本章で取り上げた事例は、研究史上たいへん著名なものばかりで、多くのすぐれた先行研究がある。ここでは、それらの成果に導かれながら、庶民が「歴史」を意識するのはどのような時かに視点をすえて検討した。

ムラが危機に直面したような一つの転換期に「歴史」が創造され、語られ始めることが確認できたものと思う。このような例は、近代以降も、幕末維新期や高度経済成長期など、地域社会が大きく変容していく時期に「伝統」や「由緒」が創られていったのと同様であろう。例えば、阿波国内においても、明治初年の社格制度発足時に忌部神社論争が発生しているし[17]、また、産業社会の進展にともない「ふるさと」が創造されていったことを見ても[18]、この点は容易に想像されよう。

かつて、ボブズボウムが、「創り出された伝統」が可能なかぎり人々の活動の正統化をもたらし、その集団の「結合の凝固剤」になると指摘したことが、太良荘・鞆淵荘・菅浦それぞれの場面でも検証できるであろう。中世農村に生きた人々も、すでに「歴史」を創造し語り始めていたのである。

注

（1）ボブズボウム他編『創られた伝統』紀伊國屋書店　一九九二

（2）山本英二「浪人・由緒・偽文書・苗字帯刀」『関東近世史研究』二八号　一九九〇、同「近世の村と由緒」『歴史評論』六三五号　二〇〇三、同「日本中近世史における由緒論の総括と展望」『歴史学研究』八四七号　二〇〇八、岩橋清美「近世後期における歴史意識の形成過程」『関東近世史研究』三四号　一九九三、同「近世社会における「旧記」の成立」『法政史学』四八号　一九九六、久留島浩「村が「由緒」を語るとき」『近世の社会集団―由緒と言説―』山川出版社　一九九五、米家泰作『中・近世山村の景観と構造』校倉書房　二〇〇二

（3）黒田俊雄「鎌倉時代の荘園の勧農と農民層の構成」『歴史学研究』二六一・二六二号　一九六一、後に同氏著『日本中世封建制論』（東京大学出版会　一九七四）・『黒田俊雄著作集　第五巻』（法蔵館　一九九五）所収、網野善彦『中世荘園の様相』塙書房　一九六六、同『中世東寺と東寺領荘園』東京大学出版会　一九七八、同『海の国の中世』平凡社　一九九七、山本隆志『荘園制の展開と地域社会』刀水書房　一九九四、橋本道範「荘園公領制再編成の一前提」大山喬平教授退官記念会編『日本社会の史的構造　古代中世』思文閣　一九九七、松浦義則「若狭太良荘における雲厳の所領について」『福井大学教育学部紀要Ⅲ（社会科学）』五七号　二〇〇一、高橋敏子「中世の荘園と村落」『日本の時代史9　モンゴルの襲来』吉川弘文館　二〇〇三

（4）太良荘百姓等申状（『若狭国太良荘史料集成　第一巻』一〇〇号　小浜市・小浜市教育委員会　二〇〇一）

（5）『若狭国太良荘史料集成　第一巻』一一一号文書（小浜市・小浜市教育委員会　二〇〇一）

（6）前掲注（3）高橋論文

（7）『若狭国太良荘史料集成　第二巻』六八号（小浜市　二〇〇八）

（8）前掲注（3）『中世荘園の様相』

（9）鞆淵荘に関する主な先行研究には次の諸論文がある。小川信「紀伊国鞆淵荘における郷村制形成過程」『国史学』五二号　一九五〇、熱田公「中世末期の高野山領鞆淵荘について」『日本史研究』二八号　一九五六、同「紀州における惣の形成―鞆淵荘を中心に―」『和歌山の研究2』清文堂　一九七八、本多隆成「中世後期の高野山領支配と農

民―紀伊国鞆淵荘の場合―」『日本史研究』一一二号　一九七〇、清水久夫「高野山領荘園支配と村落―鞆淵荘における分田支配の成立―」『日本中世の政治と文化』吉川弘文館　一九八〇、黒田弘子「千代鶴姫伝承と庄司氏―中世後期の高野山と土豪―」『荘園制と中世社会』東京堂出版　一九八四、同『中世惣村史の構造』吉川弘文館　一九八五、同「鞆淵荘」『講座日本荘園史8　近畿地方の荘園Ⅲ』吉川弘文館　二〇〇一、池田寿「惣置文と村落自治―紀伊国鞆淵荘の場合―」『栃木史学』五号　一九九一、山陰加春夫『中世高野山史の研究』清文堂　一九九七、高橋修「中世武士団形成の一前提―鞆淵荘下司の存在形態から―」『中世武士団と地域社会』清文堂　二〇〇〇、高木徳郎「鞆淵荘」山陰加春夫編『きのくに［荘園の世界］上巻』清文堂　二〇〇〇、薗部寿樹『村落内身分と村落神話』校倉書房　二〇〇五

(10)「鞆淵八幡神社文書」鞆淵惣荘置文（『粉河町史　第二巻』粉河町　一九八六）。以下、鞆淵荘関係史料の引用は同書による。

(11)前掲注（9）池田論文

(12)林屋辰三郎「民族意識の萌芽的形態」『中世文化の基調』東京大学出版会　一九五三

(13)主なものに、網野善彦「湖の民と惣の自治―近江国菅浦―」稲垣泰彦編『荘園の世界』東京大学出版会　一九七三、三浦圭一「地域社会の変動」『日本史（3）中世2』有斐閣　一九七八、勝俣鎮夫「惣村と惣所　近江菅浦惣の形成」『歴史を読みなおす13　家・村・領主　中世から近世へ』朝日新聞社　一九九四、田中克行『中世の惣村と文書』山川出版社　一九九八、藤田達生「地域的一揆体制の展開―近江国菅浦惣荘」『日本中・近世移行期の地域構造』校倉書房　二〇〇〇、蔵持重裕『中世　村の歴史語り』吉川弘文館　二〇〇二、などがある。

(14)「菅浦文書」菅浦物庄合戦注記（滋賀大学日本経済文化研究所『菅浦文書　上巻』六二八号文書）及び菅浦大浦両庄騒動記（同三二三号文書）

(15)前掲注（13）蔵持著書

(16)前掲注（13）三浦論文

(17)長谷川賢二「式内忌部神社所在地論争における古代・中世へのまなざし」『阿波・歴史と民衆Ⅲ』徳島地方史研究

会　二〇〇〇

(18) 成田龍一『「故郷」という物語』吉川弘文館　一九九八、成田龍一他『故郷の喪失と再生』青弓社　二〇〇〇

終　章　中世集落の立地と民衆生活

一

中世村落の実相とそこで生きた人々の暮らしを考えるため、Ⅰ部では考古学的な資料を基軸に中世集落の展開を検討し、Ⅱ部では阿波の発掘調査成果から集落の変遷について考え、第Ⅲ部では民衆の生活文化に視点を据えて問題設定をした。

中世の村落景観を考える場合、屋敷地のみならず田畠・道・河川・墓地・空閑地など様々な要因を総体として捉えなければならないが、そのためには文献史料のみならず絵画資料や考古資料も有効に活用することが求められる。

まず中世民衆の生活の舞台となった集落の展開過程を検討した結果、一三世紀後半がもつ歴史的意味の大きいことを本書で指摘した。この時期は、畿内近国における惣村の形成、百姓身分の変質、排他的「領域」観の形成、作手から作職への農民的権利の変質（本書第七章・第八章）などの他、「下地中分」もこの時期の集落の再編成を考えていく上で重要なキーワードではないかと考えられる。この下地中分は、在地レベルでの再編成がその前提にあって、地頭側も荘園領主側も、双方とも一円化を求めていく、そういった動きの中で展開していく現象であり、こうした動きの見られる一三世紀後半に考古学的な調査成果から沖積平野に形成されていた低地集落の集村化を見ることができる。それが第一章で検討した滋賀県横江遺跡や愛知県土田遺跡、徳島県黒谷川宮ノ前遺跡などの調査成果であり、それぞれに共通するのが屋敷地を区画する周溝（本書では「周溝屋敷地」と呼称）で、これが連続する形で検出されている。これが中部地方以西における鎌倉時代後期以降における沖積平野の一般的な村落景観であったと考える。それが中世後期にかけて洪積台地の開発とその安定化、領主居館を軸とした集落の再編などが見られることとなり、一五世紀代を中心に新たな集落が形成されるのである。

この一五世紀代における村落景観の変容は、近代に継続する村の起源をなすものであり、その意味からこの時期の持つ歴史的意義が改めて問われなければならないであろう。特に勝俣鎮夫氏が近現代にまで通底する「村町制」の成立をこの時期に認められていることは注目しなければならない。(1) まさしく、近代にまで継続する村の形成がこの時期に始まるという考古学的な成果を社会制度的な視点から補強するものと考える。

二

このような「ムラ」に生きた人たちにとって、「ムラ」はどのような役割を果たしていたのであろうか。もちろん、「ムラ」は荘園制的秩序の中での闘争の単位にもなったが、(2) 日常的には紛失状の保証主体にもなったり、(3) 村落祭祀の単位にもなった。(4) 紛失状をムラ社会が保証していくということは農地の秩序維持をはかるものであったと捉えられるし、祭祀の主体になるのも、これが勧農行為の一つであり、祭祀自体が再生産維持装置と捉えることができよう。すなわち、ムラは農業再生産を果たしていくための単位であったと捉えられるのである。藤木久志氏が、村を「集団で生きるための自前の組織」と定義しているが、(5) まさしく百姓等が生活を維持するために必要な単位が「ムラ」だったのである。したがって、その地域ごとに生産条件の違いからさまざまなスタイルの村落共同体が形成される可能性があったのである。

ところで「地域社会」はどこまでの広がりをもつのであろうか。当然村人は自分たちの権利主張を行う場合は「荘住人」として自己表現するが、かれらの生活空間は一つの荘域にとどまるものでなかったことは当然である。例えば法隆寺領播磨国鵤荘の住人が、守護赤松氏の高札を見たのが隣荘弘山荘の宿であったように。[6] そこで日常の営みのなかで「郡」という空間がもっていた中世的地域認識（空間認識）に注目したい。

近年、中世の地域社会論が活発に論議されているが、[7] その中でもとりあげられる地域空間は郡単位が多くある。領域型の荘園が成立する中世社会にあっても「郡」が生きた地域空間であったことは、大田文が郡ごとに荘園公領別の公田数を書き上げていることにも示されている。これは郡が国衙在庁の下部組織として一国平均役＝国役の賦課・徴収の単位であったことを明示している。鎌倉時代にあっても国衙機能が維持されていたことは白川哲郎氏の指摘されるとおりであるが、[8] 鎌倉時代末期の嘉暦元年（一三二六）一二月二三日の関東下知状に近江国犬上東西郡が多賀神社の馬上役を負担していたり、[9] 元徳元年（一三二九）一一月二九日の関東御教書に長門国阿武郡が一国平均役を負担しているのである。[10] また建久年間の備後国太田荘では郡司下着に際し「三日厨」を催しているし、[11] 元弘三年（一三三三）の草部行房申状には「往古御文書」を「郡司所」で保管していることを記しており、[12] 郡司（または郡代）が存在していた。室町段階でも文安三年（一四四六）五月三日の室町幕府奉行衆下知状に「造　内宮役夫工米安芸国吉田郡事」とあったり、[13] 摂津国の勝尾寺が「当寺根本者、郡役停止之寺なり」と主張しているように[14]郡役は生きていたのである。もちろんそれは鎌倉期段階の国衙にかわり、国衙公権を吸収した守護が賦課しているのであるが。

また分郡守護が存在したり、[15] 一国を領する守護でも分郡支配を行っている。例えば越後国上杉氏は各郡の有力国人を「郡司」に任命し、その配下に役者・中使・小使を置いていた。郡司であった古志長尾氏のもとには郡内検地・

増分を書き上げた帳簿類が存在したという。[16] 筑前国及び豊前国に進出した大内氏も守護—守護代—小守護代—郡代という支配機構を確立しており、郡代（郡司・郡奉行人）が郡帳作成と課役の賦課・徴収、在地裁判権、検断権を有し、郡内寺社・給人への大内氏の発給文書の伝達も行っている。[17] 安芸国武田氏も、その所領宛行状が「安北」「山県」「佐東」などいわゆる分郡が対象になっている。[18]

そして何より中世にも郡の再編がなされたことが郡のもつ意味を明示しているように思われる。例えば阿波国板野郡が板東郡・板西郡に、播磨国加茂郡が加東郡・加西郡に、長門国厚狭郡が厚東郡・厚西郡に再編されたように、同様の事例は枚挙にいとまがない。

こうした生きた「郡」社会を舞台に、農民層も個別荘園の枠組みを越えた広域的な結合を成し遂げるのである。一五世紀に紀ノ川流域の一四荘郷が結合して反守護闘争を展開するのをはじめ、[19] 用水連合とでも称すべき、異なった領主を冠する諸荘園の結合も一五世紀以降になれば見ることができる。[20] また半済要求を掲げた運動を展開する京都近郊の「東山十郷」などの動きからも在地における惣郷レベルでの結合が恒常的なものになっていくことが看取できる。[21] そして村落内有力者を核とした郡中惣の形成もそのことを示しているように思われる。[22] ただし、ここでの広域的な結合は反守護闘争をはじめとする非日常的な場合である。[23] 日常的には、郡域よりも狭小な生活空間をもっていたことも確かであろう。

中世民衆の日常性を追求していこうとするとき、文献史料のみならず考古学による調査成果や絵画作品、民俗資料など多様な素材を融合的に検討していくことが求められるであろう。こうした取り組みは公共開発に伴う大規模発掘調査が増加した一九九〇年前後から各方面で活発になされてきた。帝京大学山梨文化財研究所が主催するシンポジウムがその嚆矢となり、各方面での活発な取り組みが重ねられてきた。学際をスローガンにしながらも十分な交流が果たせなかった部分もありはしたが、そのような取り組みを検証しつつ、今後もこの方向性は継続していかなければならないであろう。

本書が中世村落景観を探るとともに民衆生活の実相の一断面を描写し得たとはとうてい言えないが、その一助にでもなり得たら幸いである。

注

（1）勝俣鎮夫「戦国時代の村落」『社会史研究』六号　一九八五、後に同氏著『戦国時代論』（岩波書店　一九九六）所収

（2）島田次郎「日本中世共同体試論」『史潮』四号　一九七九、後に同氏著『日本中世の領主制と村落　下巻』（吉川弘文館　一九八六）所収

（3）『鎌倉遺文』二六巻一九八六八号・一九八六九号

（4）小栗栖健治『宮座祭祀の史的研究』岩田書院　二〇〇五

（5）藤木久志『村と領主の戦国世界』東京大学出版会　一九九七

（6）太子町史編集専門委員会編『太子町史　第三巻』太子町　一九八九

（7）『歴史学研究』六七四号（一九九五）で「日本中世の地域社会」の特集が組まれた。これには、歴史学研究会日本中世史部会運営委員会ワーキンググループ「「地域社会論」の視座と方法」、田村憲美「中世前期の在地社会と「地域社会論」」、伊藤俊一「中世後期における「地域」の形成と「守護領国」」の3報告に討論が掲載されている。この特集以降、地域社会論が活発に論じられるようになったが、郡のもつ歴史的意義については、山本隆志『荘園制の展開と地域社会』（刀水書房　一九九四）などでも論じられている。

（8）白川哲郎「鎌倉時代の国衙と王朝国家」『ヒストリア』一四九号　一九九五

（9）『鎌倉遺文』三八巻二九六九八号

(10)『鎌倉遺文』三九巻三〇七八三号
(11)『鎌倉遺文』一巻四六二号
(12)『鎌倉遺文』四一巻三二四三八号
(13)『大日本古文書　毛利家文書』一―二九号
(14)「勝尾寺文書」九四七号（『箕面市史　史料編二』）
(15)今谷明『室町幕府解体過程の研究』岩波書店　一九八五
(16)阿部洋輔「長尾氏の越後古志郡司」、中野豈任「越後上杉氏の郡司・郡司不入地について」、ともに阿部洋輔編『戦国大名論集9　上杉氏の研究』吉川弘文館　一九八四
(17)松岡久人「大内氏の発展とその領国支配」魚澄惣五郎編『大名領国と城下町』柳原書店　一九五七、同「大内氏の豊前国支配」『広島大学文学部紀要』二三巻二号　一九六四、佐伯弘次「大内氏の筑前国郡代」『九州史学』六九号　一九八〇
(18)田島由紀美「分郡成立史論―安芸国武田氏を事例として―」『駒沢大学史学論集』一六号　一九八六
(19)黒田弘子「百姓の注文を読む」『（中央大学）経済学論纂』三五巻四号　一九九四
(20)稲葉継陽『戦国時代の荘園制と村落』校倉書房　一九九八
(21)田中克行「村の「半済」と戦乱・徳政一揆―戦国期京都近郊村落の連帯と武力動員―」『史学雑誌』一〇二編六号　一九九三
(22)藤田達生「地域的一揆体制の展開」『日本史研究』二七三号　一九八五、後に同氏著『日本中・近世移行期の地域構造』（校倉書房　二〇〇〇）所収
(23)百姓逃散の広域性についても、尾張国山田荘の逃散に対する室町幕府の対応を見ても、尾張半国規模であったことが知られる（清水克行「室町殿権力と広域逃散」『歴史学研究』八五二号　二〇〇九）。

初出一覧

序　章　中世村落の景観とムラの成り立ち（新稿）

第Ⅰ部　中世の集落景観

第一章　中世低地集落の形成と展開
『ヒストリア』一三八号（大阪歴史学会　一九九三）掲載の同名論文に若干の補筆

第二章　中世低地集落の変容
『鳴門史学』一〇集（鳴門史学会　一九九六）掲載の同名論文に若干の補筆

第三章　中世集落の展開と居館
『四国中世史研究』一〇号（四国中世史研究会　二〇〇九）掲載の同名論文を補筆

第Ⅱ部　阿波の中世集落

第四章　中世阿波における集落の展開
徳島考古学論集刊行会編『論集　徳島の考古学』（同論集刊行会　二〇〇二）掲載の同名論文に加筆

第五章　阿波における中世墓の展開
『高橋啓先生退官記念論集　地域社会史の試み』（同論集編集委員会　二〇〇四）掲載の同名論文に若干の補筆

補論1　中世社会と「古墳」
『徳島県埋蔵文化財センター研究紀要　真朱』三号（一九九九）掲載の同名論文に若干の補筆

第六章　阿波国大野荘・大野新荘の伝領と守護細川氏
『阿波・歴史と民衆Ⅲ』（徳島地方史研究会　二〇〇〇）掲載の「阿波国大野荘・大野新荘について」を改題

補論2　阿波国竹原荘・隆禅寺・宮ノ本遺跡（新稿）

第Ⅲ部　中世民衆の生活文化

第七章　中世村落と作手
『史泉』七四号（関西大学史学地理学会　一九九一）

第八章　作職の成立
『史泉』九〇号（関西大学史学地理学会　一九九九）

第九章　銭を掘り出した人々—出土銭の性格—
『徳島県埋蔵文化財センター研究紀要　真朱』創刊号（一九九二）

補論3　一括埋納銭研究補考
『高校地歴』三四号（徳島県高校地歴学会　一九九八）掲載の「一括埋納銭再考」を加筆・改題

第十章　中世におけるムラの「記憶」と「語り」（新稿）

終　章　中世集落の立地と民衆生活（新稿）

あとがき

個人的な述懐からあとがきを書き始めることをお許しいただきたい。

関西大学第一高校から関西大学に進学し、日本史の道を歩み始めた頃、横田健一先生や薗田香融先生を中心とした、いわば「関大ファミリー」とでも称しうるような和やかな雰囲気の中で勉学に取りかかれたのは、私にとって幸いであり、泉澄一先生の主宰する中世史研究会に参加することが「楽しみ」に思えたことが、現在まで細々とではあるが研究を続けることができた要因でもあるように感じている。

大学四年間は「楽しい」季節だった。そして、卒業ゼミの指導教官だった津田秀夫先生に勧められて、鳴門教育大学大学院の脇田晴子先生にご指導頂くべく徳島に進学した。鳴門では、脇田先生をはじめ、後にご媒酌の労もお取りいただくことになる高橋啓先生、そして棚橋久美子先生にご指導をいただきながら、有意義な学生生活を過ごすことができた。その徳島で高等学校の教職を得てはや二〇年余の歳月が流れた。

しかし、高校教員の仕事も日増しに多忙となり、今では研究活動を続けるというのはきわめて厳しい環境にある。授業や部活動、進路指導、各種校務分掌に加えて、さまざまな教育改革が学校現場からゆとりを奪い去っていく印象がある。ゆとりのある職場環境の中でこそ豊かな教育活動が実践できるものと考えるが、教材研究に必要な時間の確保さえままならないときもあるのが現実である。ましてや精緻さを高めていく日本史研究に向き合うことの時間的ゆとり、そして毎日のように発表される膨大な論文に対して、地方で暮らす高校教員には、その収集ですら困難を極めることも少なくない。私自身の力不足も手伝って、幾度となく「もうやめてしまおう」と考えたこともあったが、やはり日本史の勉強が楽しいと思う心がほんの少しだけ強かったから、今の私があるのだろう。

いくら多忙とはいえ、とにかく学校現場は実に楽しい職場である。ホームルーム担任として高校生たちと関わっている時間が、私にとってかけがえのない時間であり、高校教員がこれほど楽しい仕事なのかと感じる瞬間でもある。高校生は常に私を開放的な気持ちにさせてくれる。一人ひとりの笑顔が私に元気を与えてくれる。

ところが、その学校現場を離れて仕事をするときも少なくなかった。徳島県埋蔵文化財センターに出向して、埋蔵文化財の発掘調査や報告書作成の業務にあたったこともある。そして現在は博物館に学芸員として勤務している。はじめて埋蔵文化財センターへの転勤を命じられたときは躊躇しないわけではなかったが、徳島地方史研究会・四国中世史研究会の先輩でもある福家清司先生のご助言で踏ん切りをつけることができた。今は博物館で与えられた仕事と真摯に向き合っていくことしか念頭にはないが、学校現場を離れていることに対しては、どうしても一抹の寂しさがつきまとってしまうのも正直な思いである。

さて、これまでの歩みを振り返るたびに、関西大学中世史研究会の諸先輩方、そして徳島に来てからは徳島地方史研究会の仲間に支えられて今の自分があるのだと痛感するとともに、たいへん感謝している。学部生の頃から、常に温かく、そして時に厳しく導いていただいた播磨良紀さん、そして柴田真一さん、原田正俊さん、楞野一裕さん、宇那木隆司さん、小谷利明さんをはじめとする関大中世史研究会の諸先輩方、また徳島では福家先生や丸山幸彦先生、大石雅章先生、長谷川賢二さん、須藤茂樹さんの中世史の仲間に支えられ育てられた。

日進月歩の日本史研究にあって、発表から二〇年近くたった論文を含み、学史的にも意味を有しないであろう本書の刊行にどれほどの意味があろうかと思わないわけではないが、自分自身を励ます意味からも刊行に踏み切ることにした。

今回、和泉書院にご紹介をいただいた鶴崎裕雄先生と湯川敏治先生には何かとお世話になり、お礼申し上げます。また、本書の構成などについて水野章二先生からも御教示をいただきながら、十分に活かすことができなかったことをお詫び申し上げます。

また、本書の刊行にあたって、いろいろとアドバイスをしてくださいました和泉書院の廣橋研三氏をはじめ、編集部の方々にはたいへんお世話になり、感謝申し上げます。

また、大阪で暮らす両親にも、大学院進学を契機に実家を飛び出したままでいることを申し訳ないと思っていることも、この紙面を通じて伝えておきたい。そして何より、日々の暮らしの中で、充実感・幸福感を私に与えてくれている妻と娘に「ありがとう」の気持ちを伝えたい。

稚拙な内容ながら、これまでの歩みを整理しておきたいと思い、本書の刊行を進めてきた。本書を、今後の歩みの糧としていきたい。みなさまの旧倍の御教示を賜り、また、次の第一歩を歩み始めたいと思う。これまで支えていただいた方々に感謝申し上げます。

平成二十二年七月二十日

石尾和仁

日本史研究叢刊

日本中世の説話と仏教	追塩千尋著	11	九四五〇円
戦国・織豊期城郭論　丹波国八上城遺跡群に関する総合研究	八上城研究会編	12	九九七五円
中世音楽史論叢	福島和夫編	13	品切
近世畿内政治支配の諸相	福島雅藏著	14	八四〇〇円
寺内町の歴史地理学的研究	金井年著	15	七三五〇円
戦国期畿内の政治社会構造	小山靖憲編	16	八四〇〇円
継体王朝成立論序説	住野勉一著	17	七三五〇円
「花」の成立と展開	小林善帆著	18	六三〇〇円
大塩平八郎と陽明学	森田康夫著	19	八四〇〇円
中世集落景観と生活文化　阿波からのまなざし	石尾和仁著	20	八四〇〇円

（価格は５％税込）

■**著者紹介**

石尾和仁（いしお　かずひと）

一九六一年生まれ。関西大学文学部卒業。鳴門教育大学大学院修士課程を経て徳島県公立高校教員。徳島工業高校、徳島県埋蔵文化財センター、富岡西高校、徳島市立高校に勤務し、現在は徳島県立鳥居龍蔵記念博物館専門学芸員。徳島地方史研究会代表。

主要著作

「岡崎十人衆に関する覚書―徳島藩政の一齣―」『津田秀夫先生古稀記念　封建社会と近代』（同朋舎　一九八九）、「出土遺物から見た徳島城下町の一断面」『瀬戸内海地域史研究』八輯（文献出版　二〇〇〇）、『徳島城下町研究序説』（徳島県教育印刷　二〇〇三）、「南北朝正閏論と喜田貞吉」『史窓』三六号（徳島地方史研究会二〇〇六）、「朝鮮総督府による朝鮮史編纂事業と鳥居龍蔵の立場」『史窓』四〇号（徳島地方史研究会　二〇一〇）など

現住所　徳島市上八万町中山一七―二五九

日本史研究叢刊　20

中世集落景観と生活文化
――阿波からのまなざし――

二〇一〇年一〇月二〇日初版第一刷発行©
（検印省略）

著者　石尾和仁
発行者　廣橋研三
印刷所　遊文舎
製本所　平田製本
発行所　有限会社和泉書院
大阪市天王寺区上之宮町七―六
〒五四三―〇〇三七
電話　〇六―六七七一―一四六七
振替　〇〇九七〇―八―一五〇四三

ISBN978-4-7576-0565-7　C3321

事項索引

あ行

か行

さ行

た行

な行

は行

ま行

や行

ら行

わ行

研究者索引

あ行

か行

さ行

た行

な行

は行

ま行

や行

図版写真出典一覧

	図版名	出典・許諾者（所蔵者）
図 1（p. 34）	下右田遺跡周溝屋敷地	『上辻・大歳・今宿西』（1984年）より転載、山口県教育庁
図 2（p. 35）	田村遺跡周溝屋敷地	『田村遺跡群　第10分冊』（1986年）より転載、高知県教育委員会
図 3（p. 36）	土田遺跡遺構配置図	『土田遺跡』（1987年）より転載、（公益）愛知県教育・スポーツ振興財団愛知県埋蔵文化財センター
図 4（p. 38）	阿弥陀寺遺跡遺構配置図	『年報　昭和60年度』（1986年）より転載、（公益）愛知県教育・スポーツ振興財団愛知県埋蔵文化財センター
図 5（p. 39）	横江遺跡遺構配置図	『横江遺跡発掘調査報告書Ⅱ』（1990年）より転載、滋賀県教育委員会
図 6（p. 40）	本村遺跡遺構配置図	『本村遺跡』（1991年）より転載、佐賀県教育委員会
図 7（p. 41）	下川津遺跡（Ⅲ期）遺構配置図	『下川津遺跡』（1990年）より転載、香川県埋蔵文化財センター
図 8（p. 42）	江上Ｂ遺跡遺構配置図	『北陸自動車道遺跡調査報告　上市町遺構編』（1981年）より転載、上市町教育委員会

図9(p.44)　中島田遺跡遺構配置図　『中島田遺跡・南島田遺跡』(1989年)より転載、徳島県教育委員会

図10(p.45)　黒谷川宮ノ前遺跡遺構配置図　『黒谷川宮ノ前遺跡』(1995年)より転載、徳島県立埋蔵文化財総合センター

図11(p.59)　西田井遺跡遺構配置図　『中世集落を掘る』(1992年)より転載(野洲町立歴史民俗資料館)、野洲市教育委員会

図12(p.62)　田村遺跡(細川氏入部以前)　『田村遺跡群　第10分冊』(1986年)掲載図に加筆転載、高知県教育委員会

図13(p.63)　田村遺跡(細川氏入部以降)　『田村遺跡群　第10分冊』(1986年)掲載図に加筆転載、高知県教育委員会

図14(p.64)　新庄遺跡位置図　『新庄遺跡』(1996年)より転載、大阪府教育委員会

図15(p.65)　新庄遺跡遺構配置図(鎌倉期)　『新庄遺跡』(1996年)より転載、大阪府教育委員会

図16(p.66)　新庄遺跡遺構配置図(室町期)　『新庄遺跡』(1996年)より転載、大阪府教育委員会

図17(p.67)　新庄遺跡遺構配置図(近世初頭)　『新庄遺跡』(1996年)より転載、大阪府教育委員会

図18(p.73)　和泉国日根野村絵図(トレース図)　『特別陳列・古絵図の世界』(京都国立博物館　1984、P.59)より転載、原図は吉田敏弘氏作成

図19(p.88)　中世林地域の景観概念図　『空港跡地遺跡４』(2000年)より転載、香川県埋蔵文化財センター

図20(p.89)　中世前半の居館(区画１)遺構配置図　『空港跡地遺跡４』(2000年)より転載、香川県埋蔵文化財センター

図21(p.90)　中世後半の居館(区画３)遺構配置図　『空港跡地遺跡４』(2000年)より転載、香川県埋蔵文化財センター

図22(p.95)　新見荘地頭方政所屋指図(文字部分を活字に改編)　京都府立総合資料館所蔵

図23(p.113)　徳島県中世集落遺跡分布図　著者作成

図24(p.115)　黒谷川宮ノ前遺跡区画溝出土遺物実測図　著者作成

図25(p.116)　黒谷川宮ノ前遺跡ST1002実測図　『黒谷川宮ノ前遺跡』(1995年)より転載、徳島県立埋蔵文化財総合センター

図26(p.119)　町口遺跡遺構配置図　『町口遺跡』(2004年)掲載図を改編、徳島県立埋蔵文化財総合センター

図27(p.120)　東原遺跡遺構配置図　『東原遺跡』(2004年)掲載図を改編、徳島県立埋蔵文化財総合センター

図28(p.129)　『餓鬼草紙』(部分)に描かれた積石・土盛の墓　東京国立博物館所蔵、Image：TNM Image Archives Source：http://Tnm Archives.jp/

図29(p.129)　『餓鬼草紙』(部分)に描かれた五輪塔　東京国立博物館所蔵、Image：TNM Image Archives Source：http://Tnm Archives.jp/

図30(p.132)　加茂野宮遺跡遺構配置図　『徳島県埋蔵文化財センター研究紀要　真朱』３号(1999年)所収の島田豊彰論文掲載図を転載

図31(p.133)　古城遺跡ST1003実測図　『古城遺跡』(1994年)より転載、徳島県立埋蔵文化財総合センター

図32(p.133)　古城遺跡ST1003出土遺物実測図　『古城遺跡』(1994年)より転載、徳島県立埋蔵文化財総合センター

図33(p.137)　黒谷川宮ノ前遺跡ST1001実測図　『黒谷川宮ノ前遺跡』(1995年)より転載、徳島県立埋蔵文化財総合センター

図34(p.141)　神宮寺遺跡B区遺構配置図　『神宮寺遺跡』(1994年)より転載、徳島県立埋蔵文化財総合センター

図35(p.141)　阿波安国寺跡第1調査区遺構配置図　「阿波の守護所を考える」シンポジウム資料(2004年)より転載、原図は阿波市教育委員会林泰治氏作成

図36(p.164)　今城塚古墳の戦国時代城郭遺構配置図　『高槻市文化財年報　平成六年度』(1996年)より転載、高槻市教育委員会

図37(p.172)　大野荘周辺図　著者作成

図38(p.174)　那賀川平野の地形学図　『阿南工業高等専門学校研究紀要』26号(1990年)所収の寺戸恒夫論文掲載図を再トレース

図39(p.175)　長川及岡川絵図　徳島大学附属図書館所蔵、同図書館ホームページ掲載画像使用

図40(p.181)　「上大野」小字図　阿南市役所蔵

図41(p.182)　「中大野」小字図　阿南市役所蔵

図42(p.183)　「下大野」小字図　阿南市役所蔵

図43(p.192)　竹原荘周辺図　著者作成

図44(p.202)　宮ノ本遺跡遺構配置図　『宮ノ本遺跡Ⅰ　大原遺跡　庄境遺跡』(2009年)より転載、徳島県立埋蔵文化財総合センター

図45(p.249)　銭を掘り出す人々の図(『一遍聖絵』より)　清浄光寺所蔵、写真提供

図46(p.261)　長者の蔵(『粉河寺縁起』より)　粉河寺所蔵、写真提供

写真1(p.114)　黒谷川宮ノ前遺跡　『黒谷川宮ノ前遺跡』(1995年)より転載、徳島県立埋蔵文化財総合センター

写真2(p.134)　古町遺跡ST2001検出状況　『徳島県埋蔵文化財センター年報13』(2003年)より転載、徳島県立埋蔵文化財総合センター

写真3(p.134)　敷地遺跡ST2015検出状況　『徳島県埋蔵文化財センター年報13』(2003年)より転載、徳島県立埋蔵文化財総合センター

写真4(p.135)　中徳島町2丁目遺跡SJ4001検出状況　『徳島市埋蔵文化財発掘調査概要13』(2003年)より転載、徳島市教育委員会

写真5(p.138)　円通寺遺跡ST1001検出状況　『徳島県埋蔵文化財センター年報9』(1997年)より転載、徳島県立埋蔵文化財総合センター

写真6(p.252)　神宮寺遺跡銭貨出土状況　『神宮寺遺跡』(1994年)より転載、徳島県立埋蔵文化財総合センター